동양에 소개된 스콜라 철학의 영혼론

영언여작

靈言蠡勺

동양에 소개된 스콜라 철학의 영혼론

영언여작

靈言蠡勺

프란체스코 삼비아시 —— 지음

김철범 · 신창석 —— 옮김

일조각

옮긴이 머리말

동양과 서양의 문화는 예로부터 실크로드 상인들에 의해 서로 자연스럽게 교류되었지만, 의도된 목적하에 본격적으로 동서 문화가 교류되기 시작한 것은 16세기 후반 예수회 선교사들의 선교 여행부터였다. 그 전 한漢·당唐 시기에도 간간이 서구의 종교가 중국으로 전래된 적이 있었지만, 그것이 동서 문화가 서로 교류하는 본격적인 계기로 발전되지는 못했던 것 같고, 명나라 말기에 이르러서야 예수회를 위시한 유럽의 여러 선교회 수도자들에 의해 중국과 유럽의 다양한 문화 정보가 전해졌다고 할 수 있다. 당시 선교회들은 선비(士)를 중시하는 동양 사회의 특성을 고려한 선교 전략에 따라 학식과 덕망이 높은 인물을 선발하여 파견하였고, 이들 선교사들 역시 선비들을 대상으로 서양의 종교와 사상과 지식을 소개함으로써 동서 문화가 교류하게 되는 데 결정적 전기를 이루었던 것이다.

교류의 방식은 기술 전수와 저술의 간행이 주를 이루었다. 시계·총포·지구의·시헌력 등의 기술 전수와 함께 수많은 서학서西學書들을 간행하여 동양의 지식계에 신선한 충격을 주었던 것이다. 또한 일부 선교사들은 유럽에 돌아가 중국의 문화를 유럽 지식계에 전달하기도 했다. 이들이 남긴 서학서는 수백 종에 이르는데, 여기에는 유럽의 신학·역사·철학·과학 등의 지식들이 총망라되어 있다. 처음 중국에 전해진 서양 문화가 다시 주변 동방의 여러 나라에 전해질 수 있었던 것도 바로 이 서학서 덕분이었다.

『영언여작』은 이런 과정에서 탄생한 서학서이다. 이 책은 중국 선교 역사의 초기에 지어진 것으로 서양 스콜라철학의 중요한 명제 가운데 하나인 영혼론을 소개하고 있다. 이 영혼론에는 인간의 본성에 관련된 문제가 포함되어 있어 동양철학에서 오랫동안 사색해왔던 인성론과 연관이 깊다. 그 때문에 중국의 학자들뿐만 아니라 우리 조선의 지식인들에게도 깊은 관심의 대상이 되었다. 특히 이익과 정약용을 위시한 실학자들에게 수용되어 이들이 오랫동안 고심했던 성리학의 철학적 모순을 해결하는 데 결정적인 단서를 제공했다는 점에서 『영언여작』의 비중을 충분히 가늠할 수 있다.

서양의 동양에 대한 미개문화로서의 인식과 서양에 대한 동양의 맹목적 우월의식이 빚은 갈등이 서서히 극복되는 시대를 맞아, 이젠 동서 문화가 상호 교섭하는 양상을 고찰하고 해명하는 것이 학계에서도 이즈음의 큰 관심사가 되었다. 민족과 국가의 경계를 넘나드는 전 지구적 상황이 문화와 문화 간의 교류와 교섭을 촉진시키고 있기 때문이다. 사실 근대 시기 동안 서양이나 동양이나 할 것 없이 예의 일방주의로 인해 상호 교섭이 왜곡되었던 것일 뿐이지, 이 같은 문화적 조류는 근대 이전에 이미 진행되고 있었던 셈이다. 서학서의 문화사적 의미가 바로 여기에 있다. 그러므로 동서 문화가 교류한 선험적 흔적이라 할 수 있는 서학서는 단순히 서양 선교사가 전해준 서양의 문화와 지식이라는 차원에서 주목할 것이 아니라, 동양 지식인들의 신지식에 대한 갈망이 서학서의 주제에 어떻게 수용되었으며, 서로 다른 사상과 문화적 차이를 서학서의 서술에서 어떻게 융화시키고 있는지의 차원에서 주목해야 할 것이다.

조선의 학술계에 신선한 충격과 새로운 전환을 제공했던 초기 서학서들의 중요성을 진지하게 인식하고 있었던 부산교회사연구소는 『칠극七克』을 번역·출간한 이후 지속적으로 서학서의 번역 사업에 관심을 가졌고, 『영언여작』도 이러한 기획의 하나로 번역되게 되었다. 1999년 4월 첫 기고를 출발로 2002년 4월까지 모두 6회에 걸쳐 『부산교회사보』에 연재되었고, 계속된 수정과 주석을 보완하는 작업을 거쳐 이제야 출판하게 되었으니 꼬박 8년이 걸린 셈이다.

　　번역하는 과정에 어려운 점도 많았다. 부산교회사 연구소의 부탁으로 번역을 시작할 때는 한자로 쓰여진 것이니 한문학을 전공하는 사람이면 충분히 번역해낼 것이라고 생각했는데, 이것이 바로 첫 난관이었다. 사전에도 나오지 않는 생소한 의미를 지닌 어휘들이 계속해서 등장하는데, 결국 며칠 만에 작업을 중단하고 스콜라철학 관련 서적들을 찾아보기 시작했다. 그러나 스콜라철학의 심오한 세계는 상식적 수준에서 이해하는 데만도 적지 않은 세월이 필요한 것이었다. 게다가 영혼론을 심도 있고 체계적으로 소개한 서적은 아직 한국에 나온 것이 없었다. 실로 난감한 일이었다. 결국 이 문제를 해결할 대안으로 스콜라철학을 연구한 젊은 학자로서 당시 활발한 연구 활동을 하고 있던 신창석 선생께 도움을 청하기로 하였다. 이것이 전공이 전혀 다른 두 사람이 이 작업에 공동으로 참여하게 된 계기이다. 한문 원전에 대한 1차 번역을 두고 철학 개념어의 번역이 합당한지, 또 번역의 내용이 철학적 해설에 모순되지 않는지를 점검하여 윤색하고, 이어 독자들을 위해 내용에 관한 해설을 덧붙여주기를 요청하였다. 이 과정에서도 두 사람 간에 많은 토론이 있었고, 개념어의 번역에 대한 오류가 없도록 신중히 검토하였다.

　　선교사들의 서학서 집필 과정에서 가장 어려웠던 문제도 아마 서양의 신학적 또는 철학적 개념어를 중국어로 번안하는 것이었던 것 같고, 종종 이 번안의 내용을 두고 선교사들 사이에서 논란이 벌어지기도 했다. 『영언여작』은 프란체스코 삼비아시가 구술하고, 중국 학자인 서광계가 그것을 기록해서 이루어진 책인데, 이 과정에서 두 사람은 라틴어로 된 원 용어를 중국어로 어떻게 번역할 것인지를 두고 많은 고민을 했던 것으로 보인다. 이렇게 한역漢譯된 철학 개념어에 대해 우리 두 사람은 거꾸로 원래의 라틴어를 찾아내고, 이것을 다시 한국어로 번역하는 작업을 진행한 것인데, 380여 년 전에 두 분이 고민하고 노력했던 창조적인 역할에 비하면 미미한 일이지만, 내용과 개념을 명확히 이해하고 찾아내는 작업이 결코 쉽지만은 않았다. 지금 돌이켜보니 출판에 즈음하여 실로 감회가 깊지 않을 수 없다.

이 번역이 진행되는 동안 여러 뜻있는 분들의 관심과 배려가 있었다. 당시 부산교회사연구소 소장이셨던 송기인 신부님과 현 소장이신 한건 신부님 그리고 동아대학교 이훈상 교수님은 서학서 번역 사업의 초안을 마련하신 분들로, 『영언여작』과의 인연을 맺어주었을 뿐만 아니라 보다 나은 번역이 나올 수 있도록 여러모로 방법적 조언을 아끼지 않았다. 또한 앞서 서학서 번역의 초석을 다져 놓으신 서울대학교 철학과 송영배 교수님의 독려도 큰 힘이 되었고, 오랜 세월 학술서적 출판의 전통을 묵수해온 일조각 편집부의 세심한 교정은 이 책을 더욱 빛나게 해주었다. 모두 이 자리를 빌려 감사드린다.

온갖 고초를 겪으며 외로이 타국에서 동서 교류의 초석을 놓은 프란체스코 삼비아시와 보수주의자들의 정치적 억압을 받으면서도 기꺼이 신학문의 접맥에 일생을 바쳤던 중국의 지성 서광계의 영혼 앞에 삼가 경배를 올린다.

2007년 10월
蓮麓山房에서
김철범

8

차례

● 일러두기

1. 이 책은 프란체스코 삼비아시Francesco Sambiasi가 구술하고 서광계徐光啓가 한자로
   기록한『영언여작靈言蠡勺』을 한국어로 번역하고 풀이한 것이다. 저본으로 이지조李之藻
   의『天學初函』(臺灣學生書局 영인본, 1965)에 수록된『靈言蠡勺』을 사용하였고,『重刊靈
   言蠡勺』(陳垣 간행, 1919)을 참고했다.
2. 이 책은 서문을 제외하면 모두 141개의 항목으로 구성되어 있는데, 원저에서는 첫머리를
   한 자 올려 써서 구분하였지만, 번역문에서는 구분이 되지 않아 편의상 서문을 포함하여
   각 항목마다〔 〕안에 숫자를 붙여두었다.
3. 번역 본문에서〔 〕안에 작은 글씨로 되어 있는 내용은 저자의 주석이며, 주요 개념에
   대한 한자 원문과 해당 라틴어를 표기한 ( )는 옮긴이가 붙인 것이다.
4. 저자가 라틴어를 한자로 음역한 어휘는 모두 고딕체로 표기하였다(예 : 亞尼瑪→아니마).
   그러나 인명은 예외로 하였다(예 : 白爾納→베르나르도).
5. 한문 원문은 독자의 편의를 위해 띄어쓰기를 해두었으며, 문장부호는 현재 중국에서 고
   전 원문에 붙이는 방식을 따랐다.

영언여작[1] 서문

[1] 아니마[2][번역하면 영혼靈魂 또는 영성靈性]에 대한 학문은 필로소피아[번역하면 격물궁리格物窮理[3]의 학문] 가운데 가장 유익하고 가장 존귀하다. 옛날 대학大學에는 강당에 "네 자신을 알라"[4]는 글을 걸어두었다. 자신을 아

---

1 『靈言蠡勺』의 '靈言'은 아니마anima(영혼 또는 영성)에 관한 이야기라는 뜻이고, '蠡勺'은 '蠡酌'과 동일한 말로서, 작은 표주박으로 바닷물을 측량한다는 말이다. 천박한 식견으로 감히 심오한 진리를 다루었다는 겸손의 말이다.

2 아니마는 영혼이나 영성으로 번역될 수도 있지만, 사실 그보다 좀더 넓은 의미를 갖고 있기 때문에 저자도 음차해서 원음 그대로 표기하고 있다. 여기서도 영혼·영성으로 번역하지 않고 라틴어 원음대로 사용하기도 한다.

3 '格物窮理'란 道德 修養을 위한 사물과 이치의 관찰이라는 宋代 성리학의 학문방법에 대한 개념이다. 格物이란 앎에 이르기 위해 사물의 이치를 관찰하는 것이며(致知在格物, 物格而後知致.『大學』), 窮理 또한 敬을 실현하기 위해 사물의 이치를 탐구하는 것이다.

　이 格物窮理를 통해 敬으로 修身하게 되면 聰明睿智에 이르게 된다(『近思錄』권4)고 하였으니, 格物窮理는 필로소피아(지혜에 대한 사랑)의 어원적 의미와는 통하지 않지만, '철학'의 기능적 의미와는 일치한다.

4 이는 원래 그리스의 델포이Delphoe 신전에 쓰여 있던 'γνωθι σεαυτον'라는 격언이다. 소크라테스는 이 격언의 의미를 통해 인간의 영혼이야말로 신적인 것에 참여하

는 것이야말로 세상의 수많은 학문의 뿌리이자 으뜸이므로, 누구나 먼저 마땅히 힘써야 하는 것이다.

亞尼瑪〔譯言靈魂, 亦言靈性〕之學, 於費祿蘇非亞〔譯言格物窮理之學〕中, 爲最益, 爲最尊. 古有大學, 牓其堂曰: "認己." 謂認己者, 是世人百千萬種學問根宗, 人人所當先務也.

이른바 자신을 안다는 것은 무엇인가? 그것은 무엇보다 자기 아니마의 존엄성(尊)과 아니마의 본성(性)을 아는 것이다. 사람들이 늘 아니마의 능력과 아니마의 아름다움을 생각한다면, 세상만사란 물이 흘러가고 꽃이 지는 것과 같아서 영원토록 마음에 둘 수 없다는 것을 분명히 인식하게 될 것이다. 그러므로 마땅히 마음을 다하고 힘을 다해 천상天上에 영원히 존재하는 것을 찾아야 한다.[5] 격물궁리의 학문을 하는 학자가 아니마의 아름다움과 미묘함을 드러내고자 하는 까닭은 자신을 알고자 하기 때문이며, 나아가 집안을 다스리고 나라를 다스리며 천하를 평화롭게 하기 위해서이다. 대개 남의 스승이나 목자牧者된 사람은 더욱더 아니마의 학문을 익혀야 옳을 것이며, 이 도리道理로써 집안을 다스리고 나라를 다스리며 천하를 평화롭게 하는 방법으로 삼아야 할 것이다.

其所稱認己, 何也? 先識己亞尼瑪之尊·亞尼瑪之性也. 若人常想亞尼瑪

며, 神의 보상이라는 사실을 깨달았다. 그 이래로 이 격언은 영혼을 위한 철학적 방법을 대변해왔다. 원전으로 Xenophon, *Memorabilia*, IV, 3, §14; Platon, *Alkibiades*, 132c~133c 참조.

5 아우구스티누스, 최민순 옮김, 『고백록』, 10권 40장, 성바오로출판사, 1998, 305쪽. 아우구스티누스는 인간이 세계에 대해 인식을 함으로써가 아니라 오직 하느님 안에서만 영혼의 안식처를 찾을 수 있다고 피력한다. "님께 묻자오면 내가 두루 살피는 이 온갖 것에서 영혼의 안식처라곤 님 안에서밖에 얻지 못합니다. 그곳에서라면 흩어졌던 내 모든 것이 거두어지고, 어느 내 것도 당신을 떠남이 없나이다."

之能·亞尼瑪之美, 必然明達世間萬事如水流花謝, 難可久戀. 惟當罄心
努力, 以求天上永永常在之事. 故格物窮理之君子, 所以顯著其美妙者爲
此, 推而齊家治國平天下. 凡爲人師牧者, 尤宜習此亞尼瑪之學, 借此理以
爲齊治均平之術.

대개 아니마의 학문은 그 도리道理가 지극히 숭고한 곳에 있으므로, 이로
써 아니마의 욕구능력(欲能)과 분노능력(怒能)을 다스린다.〔자세한 설명은
본문에 나와 있다.[6]〕또 아니마를 다스려 도리를 따르게 할 수 있으며, 여러
감정의 발산도 절제시킬 수 있다. 사람을 다스리는 방법에서도 다스리고
부리며 절제시키는 일체의 형세가 대략 이와 흡사하다. 즉 임금이 위에 앉
아 은덕으로 선량한 사람을 회유하는 것은 욕구능력의 형상이다. 그리고
위엄으로 억센 사람을 부리는 것은 분노능력의 형상이며, 법과 제도와 금
령으로 어지러운 싹을 없애는 것은 여러 감정을 절제시키는 형상이다.

蓋亞尼瑪之學, 理居其至崇高之處, 以臨御亞尼瑪之欲能怒能.〔說見篇中〕
可以駕馭使之從理, 凡諸情之動, 能節制之. 治人之法, 一切臨御駕馭節制
之勢, 略相似焉. 君子在上, 以恩德柔善良, 欲能之象也, 以威稜御强梗, 怒
能之象也, 以法制禁令, 消弭亂萌, 節度諸情之象也.

아리스토텔레스[7]는 의사가 육체의 병을 치료할 때도 아니마의 학문을 배
우는데, 하물며 사람을 다스리는 자가 영혼과 마음의 병을 치료하려면 이

6 두 번째 장의 '아니마의 생명능력과 감각능력을 논함〔論亞尼瑪之生能覺能〕'에서 자
　세히 설명하고 있다.
7 아리스토텔레스Aristoteles(기원전 384~322). 고대 그리스의 철학자로 형상을 질
　료에 내재하는 본질로 보고, 모든 존재자를 질료와 형상의 결합으로 보았다(질료형상
　설). 그의 형이상학과 인식론은 13세기 그리스도교 사상가들에게 받아들여져 스콜라
　철학의 체계에 밑거름이 되었다. 영혼에 대한 저술로 『영혼론De anima』이 있다.

보다 더 깊이 배워야 한다고 하였다.[8] 여기서 더 나아가 천상天上의 일을 알려고 한다면, 이 점을 잘 깨달아 그보다 더욱 깊이 아니마를 배워야 한다. 아니마는 질료인質料因[9] 없이 형성된 천사天使(天神)의 본래 모습을 깨달음으로써 다시금 본래 자기의 본성本性을 생각하게 되며, 또한 아니마는 대략이나마 천주天主의 본성을 깨달음으로써 그 본성이 지니고 있는 다양한 선성善性(美好, bonum)에 의거하여 그 다양한 선의 근원으로 거슬러 올라갈 수 있기 때문이다.

亞利斯多曰: "醫者欲療肉體之病, 尙須習亞尼瑪之學, 治人者療靈心之病, 其須習也, 殆有甚焉." 等而上之, 欲論天上之事, 其須知此, 又更有甚焉者. 蓋從亞尼瑪可以通達天神無質者之情狀, 而亞尼瑪還想本己之性, 亦略可通達天主之性, 爲依其本性所有諸美好, 可遡及於諸美好之源故也.

그래서 옛날의 전적典籍 중에 아니마를 일러 매우 빼어나다고 찬탄하지 않은 것이 없었다.[10] 가령 다음과 같이 말한 것들이다. "아니마는 세속의 시

---

8 아리스토텔레스의 『니코마코스 윤리학Éthica Nicomacheia』, I, 13, 1102a, 17~19 에는 다음과 같이 적혀 있다. "눈을 치료하는 의사는 육체를 전체적으로 알아야 하는 것과 마찬가지로, 정치가는 당연히 영혼에 대한 지식을 충분히 가져야 한다. 나아가 정치기술의 효용과 가치가 의사의 의술을 넘어설수록 정치가는 더욱 많은 〔영혼에 대한 지식을 가져야 한다〕."
   서양철학에서 영혼론과 관련된 '의사'의 비유는 이미 플라톤Platon의 『카르미데스 Charmides』(156b 3~5c)에서 비롯되어 아리스토텔레스와 토마스 아퀴나스Thomas Aquinas 등의 저서에 꾸준히 등장하고 있다.
9 '質者'는 아리스토텔레스가 주장한 사물이 지니고 있는 네 가지 원인 중 質料因 (causa materialis)으로서 '사물 본래의 물질적 재료'를 가리킨다. 저자는 이러한 개념들의 한역을 마테오 리치의 『천주실의』에서 원용하고 있다. "質者, 物之本來體質, 所以受模者也."(마테오 리치, 송영배 외 옮김, 『天主實義』 제1편, 서울대학교출판부, 1999)
10 이렇게 말하는 대표적인 예로 토마스 아퀴나스를 들 수 있다. 그는 『신학대전

간과 영원의 시간, 두 시간 사이의 지평地平이다."〔세속의 시간(世時)은 시작과 끝이 있고, 영원의 시간(永時)은 시작과 끝이 없다. 천하만물은 모두 시작과 끝이 있지만, 천주는 시작과 끝이 없다. 아니마는 시작은 있지만 끝이 없으니, 천주와 만물 사이에 있다. 마치 하늘을 둘러싸고 있는 12궁宮 중에 6궁은 늘 지상에 있고, 6궁은 늘 지하에 있는 것과 같다.[11] 그래서 지평地平은 그 중간에 머물러 있어 위와 아래를 구별하는 경계가 된다.〕 또는 "아니마는 유형有形한 것의 본성과 무형無形한 것의 본성,[12] 이 두 본성을 맺는 것이다." 또는 "아니마는 우주를 맺어 결합시키는 것이다."〔위로는 천주의 초상肖像으로서 천사(天神)와 서로 흡사하고, 아래로는 만물들이 지향하는 바가 된다는 것이다.〕 그래서 아우구스티누스[13]는 "필로소피아는 결국 두 가지 큰 단서로 귀결된다. 그 하나

Summa Theologiae』의 영혼론에서 다음과 같이 말한다. "인간적 영혼이야말로 그 형상의 고귀성에 있어서 가장 빼어나다Anima autem humana est ultima in novilitate formarum." (『신학대전』, I, q.76, a.1, c.a.) 그 밖에도 아퀴나스는 "이 세상의 사물 가운데 인간적 영혼보다 더 완전한 것은 아무것도 없다"(『신학대전』, I, q.79, a.4, c.a.), "물체적 자연사물 전체는 혼(아니마)의 지배하에 있으며, 물체적 사물은 영혼에 대해서 질료와 도구의 관계를 맺고 있다"(『신학대전』, I, q.78, a.1, c.a.)라고 말한다. 스콜라철학에서 아니마는 물질(질료)을 특정의 생명체로 재구성할 수 있는 형상forma 내지는 물질이 지금까지와는 다른 어떤 것으로 될 수 있는 가능태potentia에 대한 현실태actus이기 때문이다.

11 고대 동양의 천문학에서는 지구에서 볼 때 태양이 하늘에 원을 그리며 지나는 길을 黃道라고 하는데, 이 황도를 각 30度씩 모두 12개의 구역으로 나누어 12宮이라 이름 붙였다. 그 이름은 降婁, 大梁, 實沈, 鶉首, 鶉火, 鶉尾, 壽星, 大火, 析木, 星紀, 玄枵, 娵訾이다. 渾天儀에서는 지구의 地平線을 횡으로 두고 황도가 수직을 이루고 있는데, 여기서 6궁은 지평의 아래에 나머지 6궁은 지평의 위에 위치하고 있다(『六經圖』, 「尙書圖」, 天道圖·璿璣玉衡圖 참조).

12 만물에는 실체substantia와 속성accidens이 있는데, 실체에는 '유형한 것corpus materialis'과 '무형한 것spiritus immaterialis'이 있다고 한다. '무형한 것'은 천사나 마귀 같은 것이고, '유형한 것'에는 상태가 변하는 것과 상태가 변하지 않는 것이 있다고 한다. 마테오 리치, 『천주실의』 제4편 「物種類圖」 참조.

13 아우구스티누스Augustinus(354~430). 히포Hippo의 주교이자 교회학자이며 가톨릭 성인이다. 그는 현재의 알제리에 있는 타가스테Tagaste에서 태어났으며, 어머

는 아니마를 논하는 것이요, 또 하나는 데우스[14]를 논하는 것이다. 아니마를 논하는 것은 사람으로 하여금 자신을 깨닫게 하는 것이고, 데우스를 논하는 것은 사람으로 하여금 그 근원을 깨닫게 하는 것이다. 아니마를 논하는 일은 사람으로 하여금 복을 받을 수 있게 하고, 데우스를 논하는 일은 사람으로 하여금 복을 누리게 한다"고 하였다.

故古昔典籍, 無不贊歎亞尼瑪謂之甚奇. 如曰: "亞尼瑪, 爲世時與永時 兩時間之地平."〔世時者, 有始有終, 永時者, 無始無終. 天下萬物, 皆有始有終, 天主, 無始無終. 亞尼瑪, 有始無終, 在天主與萬物之間. 若周天十二宮, 六宮恒在地上, 六宮恒在地下. 而地平, 在其中間, 爲上與下分別之界限也.〕如曰: "亞尼瑪, 爲有形之性與無形之性 兩性之締結." 如曰: "亞尼瑪, 爲宇宙之約."〔謂上則爲天主之肖像, 天神之相似, 下則爲萬物之所向.〕是也. 故亞吾斯丁曰: "費祿蘇非亞, 總歸兩大端. 其一論亞尼瑪, 其一論陡斯.[15] (論)[16]亞尼瑪者, 令人認己, 論陡斯者, 令人認其源. 論亞尼瑪者, 使人可受福, 論陡斯者, 使人

니 모니카에 힘입어 그리스도교 신앙의 분위기에서 성장하였다. 그는 교회와 성사, 성사적 은총 등의 문제와 관련된 교의를 획기적으로 발전시켜 서양신학의 기틀을 마련하였다. 또한 후대 철학의 발전에도 지대한 공헌을 하여, 13세기까지에 이르는 철학의 현재적 모습을 결정하였다.

14 데우스Deus는 하느님의 라틴어이다. 이는 당시 뜻에서 뿐만 아니라 중국어 발음도 비슷한 '天主'라는 말로 한역되었다. 그러나 이는 당시 매우 논란이 많았던 문제로서, 데우스를 천주로 번역하여 쓸 수 없다는 주장과 중국인의 정서에 맞게 漢譯해야 한다는 주장이 맞서 있었다. 또한 예수회 내부에서도 '天主'냐 '上帝'냐 '陡斯'냐 등의 주장으로 나뉘어 있었다. 삼비아시의 이 책이 쓰여지던 무렵에 한창 논란이 있었는데, 그는 이 서문에서는 '陡斯'라고 하였지만, 본문에서는 거의 '천주'라는 용어를 사용하고 있다(張貞蘭, 『그리스도교의 중국 전래와 동서문화의 대립』, 연구자료총서 제3집, 부산교회사연구소, 1997, 111쪽 참조).

15 데우스(천주)의 한어 음역인 '陡斯'를 원문에서는 더러 '陟斯'로도 표기하고 있는데, 이는 '陡'와 '陟'의 모양이 비슷해서 생긴 오류라고 본다. 한문 전적에서는 흔히 있는 오류이며, 독자들은 옳게 새겨 이해하기도 한다. 여기서는 모두 '陡斯'로 바로잡았다.

16 내용상의 의미로 볼 때 '論' 자가 빠진 것이다.

享福."

이제 아니마를 대략 네 편으로 나누어 설명하고자 한다. 첫째는 아니마의 실체(substantia), 둘째는 아니마의 능력(potentia), 셋째는 아니마의 존엄성(dignitas), 넷째는 아니마가 선을 지향하는 본성에 관한 것인데,[17] 이는 결국 사람으로 하여금 자신을 알고 데우스를 앎으로써 복을 누리게 하는 것으로 귀결된다. 그러나 정작 본론에서는 하나만 들추고 나머지는 모두 놓쳐버리고 말았으니, 다만 이것을 효시로 삼아 뒷날 더 상세히 논하게 되기를 기대할 따름이다.

천계天啓[18] 갑자년〔1624〕 7월
태서후학泰西後學[19] 프란체스코 삼비아시가 삼가 쓰다.

今略說亞尼瑪四篇. 一論亞尼瑪之體, 二論亞尼瑪之能, 三論亞尼瑪之尊, 四論亞尼瑪所向美好之情, 總歸於令人認己而認陡斯, 以享其福焉. 方之本論, 未免挂一漏萬, 聊當嚆矢, 以待異日詳之耳.

天啓甲子七月
泰西後學 畢方濟 謹書

---

17 삼비아시가 선택하고자 하는 아니마에 대한 탐구체계는 교부들과 스콜라철학자들의 전통적 방법을 종합하고 있다. 예를 들어 토마스 아퀴나스는 『신학대전』의 영혼에 대한 논고에서 영혼의 '본질', '능력', '활동'으로 나누어 고찰하고, 능력을 다시 세분하여 이성적 능력, 욕구, 의지로 고찰해나간다(『신학대전』, I, q.75). 이에 비해 『영언여작』에서도 명시적으로 인용되는 베르나르두스는 영혼의 '존엄성'을 상위 주제로 다루면서, 존엄성의 근거로서 영혼의 지식, 도덕, 자유의지를 고찰한다. "우리 인간은 육체보다 더 빼어난 부분, 즉 영혼에서 찾아야 할 고귀한 것이 있는데 이것이 바로 인간의 존엄성, 지식 그리고 도덕이다. 내가 인간의 존엄성이라고 한 것은 바로 자유의지이다."(Bernardus, *De deligendo Deo*, PL, 182, 976A : 최익철 옮김, 『주 사랑하기』, 크리스천출판사, 1988, 18쪽 참조)

18 天啓(1621~1627), 중국 명나라 16대 熹宗의 연호.

19 泰西는 곧 서양을 이르는 말로서, 泰西後學이란 서양 출신의 후배 학자라는 뜻이다.

상권

첫 번째 　아니마의
　　　　　실체를 논함〔論亞尼瑪之體〕

프란치스코 삼비아시 　구술
서광계徐光啓 　기록
신수당愼修堂[1] 　중각

[2]　애석하다! 우리 세인世人들은 육신肉身에 미혹되어 아니마의 지극히
묘한 이치를 헛되게 생각한다. 성 베르나르두스[2]는 이르기를, "많은 사람
들은 하고많은 일을 알지만 오히려 자기를 알지 못하고, 하고많은 물건을
찾지만 유독 자기를 잃어버린다. 또한 외물外物[3]에서 선한 것(美好)을 구
하지만 오히려 자기 마음 안에 선한 것이 있다는 사실을 생각하지 못한다.
사람마다 자기 마음 안에 지극히 선한(至美好) 형상形像이 있는데〔지극히

---

1 당시 書肆의 이름. 명나라 崇禎 연간에 이곳에서 『天學初函』을 重刊하였다고 한다
　(陳垣,「重刊靈言蠡勺序」참조).
2 베르나르두스Bernardus(1090~1153). 프랑스 디종Dijon 출신. 클레르보의 가톨릭
　성인. 신학자이자 교회학자로 知性과 聖性 그리고 인격으로 말미암아 당시 유럽의 가
　장 영향력 있는 사람 중 한 명이었다. 성 아우구스티누스의 영향을 받아 『은총과 자유
　의지에 대하여De gratia et libero arbitrio』를 저술하였는데, "자유의지를 버리면 구
　원될 것은 아무것도 없으며, 은총을 버리면 구원의 방도가 없다. 그러므로 구원작업
　은 이 두 가지의 상호작용 없이는 성취될 수 없다"고 하였다. 그의 『하느님을 사랑함
　에 대하여De diligendo Deo』는 중세의 가장 탁월한 신비주의 저서 중의 하나이다.
3 '外物'이란 『莊子』,「外物篇」에서 비롯된 말인데, 利慾이나 功名을 의미하는 것이다.
　그러나 여기서는 '자기 몸 바깥 세계에 있는 사물'을 지칭한다.

아니마의 실체를 논함

21

선한 것(至美好)은 천주이다. 그런데 어째서 사람만이 유독 천주의 모상模像이라 하고, 다른 사물은 아니라고 하는가? 그것은 사물은 이성(靈)⁴이 없어 천주를 알아보지 못하지만, 사람의 아니마는 천주를 알아보고 지향도 하며 바라기도 하고 사랑도 하고 얻기도 하며 누리기도 하기 때문이다. 그래서 지극히 좋은 형상이 있다고 말하는 것이다.⁵〕 어떻게 바깥의 사물에서 그것을 구하겠는가?"라고 하였다.⁶

惜哉! 吾世人, 迷於肉身, 忘想亞尼瑪之至妙也. 聖白爾納曰: "有多多人, 能知多多事, 而不知自己, 覓多多物, 而獨忘自己. 求美好於外物, 而未嘗 旋想自心之內, 有美好在也. 人人自心之內, 有至美好之形像,〔至美好者, 天

---

4 원문의 '靈'은 '이성ratio'으로 이해해야 한다. 삼비아시는 이 책에서 '靈魂'을 '이성적 혼anima rationalis'이란 의미로 사용함으로써, 식물의 생명원리인 '生魂(성장혼)' 그리고 동물의 생명원리인 '覺魂(감각적 혼)'과 대비하고 있다. 반면 우리가 흔히 말하는 '영혼'을 지칭할 때는 Anima의 음역인 '亞尼瑪'란 용어를 그대로 사용하고 있다.

5 이는 성 베르나르두스의 주석이 아니라, 저자 삼비아시의 주석으로 보인다.

6 삼비아시는 이를 베르나르두스의 말이라고 인용하고 있지만, 사실은 생티에리의 굴렐무스Guillaume de Saint-Thierry의 것으로 밝혀진 저작, 『육체와 영혼의 본성De natura corporis et animae』의 「서문prologus」에 나오는 말이다. 『영언여작』은 이 책에 주로 의존하는 것으로 추정되기 때문에, 이 말에 해당되는 굴렐무스의 원문을 참고로 밝혀둔다. Guillaume, *De natura corporis et animae*, PL 180, 695~696 : Qui enim non immoratur in eis quae sua sunt, per sapientiae contemplationem, ingreditur necessario in aliena per curiositatis vanitatem. Quapropter cum omni homini qui capax est rationis, vix suus sufficiat sensus, nisi adjutus a gratia, ut sciat seipsum, cum hoc nihil ei conferat, nisi ex hoc quod ipse est, ascendat ad eum a quo ipse est, et qui est super ipsum : miserrime errat et desipit, qui extra se in alienis intellectum suum dispergit, cui natura, imo auctor naturae Deus, tantum intra se indixit operationis negotium.
나아가 『영언여작』의 서문도 이 책의 서문에 따라 델포이 신전에 쓰여진 "네 자신을 알라"는 격언과 함께 시작되며, 본문도 『육체와 영혼의 본성』에 나오는 주요한 주제를 따라가고 있다.

主也. 何獨人可謂之天主像, 他物則否乎? 物無靈, 不能識天主, 人之亞尼瑪, 能識
之, 能向之, 能望之, 能愛之, 能得之, 能享之. 故曰: "有至美好之像."〕何必外求
物乎?"

[3] 아니마의 묘한 이치를 모두 깨닫고자 한다면, 두 가지를 따르지 않으
면 불가능하다. 첫째는 성경聖經의 설명을 따르는 것이고, 둘째는 자기 신
덕信德의 빛을 따르는 것이다.〔신덕이란 천주를 믿는 덕행이다.〕이제 성경
과 신덕에 따라 아니마에 대해 대략 설명하겠다.

欲盡通亞尼瑪之妙, 非二事不可. 一者, 依天主經典所說, 二者, 依我信德
之光也.〔信德者, 信天主之德.〕今依聖經依信德, 略言之.

[4] 아니마는 자립하는 실체(自立體, substantia)이며, 본래 독자적 존재(本
自在, ens per se)이다. 또한 정신(神, spiritus)의 부류이며, 죽지 않는 것이
다. 아니마는 천주께서 창조하신 것이며,[7] 무(無物, ex nihilo)에서 만들어진
것이다. 그리고 나에게 주어지는 자리에서 나에게 주어지는 때에 만들어
지는 것이며, 나의 실체적 형상(體模, forma substantialis)이다. 아니마는 결
국 그라시아〔번역하여 은총恩寵이라 한다〕에 힘입고 사람의 선행에 힘입어
참된 복을 누리게 된다.〔이상의 여러 가지 단서를 아래 글에서 상세히 설명했
다.〕

---

7 여기서 나열하는 영혼의 특성은 이하의 본문에서 다룰 주제에 해당되는데 이러한 주
제의 선택 또한 굴렐무스의 『육체와 영혼의 본성』을 따라가고 있다. Guillaume, *De
natura corporis et animae*, PL 180, 707~708: Anima, sicut philosophi hujus
mundi dicunt, substantia est simplex, species naturalis, distans a materia
corporis sui organum membrorum, et virtutem vitae habens. Porro secundum
nostros, id est ecclesiasticos doctores anima spiritualis propriaque est substantia,
a Deo creata, vivificatrix, rationabilis immortalis, ……

亞尼瑪, 是自立之體, 是本自在者. 是神之類, 是不能死. 是由天主造成, 是從無物而有. 是成於賦我之所賦我之時, 是爲我體模. 是終賴額辣濟亞〔譯言聖寵〕, 賴人之善行, 可享眞福.〔以上數端, 下文詳言之.〕

[5] 왜 아니마를 자립하는 실체(自立體, substantia)라고 하는가?[8] 대개 사물을 분석하는 사람들은 한 사물의 명칭을 정의할 때 반드시 공통된 면(類, genus)과 고유한 면(種, species)에 근거하여 정하는데, 그중 하나라도

8 실체substantia는 사물의 근본적 존재를 설명하는 스콜라철학의 용어이다. 이는 아리스토텔레스의 작품으로 알려졌던 『범주론Organon』의 우시아usia에 해당하는 말이다. 여기서 아리스토텔레스는 사물이 존재하는 존재방식과 그 사물을 서술하는 서술방식을 실체, 양, 질, 관계, 장소, 시간, 위치, 상태, 능동, 수동이라는 열 가지의 범주로 분류한다. 이 가운데 실체란 다른 것에 의존하지 않는 존재자이고, 나머지 아홉 가지 범주는 오직 실체에 의존하여 존재하는 것으로서 우유偶有(accidens)라 불린다. 예를 들어 저기 밖에 있는 '소나무' 그 자체는 스스로 존재하는 실체이지만, 소나무의 크기, 질, 색깔, 있는 장소 등은 스스로 있을 수 있는 것이 아니라, 소나무에 의존해서만 있을 수 있는 우유적(종속적) 존재자들이다. 아리스토텔레스에 따르면 물체적으로 존재하는 것은 형상과 질료가 결합된 것이므로, 질료뿐만 아니라 형상, 나아가 질료와 형상의 합성체 역시 실체이다. 아리스토텔레스는 이러한 물체적 실체 외에도 플라톤의 이데아idea와 같은 비물질적 실체를 상정한다. 그러한 실체는 오직 행위일 뿐인 원리이므로, 질료 없이 존재하는 수밖에 없다. 그 후 스콜라철학은 "그 어떤 것에도 의존하지 않는 존재자"라는 부정적 실체의 규정을 "그 자체로 또는 자기 속에 근저하는 존재자ens per se seu in se subsistens"라는 긍정적 규정으로 발전시킨다. 이러한 스콜라철학적 전통에 따라 삼비아시는 아니마를 우유적 존재자가 아니라 실체적 존재자라고 정의한다. 여기서 영혼이 '자립적 실체'라는 것은 인간의 지각하고 사유하는 정신행위의 주체라는 의미를 강조하고 있다. 현대의 용어로 옮긴다면, '자립적 실체'란 인간에게 특수한 '자아의식自我意識'을 뜻한다. 영혼은 '자아의식' 속에서 자신의 의식적 정신행위의 주체 내지는 보유자로 경험된다. 마치 물체적 사물이 실체-우유의 관계로 표현되듯이, 영혼의 존재방식은 정신행위가 자아에 의존하는 특수한 방식으로 표현된다. 따라서 아니마와 아니마의 행위(정신행위)는 주체-우유의 관계, 즉 자아-정신행위의 관계로 표현된다. 영혼의 편에서 보면 영혼은 또다시 다른 어떤 주체에 내재하는 것이 아니기 때문이다. 이것이 바로 영혼은 '자립적 실체'라는 스콜라철학적 의미이다.

빠뜨려서는 안 된다.[9] 〔공통된 명칭(總稱)은 여러 사물들에 공통으로 붙여지는 것이다. 가령 사람도 생명이 있고 식물과 동물 또한 생명이 있으니, 생물(生)이란 명칭은 사람과 동물에게 공통된다. 그러나 고유한 명칭(專稱)이란 사람에게 이성이 있어 이치를 추론할 수 있다는 것이다. 그러나 식물과 동물은 이성이 없는 경우에 해당된다. 이성은 사람만이 지닌 것이다. 그래서 사람을 가리켜 생물이라고 한다면 이는 공통된 명칭이요, 사람을 가리켜 이치를 추론하는 자라고 한다면 이는 고유한 명칭이다.〕 자립하는 실체라는 것은 아니마의 공통된 명칭이다. 자립하는 실체가 아니마뿐만은 아니지만, 아니마는 곧 자립하는 실체이다. 마치 살아 있는 사물이 곧 사람뿐만은 아니지만, 사람은 바로 살아 있는 사물이라고 말하는 것과 같다.〔사물의 존재방식에 대한 설명에서 사물의 범주 範疇에는 실체(自立者, substantia)도 있고 우유(依賴者 또는 屬性, accidens)도 있다고 한다. 실체는 스스로 몸을 이루어 다른 사물들이 의존하는 바가 된다. 그러나 우유는 스스로 자립하지 못하고 자립적 실체에 의존하여 존재하기 때문에, 자립적 사물에 의존하지 않고는 스스로 한 사물이 되지 못한다.[10]〕

何謂自立之體? 凡格物者, 欲定一物之稱謂, 必以總專爲法, 闕一不可.〔總稱者, 衆共之, 如人有生, 草木禽獸, 亦有生, 生者, 人與物所同也. 專稱者, 如人有靈, 能推論理, 草木禽獸無之, 靈者, 人所獨也. 故指人爲有生之物, 此謂總稱, 指人

---

9 삼비아시는 영혼을 정의할 때 스콜라철학의 전통적 방식을 그대로 따르고 있다. 즉 토마스 아퀴나스가 말하는 "모든 정의는 유類와 종차에 따라서 성립된다"는 명제를 따른다(토마스 아퀴나스, 『신학대전』, I, q.3, a.1: definitio est ex genere et differentia). 이는 물론 이미 아리스토텔레스의 정의 방식에 기원하는 것이다 (Aristoteles, *Topica*, I, 8, 103b, 15). 나아가 토마스 아퀴나스는 『대이교도대전 *Summa conra gentiles*』, 1권 25장에서 유와 종차에 의한 정의의 근거를 다음과 같이 밝히고 있다. "하나의 유類에 속하는 것은, 자기 안에 그 유의 번성을 종種으로 규정되도록 하는 어떤 것을 가지고 있기 때문이다."

10 이는 아리스토텔레스의 범주론에 따른 설명으로, 토마스 아퀴나스를 위시한 스콜라철학자들의 존재에 대한 성찰은 이 범주론을 받아들이는 것에서 출발하고 있다.

爲能論理者, 此謂專稱.〕自立之體者, 亞尼瑪之總稱也. 自立體, 不止亞尼瑪,
而亞尼瑪則是自立體, 如凡言有生之物, 不止是人, 而人則是有生之物.〔格
物之說, 有自立有依賴. 自立者, 自爲體而爲他物所賴, 依賴者, 不能自立, 依自立
之體而爲有, 不依賴於自立之物, 則不能自爲一物.〕

[6] 왜 아니마를 본래 독자적 존재(本自在, ens per se)라고 하는가?[11] 본래
독자적 존재라고 함으로써 아니마를 생혼生魂·각혼覺魂과 구별하기 위함
이다.〔혼에는 세 가지가 있는데, 그것은 생혼生魂·각혼覺魂·영혼靈魂이다.[12]

---

11 이는 영혼의 非質料性을 설명하는 것이다. 영혼은 다른 물체들과 같이 하나의 실체
    이기는 하지만, 다른 물체들이 질료로 구성되어 있는 데 반해, 영혼은 단지 능력과
    행위로 결합된 비질료적 실체임을 말하고 있다. 아리스토텔레스, 유원기 옮김, 『영
    혼에 관하여』, 궁리출판사, 2001, 24쪽과 78쪽의 각주를 참조하라.
12 삼비아시는 아니마라는 용어를 스콜라철학적 전통에 따라 두 가지 의미로 사용하
    고 있다. 즉 광의의 아니마는 '생명원리로서의 魂'을 나타내고, 협의의 아니마는
    'anima rationalis'의 약칭으로서 '인간의 고유한 생명원리로서의 영혼'을 나타낸
    다. 스콜라철학은 아리스토텔레스적 전통에 따라 혼(생명)을 '생명의 제일원리'로,
    영혼을 '우리 안에 살아 있는 생명의 제일원리'로 정의한다(토마스 아퀴나스, 『신
    학대전』, I, q.75, a.1, c.a.: anima dicitur esse primum principium vitae in his
    quae apud nos vivunt). 생물이란 오직 다른 것으로 인해 움직여질 뿐인 물질과 스
    스로 움직임으로써 다른 것을 움직이게끔 하는 혼(생명)의 결합체로 발견된다. 여기
    서 움직여지는 것은 생물의 물질적 부분, 즉 생물의 신체에 해당되는 부분으로 그 자
    체로는 살아 있는 것이 아니다. 반면에 그 물질적 부분을 움직이게끔 하는 것, 즉 신
    체를 능동적으로 살아 있게끔 하는 것은 움직여지기만 하는 물질과는 다른 것, 즉 혼
    (생명)일 수밖에 없다. 혼(생명)은 물질(질료)이 아니지만, 물질에 스며들어 물질을
    지금까지와는 다른 방식으로 움직이게 하는, 즉 살아 있도록 재조직하고 재구성하는
    비물질적 원리이다. 그런데 움직여지기만 하는 물질에 혼(생명)이 배어드는 방식에
    는 세 가지가 있다. 첫째, 물질에 그 물질을 살아 성장하게 하는 성장혼(생혼, anima
    vegetabilis)이 배어들면 그것은 식물이다. 둘째, 물질과 생혼이 결합되어 있는 것에
    '감각혼(각혼 또는 동물혼, anima animalis, anima sensitiva)'이 배어들면 그것은
    동물이다. 셋째, 물질과 생혼 그리고 각혼이 결합되어 있는 것에 '영혼anima ratio-
    nalis'이 배어들면 그것은 인간이다. 여기서 그냥 아니마라고도 불리는 영혼은 스콜

식물의 혼에는 생명은 있으나 감각과 이성이 없고, 동물의 혼에는 생명과 감각은 있으나 이성이 없다. 사람의 혼에는 생명과 감각도 있고 이성도 있다.)[13] 생혼과 각혼은 질료質料(materia)에서 생겨나 모두 그 실체에 의존하여 존재한다. 그러므로 의존하고 있는 것이 사라지면 생혼과 각혼도 모두 사라진다.[14] 그러나 영혼은 사람에게 머물러 있지만 질료에서 생겨난 것이 아니며, 그 실체에 의존하여 존재하는 것도 아니다. 사람은 죽을지라도 영혼은 사라지지 않는다. 그래서 본래 독자적 존재라고 하는 것이다.〔본래 독자적 존재라는 것과 자립하는 실체라는 것은 뜻이 다르다. 가령 사람은 자립하는 실체이지만 말(馬)도 역시 자립하는 실체이다. 다만 말의 실체적 형상(體模)은 말로 인하여 존재하는 것이지, 말이 없으면 말의 실체적 형상도 없으므로, 본래 독자적 존재라고 말할 수 없다. 사람의 아니마는 사람이 있어도 존재하고, 사람이 없어도 존재한다. 그래서 본래 독자적 존재라고 하는 것이다.〕

何謂本自在者? 言本自在, 以別於生魂覺魂也.〔魂有三, 生魂覺魂靈魂. 草木之魂, 有生無覺無靈, 禽獸之魂, 有生有覺無靈, 人之魂, 有生有覺有靈.〕生魂覺魂, 從質而出, 皆賴其體而爲有. 所依者盡, 則生覺俱盡. 靈魂在人, 非出於質, 非賴其體而有. 雖人死而不滅, 故爲本自在也.〔本自在與自立之體, 異

라철학에서 'anima intellectualis' 또는 'anima spiritualis'라고도 불리는데, 근본적으로 사유하는 '이성적 능력intellectus'과 의욕하는 '의지적 능력voluntas'을 의미한다.

13 이 역시 아리스토텔레스와 토마스 아퀴나스의 전통에 따른 영혼에 대한 이해이다 (장영란,『아리스토텔레스의 인식론』, 서광사, 2000, 23쪽 참조). 아리스토텔레스 역시 영혼을 인간과 그 외 동물이 아닌, 살아 있는 것들과 살아 있지 않은 것들 또는 자연물과 인공물을 구별해주는 기준으로 삼았다. 즉 그는 인간은 물론이고 인간보다 더 낮은 능력을 가진 동물들도 영혼을 가졌을 뿐만 아니라 식물조차도 영혼을 가지고 있다고 생각한다.

14 장영란, 앞의 책, 23쪽. 아리스토텔레스의 영혼론에서 설명하는 영혼의 존재방식에 따르면, 영혼은 현실에서는 영혼만으로는 존재할 수 없고, 항상 신체와 결합된 통일체로 존재할 수밖에 없다.

義. 如人是自立之體, 馬亦是自立之體. 但馬之體模, 因馬而在, 無馬則無馬之體模, 不得言本自在. 人之亞尼瑪, 人在亦在, 人不在亦在, 故言本自在者.〕

[7] 왜 아니마를 정신(神, spiritus)의 일종[15]이라고 하는가? 정신의 일종이라고 함으로써, 생혼이나 각혼과 같이 정신에 속하지 않는 다른 부류와 구별하려는 것이다. 또한 혼을 기氣라고 여기는 것과 같은 잘못된 여러 학설들을 바로잡고자 한다.[16]

何謂神之類? 言神類, 以別於他不屬神之類 如生魂覺魂等. 又以正他諸妄說 如謂魂爲氣等也.

[8] 왜 아니마를 죽지 않는 것이라고 하는가? 그것은 다른 사물의 생혼과 각혼들이 자립하지 못하고 실체와 함께 모두 사라져버리는 것과 구별하려는 것이다.[17] 또한 사람이 죽으면 혼도 함께 사라져버린다는 잘못된 학설을 바로잡으려는 것이다.[18] 그리고 대개 사람은 세 가지 혼을 모두 가지고 있다가, 죽으면 생혼과 각혼은 사라지고 영혼만 남는다는 잘못된 주장

---

15 영혼의 이성적 능력을 '神類'라고 말한 듯한데, 삼비아시는 이 책에서 靈을 '이성'의 개념으로 사용하고 있으므로 '神'은 다른 의미가 된다. 따라서 여기서는 '神'을 '이성'으로 번역하지 않고 '정신'으로 번역하였다.
16 송대의 성리학자들은 鬼神을 氣의 일종이라고 설명했다. 張載는 "귀신이란 二氣의 良能이다"라고 했으며, 程頤는 "귀신이란 조화의 자취이다"라고 했다. 또 朱熹는 "귀신은 단지 氣일 뿐이며, 屈伸往來하는 것이 氣이다"라고 했다. 마테오 리치는 『천주실의』 제4편에서 이에 대해 조리 있게 반론하였다.
17 영혼은 '자립하는 실체'이며 '정신'의 일종이라는 점에서 그 자체로서 불멸성을 지닌다는 토마스 아퀴나스의 논증에 따른 것이다(F.C.코플스턴, 박영도 옮김, 「성 토마스 아퀴나스 7 : 영혼론」, 『중세철학사』, 서광사, 1989 참조).
18 성리학에서는 인간이 죽으면 혼기는 하늘로 올라가고, 형백은 땅으로 돌아가 사라져버린다고 설명한다.

도 바로잡고자 한다.[19] 아니마는 하나이지 셋이 아니다. 단지 영혼은 살아 있고 지각知覺하기도 할 뿐이다. 사람이 죽은 뒤에는 육신의 껍질이 없어지기 때문에 살아 있는 것과 지각하는 것은 쓸모가 없다. 혹 다시 살아나 영혼과 육신이 결합한다면, 살아 있음과 지각하기를 죽기 전과 같이 할 수 있을 것이다.〔가령 초목이 시들면 가지와 잎, 꽃과 열매가 모두 뿌리로부터 사라진다. 그러다 봄이 되어 근력根力이 다시 생기면 가지와 잎, 꽃과 열매들이 의연히 생겨나는 것과 같다.〕

何謂不能死? 以別於他物之生魂覺魂不能自立, 與體偕滅也. 又以正人死, 魂與偕滅之妄說也. 又以正夫人有三魂, 死則生覺已滅, 靈魂獨在之誤論也. 亞尼瑪, 是一非三. 只此靈魂, 亦生亦覺. 人死之後, 因無軀殼, 故生覺不用. 儻令復生, 靈魂與肉身復合, 仍用生覺如前未死時.〔如草木凋落枝葉花實, 皆晦於根, 迨於春時, 根力重申, 枝葉花實, 依然發見.〕

[9] 왜 아니마를 천주께서 창조하신 것이라고 하는가? 그것은 천사(天神)들이 만든 것이 아님을 밝히려는 것이다. 천주께서 만물을 창조하셨으니, 인류도 만들고 천사도 만들었으며 천지天地도 만드셨다. 볼 수 있는 것과 볼 수 없는 것 일체의 사물을 다른 이가 창조한 것이 아닌데, 어떻게 유독 아니마만 천주께서 창조하지 않고 다른 이가 만든 것이라고 하겠는가?

何謂由天主造成? 以明非天神等所造成也. 天主造成萬物, 造成人類, 造

---

19 만약 인간이 생혼·각혼·영혼을 모두 지니고 있다고 한다면, 이는 '실체적 형상'의 다수성을 인정하는 셈이 된다. 이는 인간 안에는 단 하나의 통일된 영혼만 있지, 구별되는 여러 개의 영혼의 실존이 있는 것이 아니라는 '영혼의 단일성론unitas anima'에 정면으로 배치되는 논리이다(이명곤, 「인간의 영혼이란 무엇인가? : 토마스 아퀴나스의 그 본질과 속성들을 중심으로」, 『중세철학』 제3호, 한국중세철학연구소 편, 분도출판사, 1998 참조).

成天神, 造成天地. 可見不可見, 一切諸物, 皆非他所造成, 何獨亞尼瑪由
他造成, 不由天主乎?

[10] 왜 아니마를 무(無物, ex nihilo)에서 만들어진 것이라고 하는가? 그
것은 천주께서 전체 중에서 일부를 나누어준 것이 아님을 밝히려는 것이
다.[20] 또한 따로 큰 영혼이 있어 그 영혼에서 떼어준 것도 아니다.

何謂從無物而有? 以明非天主全體中分予之一分也. 亦非他有大靈魂, 分
彼而予此也.

[11] 왜 아니마를 나에게 주어지는 자리에서 나에게 주어지는 때에 만들
어지는 것이라고 하는가? 그것은 만물이 만들어지던 처음에 먼저 얼마쯤
의 영혼을 만들어 천사와 함께 천상에 머무르게 하거나, 따로 쌓아두었다
가 수시로 가져다 쓰는 것이 아님을 밝히려는 것이다. 또한 나에게 주어질
때도 먼저 만든 다음에 나에게 주는 것이 아니다. 그리고 육신 밖에서 영
혼을 만든 다음 육신과 하나로 병합시키는 것도 아니다. 날마다 육신을 만
들고, 육신이 만들어지면 또한 날마다 영혼을 만들어주니, 늘 새로워 묵은
것이 아니다. 만들어질 때 바로 주어지고, 주어질 때 바로 만들어지니, 만
드는 것과 주는 것은 근원적 선후(原先後, ordo originis)는 있지만, 시간적

---

20 영혼이 無에서 창조되었다는 것을 토마스 아퀴나스는『신학대전』, Ia, q.90, a.2에
  서 상세하게 다뤘는데, 그 내용은 대체로 다음과 같다. 영혼은 실체substantia이지
  우유accidens가 아니다. 그러므로 영혼은 그 존재의 시작을 가져야 한다. 그러나 존
  재하게 되는 것은 출산을 통해서이다. 그런데 영혼은 물체보다 더 고등한 존재이므
  로 어떤 선재하는 물질적 실체를 통해 산출될 수는 없다. 또한 선재하는 영적 실체를
  통해 산출될 수도 없다. 왜냐하면 영적 실체들은 하나에서 다른 것으로 변형되지 않
  기 때문이다. 따라서 무에서 산출된 것, 즉 창조된 것이다(G.달 사쏘 · R.꼬지 편찬,
  이재룡 · 이동익 · 조규만 옮김,『신학대전 요약』, 가톨릭대학교출판부, 1993 참조).

선후(時先後, ordo temporis)는 없다.〔시간적 선후란 마치 그릇이 먼저 만들어진 다음 사용되는 것과 같고, 물이 샘을 이룬 다음 흘러가는 것과 같은 것이다. 그러나 높은 곳이나 낮은 곳이나 동시에 모두 햇빛을 받지만, 이 햇빛은 금성, 수성, 달을 거쳐 지구에 이르는 것이지, 지구에서부터 비롯되어 달, 수성, 금성에 이른다고 할 수 없으니, 이것을 근원적 선후라고 하는 것이다. 그렇지만 햇빛이 어느 시간에 금성, 수성, 달에 먼저 이르고, 그 다음 어느 시간에 지구에 이르는 것은 아니므로 시간적 선후는 없는 것이다. 또 아버지와 아들의 경우와 같이 서로 원인이 되어 존재하는 것은 근원적 선후는 있어도 시간적 선후는 없다. 그것은 어째서인가? 아들이 없을 때는 당연히 아버지라 부를 수 없고, 아들이 있어야 아버지라고 부를 수 있기 때문이다. 그래서 아버지와 아들이라는 호칭은 동시에 함께 존재하는 것이다.〕

何謂成於賦我之所·賦我之時? 以明非造成之初 先造幾許靈魂, 原居天上, 與天神同, 或他貯, 隨時取用也. 又非欲賦予時, 先化成·後賦予也. 又非肉身之外, 造成靈魂, 幷合爲一也. 日造肉身, 肉身已成, 日造靈魂而賦之, 新新非故. 卽成時, 便賦畀, 卽賦畀時, 便成, 成與賦, 但有原先後, 無有時先後.〔時先後, 如器先造而後用, 如水先原而後委也. 至如日光一照, 若高若下, 同時俱有, 特從金水月天而至於地, 不得言由地而至於月水金天, 此謂原先後. 却非日光某時先至金水月天, 某時後至於地, 故無時先後. 又若父子等, 相因而有之物, 亦有原先後而無時先後, 何者? 當無子時, 不可謂父, 有子而可謂父. 故父子之稱, 同時俱有.〕

[12] 왜 아니마를 나의 실체적 형상(體模, forma substantialis)이라고 하는가? 대개 사물은 모두 두 가지 형상(模, forma)이 있다.〔대개 사물에는 네 가지의 원인(所以然, causa)[21]이 있으니, 작용인作用因(作者, causa efficiens), 형상

21 '원인'이란 어떤 것을 있게끔 하거나 되게끔 하는 제일의 근거를 뜻한다.

인형상인形相因(模者, causa formalis), 질료인質料因(質者, causa materialis), 목적인
目的因(爲者, causa finalis)이다. 형상인이란 일정한 형상을 갖추게 하여 일정한
사물이 되게 하고, 그것을 본래의 범주本倫에 속하게 함으로써 다른 부류와 구
별되게 하는 것이다. 세간世間에서는 이것을 모양模樣(樣子)이라고 한다. 수레바
퀴에 비유해보면, 상아 테두리며 바퀴살, 바퀴통 등은 형상(模)이며, 수레 장인은
작용인(作者)이고, 재목은 질료인(質者)이며, 그것을 이용하여 수레를 굴러 가게
하는 것은 바로 목적인(爲者)이다.[22] 하나는 실체적 형상이요, 또 하나는 우
유적 형상(依模, forma accidentalis)이다.[23] 실체적 형상이란 내재된 실체
적 형상으로서 사물은 이로 말미암아 만들어진다.[24] 그러므로 이 형상이

---

22 '작용인'을 作者로, '형상인'을 模者로, '질료인'을 質者로, '목적인'을 爲者로 표
   현한 것은 『천주실의』를 그대로 따른 것이다.
23 스콜라철학자들은 모든 사물을 질료와 형상이 합성되어 이루어진 것으로 인식했
   지만, 결국 사물의 본질을 규정하는 존재원리는 '형상'이라고 보았다. 그런데 이 형
   상에는 실체를 실체이게 하고 실체를 하나의 種에 속하게 하여 그 실체의 본질을 규
   정하는 원리로서 '실체적 형상'이 있고, 또한 본질과는 상관없이 개별적으로 존재하
   는 것의 성질로서 '우유적 형상'이 있다고 한다. 가령 인간이 인간이게 하는 본질적
   근거는 영혼이므로 영혼은 '실체적 형상'이고, 인간의 육신을 이루고 있는 여러 요
   소나 행위들은 '우유적 형상'이다.
24 이는 스콜라철학에 수용된 아리스토텔레스 영혼론을 따르고 있다. 물론 아리스토
   텔레스는 신에 의한 영혼의 창조 개념을 구체화하지 않았지만, 그의 영혼에 대한 이
   해는 스콜라철학의 전반적 분위기를 결정한다. 여기에 해당하는 그의 중요 문헌은
   다음과 같다. "영혼은 살아 있는 신체의 원인이며 원리이다. 이것들은 여러 가지 의
   미로 말할 수 있다. 그러나 영혼은 우리가 구분했던 것처럼 세 가지 의미에서〔신체
   의〕원인이다. 왜냐하면 영혼은 '운동 그 자체는 어디로부터(작용인)', '무엇을 위해
   (목적인)' 그리고 '영혼을 가진 신체의 실체로서(형상인)〔라는 의미에서〕' 원인이기
   때문이다. '실체로서'가 의미하는 것은 명백하다. 왜냐하면 실체는 만물의 존재 이
   유이고, 생명은 생물들의 존재 이유이며, 영혼은 그것들의 원인이며 원리이기 때문
   이다……."(아리스토텔레스, 『영혼에 대하여』, 147쪽, 415b 10-15) 토마스 아퀴나
   스 역시 영혼을 육체로부터 독립적으로 그 자체 자립하는(subsistens) 어떤 것으로
   본다. 즉 영혼은 인식의 지성적 원리이기 때문에, 지성적 인식을 통해 모든 물체의
   본성을 인식하기 위해서는 영혼 그 자체가 물체에 속하는 어떤 것일 수 없다. 영혼이

아니면 이러한 사물이 만들어지지 못한다. 우유적 형상이란 외형적인 형상으로서 눈으로 볼 수 있는 사물의 형상이 그것이다. 이제 아니마를 사람의 실체적 형상이라고 말함으로써, 마치 도공이 찰흙을 이겨 그릇을 만들듯이, 뜨겁고 차고 마르고 축축한 네 가지 성질에 따라 배합해 만들었다가, 다시 이것을 모으기도 하고 흩어버리기도 할 수 있는 것이 아님을 밝히려는 것이다.

何謂爲我體模? 凡物皆有兩模,〔凡物有四所以然, 曰作曰模曰質曰爲. 模者, 模狀之如是者爲是物, 置之於本倫, 別之於他類也. 俗言爲樣子. 譬之車輪, 牙周輻輳轂抱賢空, 爲模也, 若輪人, 是作者, 材木, 是質者, 用之利轉以行車, 是爲者.〕一體模, 一依模. 體模者, 內體模, 物所由成. 非是模, 不成是物. 依模者, 外形模, 物之形像可見者, 是也. 今言亞尼瑪爲人之體模, 以明非由熱冷乾濕四情會合所成, 可聚可散, 如陶人埏埴也.

[13] 왜 아니마는 결국 그라시아[25]에 힘입고 사람의 선행에 힘입어 참된 복을 누리게 된다고 하는가? 이는 아니마의 목적인(爲者, causa finalis)을 말한 것이다.〔목적인은 네 가지 원인(所以然) 중의 하나이다. 가령 직각자를 만든 것은 사각을 그리기 위한 것이고, 둥근 자를 만든 것은 원을 그리기 위한 것과 같은 것이다.〕 아니마는 사람 안에 존재하면서 다른 곳을 향하는 일이 없고, 오직 은총에 힘입어 힘을 다해 데우스를 섬김으로써 공로를 세워 천상의 참된 복을 누리게 된다. 아우구스티누스도 말하기를, "천주께서 사람의

물체에 속하는 어떤 것이라면 다른 물체들의 본성을 인식하지 못할 것이기 때문이다 (토마스 아퀴나스, 『신학대전』, I, 75, c.a.를 전체적으로 참조하라).

25 삼비아시는 '그라시아'라는 용어와 '은총(성총)'이라는 용어를 섞어 사용하고 있는데, 그 의미의 차이를 발견할 수 없다. 그러나 군이 라틴어를 고수하는 저자의 의도가 있다고 보고, '그라시아'를 그대로 표기하였다. '성총'은 가톨릭교회에서 사용하는 용어에 따라 '은총'으로 표기하였다.

아니마를 창조하시어 지극히 좋은 것(至美好)을 통달通達케 하셨으니, 통달함으로써 사랑하게 되고, 사랑함으로써 얻게 되고, 얻음으로써 향유하게 된다"고 하였다.[26]

何謂終賴額辣濟亞, 賴人之善行, 可享眞福? 是言亞尼瑪之爲者也.〔爲者, 四所以然之一, 如造矩爲作方, 造規爲作圓也.〕亞尼瑪在人, 他無終向, 惟賴聖寵, 可盡力向事陟斯, 立功業以享天上眞福也. 亞吾斯丁曰: "天主造成人之亞尼瑪, 爲通達至美好, 通而愛之, 愛而得之, 得而享之."

그라시아를 말한 것은 천상의 참된 복(眞福)은 사람의 의지와 힘으로 얻어지는 것이 아니라,〔참된 복을 얻고자 한다면, 먼저 선행善行의 공덕을 세워야 한다. 그런데 선행의 공덕을 세우고자 한다면, 반드시 천주의 도움을 받아야 한다. 스스로 자기의 의지와 힘에 의존하여 선행하고 공덕을 세움으로써 복을 얻는다는 것은 있을 수 없다.〕천주의 보편된 도움(公祐)으로 얻을 수 있음을 밝히려는 것이다.〔선행을 해서 공덕을 세운 것은 이미 천주의 도움을 받은 것이다. 그러나 천주의 도움에는 두 가지가 있으니, 하나는 보편된 도움이고, 또 하나는 특별한 도움(特祐)이다.[27] 보편된 도움은 사람과 사물이 똑같이 받는 것으로서 일체의 생장生長과 안존安存 그리고 각자의 행동에는 모두 천주의 보편된 도움이 필요하다.

---

26 아우구스티누스, 『삼위일체론De trinitate』, lib.10, cap.2를 전체적으로 참조하라.
27 보편된 도움과 특별한 도움의 구분은 16세기에 예수회 신학자와 도미니코 신학자 사이에 야기되었던 도움에 관한 논쟁disputatio de auxiliis에서 거론되었던 충족은 총gratia sufficiens과 효능은총gratia efficax의 개념과 유사하다고 본다. 예수회 신학자들의 설명에 따르면, 인간의 의지와 상관없이 모든 인간에게 주어지는 은총이 충족은총인데, 이는 보편된 도움이라고 할 것이다. 반면 이 은총이 인간의 동의를 거침으로써 효능은총이 된다고 하였으니, 이는 특별한 도움에 해당된다고 하겠다(G. 그레사케 지음, 심상태 옮김, 『은총-선사된 자유』, 신학선서 1, 성바오로출판사, 1979).

그러므로 천주는 만 가지 행동의 제일원인(原所以然, causa prima)[28]이요, 행동하는 사물은 그 행동의 제이원인(次所以然, causa secunda)이다. 가령 불은 열이 되는 제이원인이고, 천주는 열이 되는 제일원인인 것이다. 이 제일원인의 보편된 도움을 받지 못한 사물은 없으니, 똑같이 받았다는 것은 곧 사물들이 본래 지니고 있다는 것이다. 그러나 사람이 사물과 차이 없이 오로지 이 보편된 도움에만 의존하여, 이로써 선행을 하고 공덕을 세워 참된 복을 얻는 것도 역시 있을 수 없다.〕또한 반드시 그라시아의 특별한 도움이 있어야 의로워질 수 있고,〔대개 천주를 알지 못해 그 은총을 받지 못하거나, 이미 알고는 있으나 악행을 저지름으로써 은총을 잃은 사람은 모두 불의不義한 것에 속한다. 그러나 천주의 도우심으로 다행히 천주를 알고 또 개과천선하여 은총을 받으면 의로운 사람이라 불리게 된다.〕천주께서 사랑하심으로써 참된 복을 받게 된다.

日額辣濟亞者, 以明天上眞福, 非人之志力,〔欲得眞福, 須立爲善之功, 欲立爲善之功, 亦必賴主祐. 若自賴其志力, 爲善立功以得福, 未能也.〕與天主公祐, 所能得之.〔爲善立功, 旣賴主祐矣. 然主祐有二, 一公祐, 一特祐. 公祐者, 人與物所共得, 一切生長安存, 及其各行各動, 皆須天主公祐. 故天主爲萬行萬動之原所以然, 而行動之物, 爲其行動之次所以然. 如火爲熱之次所以然, 而天主爲熱之原所以然. 此原所以然之公祐, 無物不得, 旣所共得, 卽若物所自有者. 然若專藉此, 與物不異, 用以爲善立功而得眞福, 亦未能也.〕必有額辣濟亞之特祐, 然後能爲義者,〔凡未認天主, 不得其聖寵, 或已認之, 而因行惡失聖寵者, 皆屬於不義. 因於主祐而幸認之 幸改過遷善, 卽獲聖寵, 是名義者〕爲天主所愛, 而當受眞福也.

아니마는 사람의 선행에 힘입어 복을 누린다고 말했다. 먼저 그라시아의 특별한 도움에는 세 가지 단계가 있다. 하나는 첫 단계의 깨닫게 하는 특별

---

28 제일원인은 아리스토텔레스가 '움직여지지 않는 운동인the unmoved mover'으로 상정한 초월적 존재를 말한다.

한 도움(提醒特祐)이며, 둘째는 다음 단계의 유지시키는 특별한 도움(維持特祐)이고, 셋째는 마지막 단계의 항구히 하는 특별한 도움(恒終特祐)이다.[29]

日賴人之善行者. 額辣濟亞之特祐, 又有三端. 一爲初提醒特祐, 二爲次維持特祐, 三爲後恒終特祐.

첫 단계의 깨닫게 하는 특별한 도움은 나의 공로와 힘으로 이룰 수 있는 것이 아니고, 천주께서 사람들에게 그냥 주시는 것이다.〔어떤 사람이 전날 은총의 인도가 없어 불의한 짓을 많이 하다가 홀연 스스로 잘못을 깨닫고 고치려 한다면, 이것이 깨닫게 하는 특별한 도움이다. 나는 이미 의롭지 못해서 빛이라고는 모르는데, 어떻게 이러한 깨달음의 도움을 얻을 수 있는가? 그것은 천주께서 우리 죄인들을 불쌍히 여겨 깨닫도록 허락하여 아무 이유 없이 얻도록 하신 것이다. 그래서 "그냥 우리에게 주신다"고 하였다. 가령 어두운 길에 구덩이가 있었는데, 내가 이 어두운 길을 가다가 구덩이에 빠질 지경에 놓였다고 하자. 이때 갑자기 밝은 빛이 비치면, 이는 비춰주는 자의 은혜인 것이다.〕

初提醒特祐者, 非我功力所致, 天主徒與諸人者也.〔人向無聖寵之先, 多爲不義, 忽自覺非, 而欲悔改, 此爲提醒之特祐. 我旣不義無光, 爲何得此提醒之祐? 乃是天主憫我罪人, 自肯提醒, 無因而得. 故曰: "徒與諸我者." 如暗途中, 有坑阱, 我向冥行, 將陷於阱, 忽得明燭, 與者之恩.〕

---

29 스콜라신학의 은총론에 따르면, 하느님의 사랑을 통하여 이루어진 지속적인 내적 처지이자 이 사랑으로 영위되는 삶을 성화은총gratia santificans이라 하고, 인간의 자유를 도우면서 은총을 받아들이도록 준비하고 도와주는 것을 협력은총gratia cooperans 또는 조력은총gratia actualis이라고 한다(그레사케, 앞의 책). 삼비아시가 설명하고 있는 깨닫게 하는 특별한 도움과 유지시키는 특별한 도움은 협력은총에 해당되며, 항구히 하는 특별한 도움은 성화은총에 해당된다.

다음 단계의 유지시키는 특별한 도움이란 사람이 이미 깨달음을 얻은 다음, 다시 그것을 유지시켜주는 특별한 도움을 받는 것이다. 이것은 나 자신과 더불어 함께 나아가 날로 정의正義(義)로 옮겨가게 하고, 또한 열심히 정의를 실천할수록 더 많은 도움을 받게 된다. 그러므로 이 유지시키는 특별한 도움은 줄 만한 사람에게 주는 것이다.〔'줄 만하다(可與)'는 것은 '당연히 준다(當與)'거나 '반드시 준다(必與)'고 말하는 것과는 다르다. 먼저 유지시키는 도움을 통해 날로 선善으로 나아가 천주의 은혜에 호응해야 한다. 이는 마치 밝은 빛을 받아 이를 통해 나아가되, 나아가기를 그치지 않으면 빛도 사라지지 않는 것과 같다. 즐겨 나아가려고만 하면 빛을 비추어 이르고자 하는 곳에 이를 수 있게 해주지만, 만약 중도에 그쳐버린다면 또한 어찌 될지 알 수 없다. 이는 이를 수 있게 해주는 은혜에 보답하지 못하는 것이다. 그래서 "줄 만한 사람에게 주지 당연히 주거나 반드시 주는 것은 아니다"라고 말했다.〕

次維持特祐者, 人已得提醒, 又賴此維持特祐. 與我偕行, 日遷於義, 而行義加勤, 獲祐加重. 此維持之特祐, 爲可與而與者也.〔可與者, 未可言當與也, 未可言必與也. 能偕維持之祐, 日進於善, 以應主恩. 如旣得明燭, 從此進步, 進步不止, 燭光不息. 因其肯進, 與之燭光, 令可至於欲至之地, 中道而止, 亦不可知, 未應得受能至之報. 故曰: "可與而與, 非當與而必與也."〕

유지시키는 특별한 도움에 힘입어 함께 선을 실천하고 정의를 멈추지 않으면, 또한 천주께서는 나에게 항구히 하는 특별한 도움을 주신다. 그리하여 시시각각으로 함께 나아가며 죽는 순간까지 잠시도 쉬지 않고 정의를 행할 수 있게 된다. 이 항구히 하는 특별한 도움도 역시 줄 만한 사람에게 주는 것이다. 이렇게 살다가 목숨이 다한 뒤 참된 복을 얻게 된다면, 이는 당연히 줄 사람에게 주는 것이다.〔당연히 줄 사람에게 주는 것은 일을 마치면 품삯을 주는 것처럼 줄 수밖에 없는 것이다.〕

賴此維持特祐, 而偕行諸善, 爲義不止, 又得天主與我恒終特祐. 時刻偕
行, 至死爲義者, 毫無間斷. 此恒終特祐, 亦可與而與者也. 如是命終, 而
得眞福, 則爲當與而與者也.〔當與而與, 如工完受直, 不得不與.〕

그러므로 자신의 선행이 아니면 비록 깨닫게 하는 도움은 얻더라도 유지
시키는 도움은 얻을 수 없다는 것을 알 수 있다. 또한 이 유지시키는 도움
에 힘입어 멈추지 않고 나아가면 항구히 하는 도움을 얻게 된다. 그리하여
죽을 때까지 정의를 행하는 자는 그 뒤에 하늘에 오르는 참된 복을 받게
되니, 이것은 당연히 받아야 할 정해진 보상을 누리는 것이다. 그래서 "사
람의 선행에 힘입어 참된 복을 누리게 된다"고 하였다.[30] 성 아우구스티누
스는 "대개 스스로를 다스릴 수 있는 사람이 전날에 의롭지 못했던 삶을
버리려고 할 때, 스스로 뉘우치지 않는다면 정의로 옮겨갈 수 없다"고 하
였다.[31] 여기서 "스스로를 다스릴 수 있는"이라고 말한 것은 무지하여 스
스로를 주관할 수 없는 어린아이를 두고 말하려는 것은 아니기 때문이다.

可見不因自身善行, 雖得提醒之祐, 不能得維持之祐. 又賴此維持之祐, 進
進不止, 而得恒終之祐. 至死爲義者, 然後得受升天之眞福, 享當與之定
報. 故曰: "賴人之善行而可得眞福也." 聖亞吾斯丁曰: "凡能自主之人, 欲
去前不義, 不自悔, 不能遷於義者." 曰能自主, 爲孩童無知不能自主者, 不
論故也.

[14] 이로 미루어 보건대, 누군가 사람의 아니마가 여러 살아 있는 것들

---

30 아리스토텔레스, 『니코마코스 윤리학Éthica Nicomachea』, I, cap.8, 1098b, 20
참조.
31 아우구스티누스, 성염 옮김, 『자유의지론De libero arbitrio』, lib.3, VII, 19, 분도출
판사, 1998을 전체적으로 참조하라.

에게 분산될 수 있다고 말한다면 그것은 잘못이다. 또 아니마도 형상形像이 있어서, 우리의 형상에 붙어 사람에 따라 작거나 크기도 하며, 사람에 따라 늙거나 어리기도 하다고 말한다면 역시 그것도 잘못이다.

從此可推, 他言人之亞尼瑪, 可分散於諸有生者, 非也. 又言亞尼瑪有形像, 附我形像, 因人小大, 因人老幼者, 亦非也.

사람의 아니마는 정신(神, spiritus)의 부류이기 때문에 구체적으로 설명할 수는 없지만, 우리의 온몸에 온전히 존재하고, 또한 온몸의 여러 부분에도 온전히 존재한다. 마치 천주는 존재하지 않는 곳이 없어, 천지간에 온전히 존재하고, 또 천지간의 여러 부분에도 온전히 존재하는 것과 같다.[32]

爲人之亞尼瑪, 是神類, 無幾何可論, 全在全體, 亦全在全體之諸分. 如天

---

[32] 영혼은 육체와 〔실체적〕 형상으로서 하나가 되어 있기 때문에, 영혼은 육체 전체에 걸쳐 있는 동시에 모든 부분들 속에 걸쳐 있어야 한다Sed quia anima unitur corpori ut forma, necesse est quod sit et in toto, et in qualibet corporis parte. 이는 토마스 아퀴나스 영혼론의 핵심 명제인 동시에 13세기 아라비아철학Arabian philosophy과의 논쟁점이기도 하다. 삼비아시는 여기서 토마스 아퀴나스 영혼론의 핵심 명제를 고수하고 있다. 즉 토마스 아퀴나스의 근거는 다음과 같이 논증된다. 육체는 영혼과 분리된 뒤에는 전체로서든 부분으로서든 결코 더 이상 변화하거나 움직일 수 없다. 순수한 영혼이 모든 부분들에 걸쳐 있다면 이는 온전히 각 부분들에 걸쳐 존재하는 것이다. 작용의 총체성이 아니라 실체의 총체성이 존재한다. 예를 들면 시각의 능력은 눈 안에서 그의 기능을 작동하는 것이지 결코 다른 감각기관 안에서 전개되는 것이 아니기 때문이다(토마스 아퀴나스, 『신학대전』, I, q.76, a.8, c.a.를 전체적으로 참조하라).
　　같은 문헌에서 토마스 아퀴나스가 근거로 인용하는 바와 같이 아우구스티누스 역시 영혼과 육체의 통일 방식에 대해 같은 견해를 가지고 있다(아우구스티누스, 『삼위일체론』, cap.6; PL 42, 929 참조). "영혼은 모든 육체에 있어서 육체 전체에 걸쳐서 온전히 있는 동시에 모든 부분들에도 걸쳐 있다anima in quocumque corpore et in toto tota est, et in qualibet eius parte tota est."

主無所不在, 全在天地之間, 亦全在天地間之諸分也.

[15] 또 이로 미루어 보건대, 사람의 아니마가 사람인 것은 아니다. 다만 사람의 한 부분으로서, 형체도 모습도 없기 때문에 또한 죽지도 않는다. 반드시 육신과 합쳐져야 사람이 될 수 있을 뿐이다.[33]

又從此推, 人之亞尼瑪, 非人也. 但是人之一分, 爲其無形無象, 又不能死. 必與軀殼合, 乃成人耳.

[16] 또 이로 미루어 보건대, 혹시 아니마가 사람 안에 있는 것이 마치 집 주인이 집에 있고, 뱃사공이 배에 있는 것과 같다고 말한다면,[34] 이 비유는 비슷한 것 같지만 잘못된 것이다. 정말 이 비유와 같다면, 장차 아니마가 사람의 내재된 실체적 형상(體模, forma substantialis)이 되지 못한다고 의심하게 되고, 사람이 사람이 되는 것은 아니마가 내재된 실체적 형상이 되

---

33 여기서 삼비아시는 인간의 규정에 있어서 영혼의 역할을 해명하고 있다. 이는 토마스 아퀴나스의 입장을 따르는 것이다. 토마스 아퀴나스는 영혼만으로는 결코 인간이 될 수 없다는 입장을 통하여 실천적 관점에서 인간의 존엄성을 강조한다. 즉 인간은 영혼과 육체의 통일을 통해 이루어짐으로써 영혼의 능력뿐만 아니라 감각 능력도 가지기 때문이다. 그러나 영혼은 생명의 원리이기 때문에, 인간을 구성하는 모든 것은 영혼에 언급될 수 있다는 의미에서 영혼을 곧 인간이라고 말할 수도 있을 것이다. 즉 '살'은 '나'라는 개체에 속하는 것이지만, 단순히 '살'로서의 살은 모든 인간을 구성하는 질료이다. 결국 토마스 아퀴나스는 천사는 영혼만으로 천사이지만, 인간의 경우에는 영혼만으로 결코 인간일 수 없다는 입장을 단호히 밝힌다. 이는 실천적 삶을 통하여 하느님의 모상을 향해 변화하는 인간의 특수성을 제시하는 근거로 발전한다(토마스 아퀴나스, 『신학대전』, I, q.75, a.4, c.a.를 전체적으로 참조하라).
34 이는 지적인 영혼과 육체의 관계는 형상과 질료의 결합과 같은 것이 아니라 움직이게 하는 자와 움직여지는 자의 관계와 같이 결합되어 있어, 인간은 영혼과 육체로 합성된 것이 아니라 육체를 사용하는 영혼 그 자체에 불과하다고 했던 플라톤학파의 주장과 다름없다.

는 사실에 달려 있음을 모르게 된다.

又從此推, 或言亞尼瑪在人, 如主人在家, 舟師在船, 此喩似之而非也. 信如此喩, 將疑亞尼瑪不爲人之內體模, 不知人之爲人, 全憑此爲內體模.

만약 아니마가 육신을 벗어나게 되면 사람은 사람이 되지 못한다. 이는 주인이 혹 떠나더라도 집은 그대로 집이며, 뱃사공이 혹 떠나더라도 배는 그대로 배인 경우와는 다르다. 설령 떨어지거나 합쳐지는 순간에 지극한 이치(至理)를 정밀하게 살피지 않고, 단지 태어나거나 죽을 때 그 대강의 자취만 살펴봐도 아니마와 육신이 서로 합쳐지는 것은 곧 태어나는 것이며, 서로 떨어지는 것은 곧 죽는 것임을 알 수 있다. 이상의 두 가지 단서는 어느 정도 적절한 비유가 되어 어리석은 세상을 깨우쳐줄 수 있을 것이다.

若脫離者, 不成爲人. 非若主人或去, 家猶是家, 舟師或離, 船猶是船也. 若不於離合際會, 精求至理, 但於生死, 論其粗迹, 相合卽生, 相離卽死. 卽上二端, 差可設爲權喩, 以曉愚俗.

[17] 또 이로 미루어 보건대, 혹시 사람의 마음(人心, mens)은 아니마가 머무는 장소이므로, 마치 나라의 임금이 조정朝廷에 머물며 사방을 다스리듯이 아니마도 단지 마음 가운데 머물며 온몸을 다스린다고 말한다면, 이 역시 잘못된 것이다.

又從此推, 或言人心爲亞尼瑪之所, 但居中心而制百體, 如國主居朝, 宰制四境, 此亦非也.

아니마는 온몸에 온전히 존재하며 그 몸을 살리기도 하고, 그 몸의 형상(模, forma)이 되기도 한다. 만약 한 부분에만 있다고 한다면, 곧 그 부분에 온전히 존재하며 그 부분을 살리기도 하고 그 부분의 형상이 되기도 할 것이다. 그런데 아니마는 본래 머무는 일정한 장소가 없는 법인데, 어떻게 단지 마음 가운데 머물면서 각 부분을 다스린다고 말할 수 있겠는가? 이처럼 아니마는 비록 머물 곳에 온전히 존재하며 살리기도 하고 형상이 되기도 하지만, 그러나 늘 마음 가운데에서 생명에 관련된 여러 가지 일들을 운용運用한다. 마치 물이 샘에서 나와 지류로 나뉘어 흘러가는 것처럼, 몸속의 열과 피도 모두 심장에서 나오는 것과 같다. 그래서 마음을 두고 아니마의 첫 장소(初所)이며, 또 아니마의 마지막 장소(終所)라고 한다.

亞尼瑪, 全在全體而活其體, 模其體. 若在一分, 卽全在其分而活其分, 模其分. 無有方所, 何得言但居中心而遙制各分? 然亞尼瑪, 雖全在所在, 活之模之, 而每於中心, 施爲運用諸關生命之事. 如身中之火身中之血, 皆從心而出, 若水自泉源, 分別枝派. 故謂心爲亞尼瑪之初所, 又爲亞尼瑪之終所.

'첫 장소'라고 한 것은 처음에 마음 가운데 머물러 있다가 다시 각 장소로 나뉘게 된다는 뜻이 아니다. 생명에 관계된 여러 가지 일들이 마음으로부터 운용되기 때문에, 운용되는 처음에는 마치 마음에 머물며 시작하는 것과 같다는 것이다.

    '마지막 장소'라고 한 것은 먼저 여러 부분에 존재하다가 물러나 다시 마음으로 돌아간다는 뜻이 아니다. 사람의 목숨이 끝나면, 생명에 관계된 여러 가지 일들이 마음으로부터 운용되다가 마지막 순간에는 여러 부분들이 모두 일을 그만두게 된다. 그래도 마음은 운용을 하면서 점차적으로 끝맺음에 이르기 때문에 운용의 마지막에는 마치 마음에 머물면서 마치는 것 같다는 뜻이다.

初所云者, 非謂初居中心, 次及各分也. 爲諸關切生命之事, 由心運用, 故運用之初, 似在心始. 終所云者, 非謂先在諸分, 退歸於心. 而人命終, 爲諸關生之事, 旣由心運, 及於末際, 諸分謝事. 心猶運用, 漸至終絕, 故運用之末, 似在心終也.

대개 아니마는 마음에 머물면서 여러 부분에도 머물고, 마음을 살리면서 여러 부분도 살리고, 마음의 형상이 되면서 여러 부분의 형상도 된다. 시간적 선후는 없고, 단지 근원적 선후만 있을 뿐이다.[35]

蓋亞尼瑪, 在心而在諸分, 活心而活諸分, 模心而模諸分. 無有時先後, 止有原先後耳.

[18] 또 이로 미루어 보건대, 혹 아니마는 사람의 피(血)라고 하거나, 혹 아니마는 사람의 피(血分)에 있다고 한다면, 모두 잘못된 것이다. 아니마는 정신(神)의 일종이므로, 온몸에 온전히 존재하고, 또 여러 부분에도 온전히 존재한다. 그런데 어떻게 피가 될 수 있으며, 어떻게 피에 있을 수 있겠는가? 피는 단지 생명을 운반하는 수레요, 또 열熱의 성질을 갖추고 온갖 맥脈을 두루 돌아다닌다. 일체의 희로애락喜怒哀樂과 애오수구愛惡羞懼 같은 여러 감정이 모두 피에 의지하여 운행되고, 피로 인해 드러나니, 근육·뼈·피부·살 등에 비해 월등히 특출하다. 그래서 아니마의 공들인 보람(功用)이 특히 피를 통해 뚜렷이 드러날 뿐이다.

---

35 여기서 삼비아시는 '시간적 선후'와 '근원적 선후'를 구분하고 있다. 이를 스콜라 철학적 용어로 바꾼다면 '시간적 질서'와 '논리적 질서'가 될 것이다. 예를 들어 반지를 낀 손가락을 움직일 때, 과연 손가락이 먼저 움직이겠는가 반지가 먼저 움직이겠는가? 시간적 선후로 본다면 반지와 손가락은 동시에 움직일 것이다. 그러나 근원적 선후 또는 논리적 선후를 본다면, 손가락이 움직이지 않는 한 반지는 움직이지 않으므로 결국 손가락이 근원적으로 먼저 움직여야만 비로소 반지도 움직일 수 있을 것이다.

又從此推, 或言亞尼瑪是人之血, 或言在人之血分, 皆非也. 亞尼瑪神類, 全在全體, 全在諸分. 何得爲血? 何得在血? 但血爲生命之輿, 又具熱性而周行百脈. 一切喜怒哀樂愛惡羞懼諸情, 皆憑血運, 皆因血顯, 比之筋骨皮肉等, 殊覺逈然. 故亞尼瑪之功用, 於此特爲顯著耳.

[19] 또 이로 미루어 보건대, 아니마에 관한 학문學問을 아침저녁으로 생각한다면, 다른 학문들에 비해 유익한 것을 이루게 해줄 것이다. 앞 글에서 성 베르나르두스가 "사람들은 많은 일을 알지만 자기를 아는 것만 못하고, 많은 사물을 찾지만 자기를 찾는 것만 못하며, 외물에서 선한 것(美好)을 찾지만 자신의 마음 안에 선한 것이 있음을 생각하는 것만 못하다"고 말한 것과 같다.[36]

又從此推, 亞尼瑪一種學問, 早夜以思, 比於他諸學問, 致爲有益. 如上文聖白爾納曰: "人知多事, 不如知己, 覓多物, 不如覓己, 求美好於外, 不如想美好在自心之內."

---

36 22쪽 각주 4 참조.

아니마의
능력을 논함 〔論亞尼瑪之能〕

1. 아니마의 생명능력과 감각능력을 논함 〔論亞尼瑪之生能覺能〕

[20]   이미 아니마는 살아 있고 감각하고 있다고 했는데, 그 능력(能, potentia)은 어떠한가? 이제 그에 대한 몇 가지 단서를 대략 설명해보겠다.[37]

亞尼瑪, 旣生旣覺, 其能如何? 今略陳數端.

[21]   첫째, 이 능력은 사람이 수많은 행동을 하는 데 아주 절실하고 직접

---

37 물론 영혼은 형상적 원리로서 통일성을 유지하고 있음에도 불구하고 다양한 능력에 따라 구분된다. 스콜라철학에서 영혼은 대체로 형상적 대상에 따라 구분되거나 체험의 종류를 통한 능력에 따라 구분된다. 즉 영혼은 형상적 대상에 따라 진리, 가치 등으로 구분되고, 그 능력에 따라 이성과 의지, 오성, 기억, 감각, 감정, 충동 등으로 구분된다. 그러나 영혼은 단순하고 정신적이기 때문에 이러한 영혼의 능력들도 결코 영혼의 부분들이 될 수는 없다.

적인 원인(所以然, causa)이 된다.[38]

其一, 爲人身萬行萬動至近至切之所以然.

[22] 둘째, 모든 생혼生魂들이 지니고 있는 능력은 세 가지인데, 첫째는 양육능력(育養之能, potentia nutritiva)이요,〔양육이란 초목이 양분과 수분을 받아 자라듯이, 사람의 몸도 정혈精血을 바탕으로 날로 자라는 것을 말한다.〕둘째는 성장능력(長大之能, potentia accrescitiva)이요, 셋째는 출산능력(傳生之能, potentia generativa)이다.[39] 살펴보면 사람이 태어나면 양육되고, 다시 성장 과정을 거친 다음 충분히 자라게 된다. 충분히 자란 뒤에는 다시 자기와 같은 사람을 출산할 수 있으니, 이 하나하나가 초목이 하는 것과 같다. 이것이 생혼이 지니고 있는 능력이다.[40] 천주께서는 사람의 아니마

---

38 토마스 아퀴나스는 영혼의 능력을 통틀어 다섯 가지로 분류한다. 즉 영혼은 생장능력, 감각능력, 욕구능력, 운동능력(장소 이동의 능력), 이성적 능력을 가지고 있다 (토마스 아퀴나스, 『신학대전』, I, q.78, a.1, c.a. 참조). 나아가 생장능력은 또다시 출산능력, 성장능력, 양육능력으로 분류된다. 이는 물론 생물의 존재와 성숙 그리고 자기보존의 목적에 따른 것이다(앞의 책, I, q.78, a.2, c.a. 참조). 삼비아시는 영혼의 능력을 분류하는 데 토마스 아퀴나스의 영혼론과 내용적으로는 차이를 보이지 않으며 설명의 순서와 세분화 과정에서 약간의 차이를 보일 뿐이다.

39 이는 근본적으로 아리스토텔레스에서 기원하는 영혼론에 기초하여 토마스 아퀴나스로 발전하는 아리스토텔레스-토마스 아퀴나스 영혼론의 근간이라 볼 수 있다. 즉 아리스토텔레스에 따르면, 모든 생물의 질적 변화와 성장은 혼을 통해 이루어진다. "왜냐하면 영양섭취혼은 〔식물뿐만 아니라〕 다른 〔모든 생물들도〕 가지며, 가장 근본적이고 일반적인 영혼의 능력이고 생물들은 그것을 통해 생명을 갖는다."(아리스토텔레스, 유원기 옮김, 『영혼에 관하여』, 궁리, 2001, 145쪽, 415a 20) 여기서 옮긴이가 영양섭취혼이라고 번역한 것은 본문의 생혼과 같은 것이다.

40 삼비아시의 영혼론이 출발에서부터 전적으로 아리스토텔레스-토마스 아퀴나스의 영혼론을 따라 전개된다는 것이 여기서 명백히 밝혀지는 셈이다. 아리스토텔레스는 『영혼론De anima』, II, 1, 412a 13(이재룡 옮김, 「영혼론 II」, 『신학과 사상』, 제21호, 가톨릭대학교출판부, 1997 가을, 191쪽) 이하에서 이렇게 말한다. "자연적 물체들 가운데서 어떤 것은 생명(생혼)을 가지고 있고 어떤 것은 없다. 생명(생혼)이라는

에도 이 능력을 온전히 주셨기 때문에, 사람의 아니마도 생혼이라 부를 수 있다.[41]

其二, 凡生魂所有之能三, 一者育養之能, 〔育養者, 如草木藉於膏潤, 人身資夫精血, 日以滋養.〕二者長大之能, 三者傳生之能. 試觀人生, 旣能育養, 又復長大, 旋至充滿. 充滿之後, 又能傳生類己之人, 一一如草木然. 是生魂所有之能. 天主於人之亞尼瑪, 皆全界之, 卽人之亞尼瑪, 亦可稱生魂也.

[23] 셋째, 모든 각혼覺魂들이 지니고 있는 능력은 두 가지인데, 하나는 운동능력(動能)이고, 또 하나는 감각능력(覺能)이다.[42] 새나 짐승은 태어나면 운동할 수 있는데, 이는 초목은 할 수 없는 것이다. 사람 역시 태어나면 운동할 수 있으니, 각혼의 운동능력을 갖고 있기 때문이다.

其三, 凡覺魂所有之能二, 一動能, 一覺能. 鳥獸等, 生而能動, 草木無之. 人亦生而能動, 是有覺魂之動能也.

말로써, 나는 자기 양육, 성장, 사멸의 사실들을 의미한다." 여기서 삼비아시는 생혼의 사멸 대신에 생성을 강조하기는 하지만, 결국 사멸의 이면이 생성이다.

41 토마스 아퀴나스, 『신학대전』, I, q.78, a.2, c.a. 토마스 아퀴나스에 따르면 생혼의 생장능력potentia vegetativa은 생물이 존재를 취득하고, 완전한 성장에 이르며, 스스로를 유지, 보존하는 육체의 세 가지 목적에 따라 세 부분으로 분류된다. 이는 물론 아리스토텔레스의 영혼론을 기초로 삼아 논증된 것이다(아리스토텔레스, 『영혼론De anima』, II, cap.2, 413a 24 이하; cap.4, 415a 25 이하를 참조하라).

42 여기서도 삼비아시는 아리스토텔레스-토마스 아퀴나스의 영혼론을 그대로 답습하고 있다. 『영혼론De anima』, III, 9, 432a 15 이하(『신학과 사상』 제22호, 가톨릭대학교출판부, 1997 겨울, 259쪽)에서 그는 이렇게 말한다. "동물들의 영혼(각혼)을 특징짓는 것은 두 개의 기관이다. 그중 첫째는 지성과 감각의 소관인 판단(또는 분별) 기관이고, 둘째는 장소 이동 기관이다." 여기서 판단이란 감각능력을 말하며, 이동 기관이란 운동motus의 능력을 말한다. 이에 대한 토마스 아퀴나스의 문헌으로는 『신학대전』, I, q.78, a.4, c.a.를 전체적으로 참조하라.

아니마의 능력을 논함

47

감각능력에는 또 두 가지가 있으니,[43] 첫째는 외감外感(外覺, sensus exteriores)이요, 둘째는 내감內感(內覺, sensus interiores)이다. 이 외감을 일으키는 것은 외적 능력(外能)을 통해 이루어지는데, 외적 능력에는 다섯 가지 감각기관感覺器管(司, organum)이 있으니, 눈(目)·귀(耳)·입(口)·코(鼻)·몸(體)이 그것이다. 또 내감을 일으키는 것은 내적 능력(內能)을 통해 이루어지는데, 내적 능력에는 두 가지 기관과 네 가지 기능(職, officium)이 있다. 첫 번째 기관은 공통감관(公司, sensus communis)이다. 이는 외적 능력의 다섯 기관에서 모아들인 소리·빛깔·냄새·맛 등을 받아들여 분별하는 일을 맡고 있다. 두 번째 기관은 구상력(思司, phantasia sive imaginatio)인데, 구상력에는 세 가지 기능이 있다. 첫 번째 기능은 다섯 기관에서 모아들인 것을 보관하는 일을 맡는데, 모두 받아들여 창고와 같이 보관한다. 두 번째 기능은 감각하는 동물들이 자연스레 지각한 것들을 모으는 일을 맡고,〔마치 양이 이리가 자신의 원수라는 것을 알아, 두려워할 줄 아는 것과 같다.〕세 번째 기능은 받아들인 여러 동물들의 지각 내용을 보관하는 일을 맡는다.[44]

---

43 감각능력은 동물과 인간이 공통으로 가지고 있다. 그러나 인간의 감각능력은 심리적이고 육체적인 체계에 기초하여 외부의 자극을 받아들이는 반면에, 동물의 감각은 교감할 이성적 영혼을 가지고 있지 않다. 따라서 동물의 감각능력과 인간의 감각능력이 같은 체계에 있는 것은 아니다. 감각능력은 시각, 청각, 후각, 미각, 촉각의 다섯 가지 외적 감각, 즉 외감과 또 스스로의 정신적인 과정 자체를 지각하는 것으로서의 감성 또는 지각, 즉 여기서는 내감으로 양분된다. 이러한 의미에서 삼비아시의 구분은 현대 심리학의 구분과 다르지 않다고 볼 수 있다.

44 영혼의 감각능력에 대한 삼비아시의 설명은 토마스 아퀴나스의 감각능력에 대한 설명을 요약한 대표적 사례이다. 특히 이 부분은 토마스 아퀴나스가 『신학대전』, I, q.78, a.4, c.a.에서 비교적 상세하게 논증하는 부분이다. 여기서 삼비아시는 감각능력의 내적 능력의 근거와 논증 과정을 생략하고 결론만을 간략하게 인용했다. 이는 삼비아시 저술의 특징적 범례에 속하므로 토마스 아퀴나스의 본문 일부를 번역해 옮겨보겠다. 토마스 아퀴나스는 감각능력이 육체적 기관의 현실태이기 때문에 지각할 수 있는 사물들에 대한 표상을 수용하고 보존하는 특별한 능력이 있음을 설명하면서

覺能又有二, 一者外覺, 二者內覺. 行外覺以外能, 外能有五司, 耳目口鼻
體, 是也. 行內覺以內能, 內能有二司, 有四職. 一公司, 主受五司所收聲
色臭味等, 受而能分別之. 二思司, 思司有三職. 其一, 主藏五司所收, 皆
受而藏之, 如倉庫然. 其二, 主收覺物自然曉達之意.〔如羊知狼是其讐, 卽知
懼也.〕其三, 主藏所收諸物之意也.

내적 능력의 두 기관 외에도 한 가지 별도의 능력이 있으니, 그것을 관능
(嗜司, sensualitas)이라고 한다.[45] 대개 외적 능력의 다섯 기관과 내적 능력
의 두 기관에서 모아들인 것을 좋아할 수도 있고 버릴 수도 있는데, 이것
이 관능의 기능이다.

다음과 같이 덧붙인다.
　"동물이 감각적으로 즐거운 것이나 고통스런 것을 위해서만 움직인다면, 동물에
대해서는 오직 스스로 즐겁거나 꺼려 하는 어떤 감각을 통해 지각되는 형상의 지각
만을 가정할 필요가 있을 것이다. 그러나 동물에게는 어떤 특정한 사물을 찾아나서
거나 피하는 것이 필연적이다. 이는 이러한 것들이 감각적 지각에 허용되거나 허용
되지 않기 때문만이 아니라 다른 어떤 효용이나 필요 또는 손해가 되기 때문이기도
하다. 그래서 양은 늑대가 다가오면 피하기 마련인데, 이는 늑대의 추함이나 색깔,
모습 때문이 아니라 바로 天敵이기 때문이다. 또한 새들도 감각적으로 즐거워서 지
푸라기를 모으는 것이 아니라 둥지를 만드는 데 필요하기 때문에 지푸라기를 모은
다. 그래서 동물은 외적 감각이 지각하지 못하는 그러한 어떤 규정성을 필연적으로
지각한다."

45 삼비아시는 내적 감각능력에 속하는 공통감관과 구상력이라는 두 가지 기관 외에
여기서 관능sensualitas으로 번역된 또 하나의 별도 기관을 들고 있는데, 이는 현대
심리학적 언어 사용으로 보면 오히려 情이나 感情, sensualitas에 가까운 것으로 볼
수 있다. 왜냐하면 정은 공통감관에도 속하지 않으며 구상력에 속하는 것이 아니면
서도 공통감관과 구상력으로 모아들인 것을 좋아하거나 싫어하는 능력이라고 설명
되기 때문이다. 따라서 관능의 두 가지 능력도 욕구능력은 쾌락에 대한 욕구라는 의
미에서 욕정concupiscentia으로, 분노능력은 분노ira로 평이하게 이해되어야 할 것이
다. 나아가 여기서 말하는 내적 감각능력으로서의 욕구능력, 즉 욕정은 뒤에서 말
하는 영혼의 세 가지 내적 능력 가운데 하나인 욕구appetitus와는 엄격히 구분되어
야 할 것이다.

관능의 능력은 다시 두 가지로 나뉜다. 첫 번째는 욕구능력(欲能, concupiscibilem)이요, 두 번째는 분노능력(怒能, irascibilem)이다.[46]〔분노란 기쁨에 반대되는 말이 아니라, 초목의 싹이 힘차게 자란다고 할 때의 힘차다는 뜻과 같으니, 그 과감함을 말한다.〕대개 좋아할 것이든 버릴 것이든 자기에게 적합하면 가지려고 하고, 적합하지 않으면 버리려고 하니, 이것이 욕구능력이 하는 일이다. 또 좋아할 것이든 버릴 것이든 자기에게 적합하면 과감히 가지고, 적합하지 않으면 과감히 버리니, 이것은 분노능력이 하는 일이다. 이들은 좋아하기도 하고 버리기도 하니, 각자 이 두 가지를 겸하고 있다. 그러나 욕구능력은 부드럽고, 분노능력은 강인하기 때문에, 분노능력은 욕구능력과 대립관계에 있다.

內二司之外, 別有一能, 曰嗜司. 凡外五司內二司所收之物, 可嗜之, 可棄之, 此爲嗜司. 嗜司之能, 又有二分, 一者欲能, 二者怒能.〔怒, 非喜之對, 如草木怒生之怒, 言其敢也.〕凡所嗜所棄, 於己相宜, 則欲求之, 不相宜, 則欲去之, 此爲欲能. 所嗜所棄, 於己相宜 則敢求之, 不相宜, 則敢去之, 此爲怒能. 或嗜或棄, 各兼二者, 然欲能柔, 怒能剛, 怒能, 欲能之敵也.

이상 내부와 외부의 여러 기관들은 사람이나 동물이나 차이 없이 각혼들이 가지고 있는 능력이다.[47] 천주께서는 사람의 아니마에도 이 능력을 온전

---

46 토마스 아퀴나스는 『신학대전』 I, q.81에서는 관능sensualitas의 두 종류로 욕정 concupiscentia과 분노ira를 들고 있지만, I-II에서는 이를 열정passio의 두 종류로 본다. 나아가 열정이 고유한 의미에서는 육체적 변화를 의미하기 때문에 지성적 욕구나 의지보다는 감각적 욕구에 속한다고 본다. 욕정에 대해서는 『신학대전』, I-II, q.30를 참조하고, 분노에 대해서는 『신학대전』, I-II, q.46를 전체적으로 참조하라.
47 결국 삼비아시는 토마스 아퀴나스가 논증하는 것처럼, 동물과 인간이 가진 감각능력의 유사성을 명시하고 있다. 그러나 이는 감각의 외적 능력과 내적 능력의 유사성일 뿐, 그 차이점을 배제하는 것은 아니다. 따라서 삼비아시는 곧이어 그 차이점을 상세하게 설명한다.

히 주셨다. 그래서 사람의 아니마 또한 각혼이라 부를 수 있다. 다만 사람
의 욕구능력과 분노능력은 본래 이성(理, ratio)에 속하기 때문에 이성의
명령을 듣는다. 가령 이 능력들은 좋아할 수 있고, 흠모할 수 있으며, 버릴
수도 있고, 막을 수도 있는데, 그것은 이성이 옳게 인정한 것을 어쩔 수 없
이 따르는 것이다. 그러므로 때로 욕구가 스스로 맡고 있다가 이성의 명령
을 듣고 따르게 되면, 매번 억제하여 눌러두게 된다. 말하자면 말이 마부
馬夫를 따르는 것과 같다. 말 스스로는 계속 달리려 해도 마부가 고삐를
당겨 멈추게 하면 곧장 발을 멈추어야 하는 것이다. 이는 우리의 인정人情
에서도 살펴볼 수 있다. 예컨대 엄한 군주나 꿋꿋한 선비가 더러 불같이
화를 낼 때 충신과 좋은 친구가 애써 올바르게 타이르면, 마치 불이 물을
만난 것처럼 이내 화가 사라지게 된다.

已上內外諸司, 人與鳥獸等無異, 是覺魂所有之能. 天主於人之亞尼瑪, 亦
全畀之, 卽人之亞尼瑪, 亦可稱爲覺魂也. 但人之欲能怒能, 本屬於理而聽
其命. 如此爲可愛, 此爲可慕, 此爲可損, 此爲可禦. 理所是者, 不得不從.
乃時欲自任, 當聽從時, 每存抑惜. 如馬於御者, 意自欲騁, 因其控止, 特爲
躑躅也. 是在人情自可覺察. 譬若威主烈士, 或時憤發如火熾然, 而忠臣良
友, 力相規戒, 如火得水, 旋爲消滅矣.

2. 아니마의 이성능력을 논함〔論亞尼瑪之靈能〕

[24]　천주께서 사람의 아니마에 생혼生魂과 각혼覺魂만을 주었다면, 초
목이나 금수와 크게 다를 바 없을 것이다. 그래서 만류萬類를 뛰어넘게 하
는 우뚝 빼어난 것을 주었는데, 그것이 영혼靈魂이다. 영혼에는 내적 능력

아
니
마
의
능
력
을
논
함

51

으로 세 가지 기관(司)이 있으니, 첫 번째가 기억(記含, memoria)이요,[48] 두 번째가 이성(明悟, intellectus)이며,[49] 세 번째가 욕구(愛欲, appetitus)이다.[50]

天主於人之亞尼瑪, 若但予之生魂覺魂, 卽與草木禽獸等, 無以大異. 其予之令超軼萬類, 卓然首出者, 靈魂也. 靈魂有內三司, 一曰記含者, 二曰明悟者, 三曰愛欲者.

(1) 기억을 논함

[25] 기억(記含, memoria)이란 말은 세 가지를 지칭하지만 묶어서 하나로 부른다. 기억은 아니마의 능력이요, 사물의 초상肖像을 보관해두었다가 때가 되면 사용하는 것이다. 기억은 유형有形과 무형無形의 사물을 기억할 수 있으며, 머무는 장소(所)는 아니마이기도 하고 두뇌이기도 하다. 그 작용에는 두 가지가 있으며, 그 이익은 이루 다 말하기 어렵다.

記含者, 名之爲三, 總之歸一. 爲亞尼瑪之能, 藏物之像, 以時而用. 能記有形·無形之物, 其所爲亞尼瑪, 爲腦囊. 其功有二, 其爲益難盡言.

[26] 왜 기억이란 말은 세 가지를 지칭하지만 묶어서 하나로 부른다고 하는가? 대개 사물의 이치를 따질 때는 먼저 그 사물의 이름(名)과 실체

---

48 토마스 아퀴나스의 기억에 대해서는 『신학대전』, I, q.79, a.6를 참조하라. 기억이 영혼의 능력이라는 아우구스티누스 역시 "기억과 이성과 의지는 하나의 정신이다 memoria, intelligentia et voluntas sunt una mens"(『삼위일체론』, 10, cap. 11, PG 42, 983)라고 명백히 밝힌다.
49 토마스 아퀴나스의 이성에 대해서는 『신학대전』, I, q.79을 전체적으로 참조하라.
50 토마스 아퀴나스의 욕구에 대해서는 『신학대전』, I, q.80을 전체적으로 참조하라.

(實)를 살피는 법이다. 만일 이름은 같지만 실체가 다른 사물이 있다고 하자. 이때 이름을 거론하려면 먼저 그 이름에 해당되는 사물의 실체를 정해 놓은 다음에야 논증해나갈 수 있다.

'어魚'라는 이름은 하나지만, 물속에 사는 동물도 '어魚'라고 이름하고, 달리는 말에도 '어'라는 이름이 있으며,[51] 하늘의 별에도 '어'라는 이름이 있다.[52] 그런데 단지 '어魚'라고만 말한다면, 철학자(格物家)들은 무엇을 가리키는지 알지 못한다. 이것을 일러 다의어多義語(疑謂)라고 한다. 반면 그중 하나를 지정하여 지칭하면, 그것은 일의어一義語(指謂)라고 한다.

이제 기억을 일러 세 가지로 이름할 수 있다. 하나는 기억능력(記能)이니, 기억할 수 있는 능력이다. 또 하나는 기억작용(記功)이니, 무언가를 기억하는 일을 말한다. 또 하나는 습득한 초상(習像)이니, 이미 기억하고 있는 그 무엇이다.[53] 이 세 가지를 묶어서 기억이라고 부르지만, 여기서 논하려고 하는 것은 기억능력(記能)이다.[54] 이것은 아니마의 능력(能, potentia)이다.

---

51 두 눈 주위의 털이 흰 말을 '魚'라고 한다. 『詩經』,「魯頌・駉」의 "有驒有魚, 以車祛祛.(驒가 있고 魚가 있어, 수레를 몰기에 튼튼하도다.)" 에 대한 毛氏傳의 풀이에 "二目白曰魚(두 눈이 흰 것을 魚라고 한다)"라고 하였다.

52 尾星에 속하는 별자리 중에 '魚'라는 별이 있다. 『晉書』,「天文志」에 보면, "은하가 동방에서 시작되어 尾星과 箕星 사이를 지나가는데, 그것을 漢津이라고 한다. 그리하여 다시 두 갈래로 나뉘는데, 南으로는 傅說・魚・天籥・天弁・河鼓를 지나고, 北으로는 龜・貫箕 아래를 지나다가 다시 南으로 이어져 斗魁・左箕를 지나 天津 아래에 이르러 南道와 합해진다"고 하였다.

53 기억memoria이라는 말은 기억하는 능력potentia, 기억하는 작용 내지는 행위 actus 그 자체 그리고 기억된 초상 내지는 영상(phatasmata, imago), 이 세 가지를 지칭하는 다의어이다. 삼비아시는 이를 분명히 구분하여 논술한다.

54 기억에 대한 이러한 세 가지 의미는 토마스 아퀴나스의 철학적 방법에 속한다. 이는 기억뿐만 아니라 인간의 모든 능력을 설명하는 하나의 범례로서, 가능성, 현실성 또는 행위 그리고 습성habitus 또는 소유물의 세 가지 관점에서 어떤 기능을 설명하는 방법이다. 토마스 아퀴나스 역시 이성의 세 가지 역할에 비례하여 기억을 설명한다.

何謂名之爲三, 總之歸一? 凡論物理, 先考名實. 如物有同名異實者. 擧其
名, 先定其物之實, 然後可得而論也. 一魚也, 水蟲名魚, 走獸名魚, 天星名
魚. 但言魚者, 格物家未知所之指, 謂之疑謂. 若定指其一而論之, 謂之指
謂. 今言記含名之爲三, 其一記能, 能記也. 其一記功, 記之也. 其一習像,
已記也. 總之歸於記含, 今所指論者, 記能也. 亞尼瑪之能也.

[27] 왜 기억을 아니마의 능력이라고 하는가? 이는 공통된 명칭(總稱)이
다. 아니마의 능력에는 세 가지 기관이 있다고 했는데, 거기에는 기억만 있
는 것은 아니지만, 기억은 곧 아니마의 능력이라고 말할 수 있다.

何謂亞尼瑪之能? 是總稱也. 亞尼瑪之能, 有三司, 不止記含, 而記含則得
稱亞尼瑪之能.

[28] 왜 기억은 사물의 초상을 보관해두었다가 때가 되면 사용한다고 하
는가? 이는 기억이 맡은 기능으로서, 다른 기관과 구별되는 점이다. 대개
외부의 다섯 기관에서 받아들인 사물은 모두 형상과 질료로 이루어져 있
어서 내부 기관에 들어갈 수 없다. 그래서 그 형상만 취하여 공통감관(公
司)으로 들어가는데, 이 형상은 아직 매우 거친 상태이다. 사물의 형상은
다시 구상력(思司)을 통해 그것을 분별해내어 섬세한 점을 취하는 단계를
거친 다음, 기억의 기관으로 들어가 기다리고 있다가, 쓰고자 할 때 수시
로 가져다 쓰이게 된다. 형상과 질료가 없는 무형無形의 사물인 경우에는
외부 기관을 거치지 않고, 내부의 두 기관이 직접 받아들인다. 그 또한 공
통감관으로 들어가지만, 본래 거친 상태의 초상이 없으므로 반드시 섬세
한 점을 취할 필요는 없다. 그리고 곧장 상상을 거쳐 기억의 기관에 보관
되었다가 때에 따라 쓰이게 된다.

何謂藏物之像, 以時而用? 是則記含之分職, 所以別於他司也. 凡外五司
所收之物, 皆有形質, 不能入於內司. 則取其像, 入於公司, 此像甚粗. 既
從思司分別取細, 入於記含之司, 待至, 欲用, 隨時取之. 若無形之物, 不屬
外司, 爲內二司所收. 亦入公司, 本無粗像, 不必取細. 徑從思司, 藏於記
含之司, 以時取之.

기억이 취하여 보관하고 있는 사물은 하나가 아니라 여러 가지이다. 만약
어느 순간 하나의 사물을 취하여 쓰고자 하면, 기억의 기관에서는 여러 가
지 사물을 모두 갖다 바쳐 요구하는 바에 따른다. 마치 창고지기가 물건을
보관하고 있다가 주인의 명령에 따라 내어놓는 것과 같다. 이로써 기억이
보관하고 있는 사물이 무수히 많다는 것을 알 수 있다. 그래서 아우구스티
누스는 "기억이 용납하는 것은 크고도 깊어라! 기억의 구멍은 미세하며 은
밀하고, 완곡하며 그윽하여라! 어떤 사물도 기억의 문으로 오르지 않는 것
이 없으며, 어떤 사물도 기억의 창고로 들어가지 않는 것이 없다"고 하였
다.[55] 여기서 기억은 사물의 실체를 받아들이는 것이 아니라, 사물의 형상

---

[55] 이 부분은 아우구스티누스의 『고백록Confessiones』, 10권 8장(최민순 옮김, 성바
오로출판사, 1998, 261쪽 이하)을 요약한 것으로 보인다. 예를 들면 다음과 같은 내
용이다. "드디어 다다른 기억의 널찍한 궁전 대평원! 여기야말로 감관을 통해 들어
온 온갖 것들이 헤아릴 수 없을 영상(초상)을 간직하는 보고! 여기야말로 온갖 상념
(초상)이 간직되어 있는 곳! 감각이 파악한 대상을 보태거나 덜거나 변화시키면서
하는 상념이! …… 이 기억이라는 곳에는 모든 것이 저마다 제 문으로 들어와선 그
종류에 따라 따로따로 간직되어 있으니, 이를테면 빛과 빛깔과 물체의 꼴모습(형상)
은 눈으로, 소리란 소리는 모두 귀로, 내음이란 내음은 모두 코문으로, 맛이란 맛은
모두 입문으로, 온몸의 감각(촉각)으로는 굳고 무른 것, 차고 더운 것, 거친 것, 부드
러운 것, 무거운 것, 가벼운 것, 통틀어 몸 밖이나 안에 있는 것들이다. 이 모든 것을
기억은 그 얼마나 깊숙한지 모르고 헤아릴 길 없는 곳집(창고)에다 간수해두고, 필요
할 때마다 꺼내어 쓰자는 것이다." 이 글은 시적으로 번역한 것이기 때문에 개념 선
택에서 차이가 있으나, 삼비아시가 말하는 내용과 일치한다.

을 받아들인다. 그리고 항구히 받아들여두었다가 쓰려고 할 때 응용한다.

取之者, 所藏之物, 種種不一. 若隨時欲取一物, 則記含之司, 悉呈諸物, 任所欲得. 如庫司主藏, 待命出之也. 是知記含之藏物, 甚多無數. 故亞吾斯丁曰: "記含之容, 大哉玄哉! 記含之竅, 微而密哉! 曲而深哉! 無物不登其門, 無物不入其藏." 非收物之體也, 收物之像也. 久收之以聽用.

[29] 왜 유형有形과 무형無形의 사물을 기억할 수 있다고 하는가? 기억은 둘로 나눌 수 있다. 하나는 감각적 기억(司記含)이요, 또 하나는 이성적 기억(靈記含)이다.[56]

감각적 기억의 기능은 단지 유형의 사물을 기억하는 것일 뿐이다. 그래

---

56 인간이 감각적 기억과 동시에 이성적 기억을 가지고 있다는 것은 내적 경험을 통해 알 수 있다. 인간은 물론 어떤 개별 사물을 이전에 다른 상황에서도 인식했다는 것을 알며 또한 과거의 사실이 현재의 사실과 맺는 추상적 관계도 기억할 수 있다. 물론 이러한 이성적 기억을 위해서는 사실적 지각이 없이도 초상을 보관하는 동시에 감각적 지각에 의존하지 않는 기억을 전제하는 것이 필연적이다.
　　예를 들어 아비첸나Avicenna(이븐 시나Ibn sīnā) 같은 철학자는 이를 부정하지만, 토마스 아퀴나스는 아리스토텔레스의 인식론과 이성의 본성을 통하여 순수 이성적 기억을 증명한다. 즉 이성은 세 가지 상태로 존재한다. 첫째는 인식 형상을 지각할 수 있는 순수한 가능성이다. 둘째는 인식 형상을 파악하고 소유하는 이성의 작용이다. 셋째는 소유한 인식 형상을 근거로 수행하는 다양한 활동이다. 여기서 세 번째 상태는 두 번째 상태에 대해 현실태이며, 두 번째 상태는 첫 번째 상태에 대해 현실태이지만 세 번째 상태에 대해서는 가능태이다. 따라서 인식 형상에 대한 현실적 작업이 항상 두 번째 상태, 즉 인식 활동과 직결되어 있다면, 결국 그 활동이 끝난 다음에도 인식 형상들은 이성 속에 환원되어 존재한다. 이것이 바로 지식의 소유 내지는 습성habitus이요, 이성은 이를 언제든지 원할 때마다 활성화할 수 있다. 전체적 논증으로는 토마스 아퀴나스, 『신학대전』, I, q.79, a.6를 참조하라. 나아가 삼비아시는 이러한 이성의 세 가지 상태에 비례하는 기억에 대해 ① 기억을 행하는 능력, ② 기억하는 작용 내지는 행위 그 자체, ③ 기억된 초상 내지는 영상의 소유라는 세 가지 상태를 설명하고 있다.

서 이것은 짐승들도 모두 갖고 있지만, 또 한편 짐승들이라고 해서 온전히 이 기억을 갖고 있는 것도 아니다. 무엇으로 이것을 증명할 수 있는가? 예를 들어 둥지나 구멍에 사는 새들을 보자. 그들은 항상 자기가 거처하는 곳을 알고 있기 때문에 밖에 나갔다가도 다시 돌아오며, 자기 새끼도 알아볼 수 있다. 또한 개·말·소·양과 같이 네 발 달린 동물들은 꿈도 꿀 수 있다. 개가 마침 달콤한 잠에 들었다가 갑자기 깨어나 짖는 경우가 있는데, 이는 꿈을 꾸었던 게 아니겠는가? 꿈을 꿀 수 있는 것은 반드시 경험한 사건이 있어 그것이 내부 기관에 보관되어 있었기 때문이다. 또 가령 개를 기르는 사람은 개마다 각기 이름을 붙여두는데, 개가 자기 이름을 부르면 달려오는 것은 감각적 기억의 효과라고 할 것이다.

何謂能記有形無形之物? 記含者, 分之有二. 一曰司記含, 一曰靈記含. 司記含之職, 止能記有形之物, 故禽獸等皆有之, 卽禽獸等亦不必全有. 何以明之? 試觀巢居穴居者, 恒識所止, 去而復還, 能識其子. 又犬馬牛羊等四足之彙, 亦能作夢. 犬方酣睡, 忽然而吠, 非由夢乎? 旣能作夢, 必有經歷之事, 藏於內司. 又如畜狸犬者, 各加名稱, 聞呼以至, 此司記含之效矣.

물고기 역시 그렇다. 물을 쳐서 소리를 내고, 이어 먹이를 주면 다음에도 이 소리가 들릴 때 무리를 지어 먹이를 찾아 모여든다. 그들은 물속에 있지만, 그래도 본거지가 있어 항상 그곳을 근거로 먹이를 찾아 나서거나 위험을 피하기도 하고, 나갔다가 다시 돌아오기도 하니, 이것은 모두 그곳을 기억하고 있기 때문이다.

　그중에 기억이 없는 것들은 단지 미각味覺(嘗司)과 촉각觸覺(觸司)만 갖고 있어 오직 눈앞의 일만 알 뿐이지, 이미 지나간 일은 기억하지 못한다. 가령 굴과 같은 것들은 살아 있되 움직이지 않으니, 기억할 수도 없고, 또한 기억을 사용할 일도 없다. 또한 벌레 같은 것들도 비록 움직이기는 하

지만, 도무지 되돌아갈 곳이라고는 없으니 기억하는 것이 없다.[57]

惟魚亦然. 扣擊作聲, 旋予之食, 後聞是聲, 群然唼聚. 其在水中, 亦有本所, 恒依向之, 趨利避害, 旋往復來. 皆由能記也. 其無記者, 但具嘗司觸司, 止識見在之事, 不能憶旣去之事. 如蠔之屬, 生而不動, 不能記含, 亦無用記含. 又如蟲蚎之屬, 雖有動作, 茫無歸向, 亦無記含矣.

이성적 기억의 기능은 초상이 없는 무형의 사물도 기억해내는 것인데, 이것은 오직 사람만이 가지고 있다. 어째서 그런가? 사람은 사물의 고유한 면(專)을 기억할 수도 있고, 또 공통된 면(總, universale)도 기억할 수 있는데, 이때 공통된 면이란 바로 무형의 사물이다.〔가령 을이, 갑은 형이고 병은 동생이라고 기억하고 있다고 하자. 그러면 갑과 병이 모두 자기와 같은 부모의 태생임을 알고 있고, 또한 같은 부모의 태생인 갑과 병은 모두 사람이라는 것도 알고 있다. 이때 각각 형과 동생이라는 사실은 고유한 면이고, 같은 부모의 태생이라는 사실은 공통된 면이며, 같은 인간이라는 사실은 더 큰 공통된 면(大總)이 된다. 여기서 같은 부모의 태생이라는 사실과 같은 인간이라는 사실은 무형의 사물에 해당한다. 가령 사람이 하얗다는 것을 기억하고 있고, 말이 하얗다는 것을 기억하고 있다고 할 때, 하나같이 공통되게 하얗다는 것을 기억할 수 있다. 이때 공통되게 하얗다는 사실은 무형의 사물인 것이다.〕 또한 사람이 죽은 뒤에도 그 영혼은 반드시 생전의 일을 기억할 수 있으니, 그 기억하는 것 역시 무형의 사물이다. 이처럼 외부기관에서 이미 벗어나게 되면 분명 감각적 기억을 따르지 않고, 이성적 기억을 따르게 된다.[58]

---

57 기억은 능력, 작용, 초상, 세 가지를 의미한다고 했다. 여기서 벌레는 지각은 하지만, 그 지각된 것을 초상으로 옮겨 쌓아놓을 장소는 갖고 있지 않다는 뜻이다.
58 여기서 삼비아시는 아우구스티누스의 『고백록』 10권, 9~10장의 내용을 요약하고 있다. 아우구스티누스는 플라톤과 신플라톤주의에 따라 인식의 대상을 감각적 대상과 이성적 대상으로 구분한다. 그는 감각적 지각에 대해서는 아리스토텔레스와 토

靈記含之職, 能記無形像之物, 惟人有之, 何者? 人能記物之專, 又能記物之總, 總者, 無形之物也.〔如乙能記甲爲兄丙爲弟, 又記甲丙總爲同生, 又記同生之甲丙總爲人. 兄弟爲專, 同生爲總, 人爲大總. 同生與人, 無形之物也. 又如記人之白, 記馬之白, 又能記一總白. 總白者, 無形之物也.〕又能令人死後, 其靈魂必能記生前之事, 此亦無形之物. 且外司已謝, 必不緣司記含, 當緣靈記含也.

[30] 왜 기억이 머무는 장소(所)는 아니마이기도 하고, 두뇌이기도 하다고 하는가? 이성적 기억(靈記含)은 이성(明悟, intellectus)이나 욕구(愛欲, appetitus)와 같이 아니마의 실체(體, substantia)에 의존하여 존재한다. 그래서 모두 분리되어 존재할 수 없는 우유偶有(賴者, accidens)라고 한다.〔사물의 범주론에는 두 가지의 우유가 있다. 하나는 의존하는 '실체'로부터 분리될 수 있는 것이니, 색깔이나 맛과 같은 것이 그것이다. 색깔이 검은색으로 바뀌면 흰색을 상실한 것이 되고, 맛이 신맛으로 변하면 단맛을 상실한 것이 되기 때문이다. 또 하나는 의존하는 실체로부터 분리될 수 없는 것이니, 불에서 열기와 얼음에서 냉기가 바로 그것이다.〕그리고 감각적 기억(司記含)이 머무는 장소인 두뇌는 두개골 정수리 뒷부분에 있다.

何謂其所爲亞尼瑪, 爲腦囊? 靈記含, 依亞尼瑪之體, 與明悟愛欲同. 皆謂之不能離之賴者.〔格物之論, 有二種依賴. 一能離於承受之體, 如色如味, 色改黑則失白, 味變酸則失甘也. 一不能離於承受之體, 如熱於火, 冷於氷, 是也.〕司記

마스 아퀴나스 철학의 전통적 이해 방식과 마찬가지로 초상을 인정하지만, 이성적 인식에 대해서는 초상의 필요성을 부정한다. 그러므로 아우구스티누스는 초상을 통한 감각적 지각과 초상 없이 이루어지는 이성적 인식이 양립하는 것으로 간주한다. 그의 『삼위일체론』, 9, 3에서 이는 더욱 분명히 나타난다. "마치 우리 영혼이 육체적 감각을 통하여 물체를 지각하는 것처럼, 영혼은 비물체적인 것들을 직관적으로 인식한다." 여기서 삼비아시는 아리스토텔레스-토마스 아퀴나스의 영혼론보다 아우구스티누스의 영혼론을 따르는 것으로 드러난다.

含之所在者腦囊, 居顱顖之後.

그러면 이 두 가지의 기억이 이처럼 두 장소에 머문다는 것은 무슨 말인가? 한번 생각해보자. 천주께서 나에게 유형의 사물을 보는 능력을 주시고자 유형의 눈을 주셨듯이, 무형의 사물을 밝게 보려면 반드시 무형의 눈이 있어야 한다. 또 유형의 맛을 볼 수 있게 하시고자 유형의 혀를 주셨듯이, 무형의 맛을 볼 수 있으려면 반드시 무형의 혀가 있어야 한다.

    유형의 감관(司)은 유형의 사물을 받아들이므로, 그것을 기억하려면 반드시 유형의 장소가 있어야 한다. 역시 무형의 감관은 무형의 사물을 받아들이므로, 그것을 기억하려면 반드시 무형의 장소가 있어야 한다. 유형의 장소가 바로 두뇌이고, 무형의 장소가 바로 아니마이다.[59]

何言兩記含當有兩所? 試思天主賜我能視有形之物, 旣有有形之目, 則能明無形之物者, 必有無形之目. 能嘗有形之味, 旣有有形之舌, 則能嘗無形之味者, 必有無形之舌. 有形之司, 收有形之物, 其所記含, 必有有形之所, 無形之司, 收無形之物, 其所記含, 必有無形之所, 有形之所則腦囊, 無形之所則亞尼瑪.

[31] 그 작용(功)에는 두 가지가 있다고 하는 것은 무슨 말인가? 그 첫째는 구상적 기억(憶記)이요, 둘째는 추상적 기억(推記)이다.

    구상적 기억이란 내가 인지認知하는 것에 앞서 기억하고 있는 것이다. 마치 먼저 인지하고 있던 것을 다시 환기시켜 인지하는 것과 같다. 어째서

---

59 아리스토텔레스 역시 『영혼론』 제3권 4장에서, 수동적 지성에서 질료의 사물을 인식하는 것은 감각기관이고, 질료의 원리를 이해하여 종합적인 통찰력을 갖는 것은 영혼이며, 영혼은 이러한 형상들의 장소라는 것에 대해 긍정하고 있다. 아리스토텔레스, 유원기 옮김, 『영혼론』, 궁리, 2001, 219쪽, 429a 10; 430a 5를 참조하라.

인가? 앞서 인지하지 못한 것은 분명 인지하는 것이 없으므로 기억하고 있다고 말할 수 없다. 또 먼저 인지하고 있는 것이 있다 하더라도 뒤에 모두 잊어버렸다면 역시 기억하고 있다고 말할 수 없다. 오로지 먼저 인지하고 있던 것을 지금 한번 생각을 떠올리면, 그것을 생생하게 눈으로 보는 듯해야 한다. 이것을 두고 앞서 인지하고 있던 것을 다시 떠올려 인지하는 것이라고 말하는 것이다. 그래서 아리스토텔레스는 "대개 이미 지나간 일은 기억에 속하게 되고, 눈앞에 보이는 일은 지각하는 감각기관(司)에 속해 있으며, 미래의 일은 기대(望)에 속해 있다"고 하였다.

何謂其功有二? 一者憶記, 二者推記. 憶記者, 先我所知. 今如先所知, 復向而知之. 何者? 先所未知, 直無所知, 不可謂記. 先有所知, 後已悉忘, 不可謂記. 惟先所知者, 今一念及, 宛然如見. 此謂如前所知, 復向而知之. 亞利斯多曰: "凡經過之事, 屬於記含, 見前之事, 屬於所司, 將來之事, 屬於望."

추상적 기억이란 한 사물을 근거로 다른 사물을 기억해내는 것이다.〔가령 앵무새를 기억함으로써 그것이 누렇다는 것을 추상할 수 있고, 다시 그것을 근거로 황금의 누런 빛을 추상할 수 있는 것과 같다. 또 올봄이 윤택한 것을 기억함으로써 지나간 봄도 윤택했음을 추상할 수 있는 것과 같다.〕 대개 기억이란 다른 것이 아니다. 먼저 보관하고 있던 것을 지금 다시 찾는 것일 뿐이다. 그러나 찾아도 얻고자 하는 것을 얻지 못했을 때, 찾는 것과 비슷한 사물이나 그것과 서로 연관이 있는 사물을 설정해놓고, 연결이 되는 점을 따라서 이리저리 서로 관련시켜본다. 그리하여 얻고자 하는 것을 얻게 되는데, 이것이 추상적 기억이다.

推記者, 從此一物而記他物.〔如從記鸚而推記其黃, 又因而推記黃金之黃. 又如記今春之濕潤, 因而推記去春之濕潤.〕蓋記含無他. 止於先所藏者, 今復覓之.

覓未得時, 設遇與此相似之物, 或與此相連貫之物, 乘其機緣, 展轉相關.
因而得所欲得, 此爲推記也.

추상적 기억은 많은 사물을 근거로 하나의 사물을 얻지만, 구상적 기억은
많은 사물을 필요로 하지 않고, 직접 그 사물을 기억해낸다. 이 두 가지 기
억이 기억하는 것은 모두 경험한 사물로서, 사물의 초상(物像)이 아직도
남아 있다. 그래서 구상具象도 할 수 있고, 추상抽象도 할 수 있지만, 그 실
상은 하나인 셈이다. 만약 본래 인지한 것도 없고, 인지해도 모두 잊어버
렸다면, 기억하는 사물의 초상이 없어서 구상할 수도 없고, 추상할 수도
없다.

推記須因衆物而得一物, 憶記者, 不須衆物, 直記此物. 此兩所記, 總皆經
歷之事, 物像猶在. 故可憶可推, 其實一也. 若本無知者, 知而悉忘者, 無
此物像, 莫可憶矣, 莫可推矣.

[32]　이것을 통해 알 수 있는 것은, 사람의 아니마가 이미 육신을 떠나고
나면 구상적 기억은 남지만 추상적 기억은 없어진다는 사실이다. 어째서
그런가? 추상적 기억을 통해 기억하는 것은 나로 말미암아 늘 잊어버린
다. 잊어버리는 이유는 기억하는 기관에서 다른 것을 받아들이게 되면 앞
의 기억을 잃어버려서 그 초상이 어지러워지기 때문이다. 그러나 아니마
가 육신을 떠나면 기억을 하는 곳도 육신의 기관에 의존하지 않기 때문에,
다른 것을 받아들이면서 앞의 기억을 버리는 일이 없다. 그것은 아니마가
천사(天神)의 부류와 같기 때문이다.

從此可知, 人之亞尼瑪, 旣離肉身之後, 尙有憶記而無推記. 何者? 推記而
記, 緣我嘗忘. 所緣忘者, 爲記含之器, 或受他損以亂其像. 亞尼瑪, 旣離

肉身, 其所記含, 不藉肉身之器, 無可受損. 同於天神之類故也.

[33] 동물에게는 구상적 기억은 있지만, 추상적 기억은 없다. 어째서인가? 대개 추상적 기억의 절차에는 세 단계가 있다. 첫째, 다른 사물을 기억한다. 둘째, 기억한 다른 사물로 말미암아 본 사물을 추상하여 찾는다. 셋째, 그럼으로써 본 사물을 터득하게 된다. 이는 모두 사람의 이성적 능력(靈能)으로 이치를 추론하여 그러한 결과에 이르는 것이다. 그러므로 이속에는 이성(明悟, intellectus)이 포함되어 있다. 추상적 기억을 할 수 있다는 것은 곧 예지롭다는 징표로서, 이성(靈)이 없는 동물들은 할 수 없는 일이다.

若禽獸之屬, 亦有憶記而無推記. 何者? 凡推記之節次有三. 一者須記他物, 二者由他物而推尋此物, 三者因而得遇此物. 皆緣人靈能推論理, 以致其然. 此中包含明悟. 能推記者, 則是睿哲之徵, 非物類無靈所能與也.

간혹 동물도 추상적 기억을 할 수 있다고 말하는 사람도 있다. 예를 들어 보대이가補大爾歌는 이렇게 말했다.[60] "여우가 빙판을 건널 때면 먼저 얼음 밑의 물이 흐르는 소리를 듣고 그에 따라 행동을 결정한다. 소리로 인해 물이 흐른다는 것을 알고, 흐르기 때문에 위험하다는 것을 알며, 위험

---

60 補大爾歌라는 인물은 한역 명칭으로는 확인할 수 없었으나, 그가 주장하는 내용은 고대 그리스의 데모크리토스 내지는 중세 아랍 철학자 아비첸나(이븐 시나)의 주장과 유사하다. 즉 이들은 이성의 기억 속에 감각적 초상을 통하여 현실적으로 지각되지 않은 것은 기억 속에 머물 수 없다고 주장함으로써, 이성적 능력의 기억을 가정하지 않는다. 다만 반복된 감각적 지각의 숙련으로 인해 기억 속에 감각적 초상을 통하지 않은 것도 소유되는 것처럼 보일 뿐이라는 것이다. 결국 이들의 견해에 따르면 감각적 기억의 이러한 숙련성으로 인해 동물도 인간과 마찬가지의 추상적 기억을 할 수 있다는 결론이 나온다. 이에 대한 토마스 아퀴나스의 반증에 대해서는 토마스 아퀴나스, 『신학대전』, I, q.79, a.6, c.a.; q.84, a.6, c.a.를 참조하라.

하기 때문에 물에 빠진다는 것을 알게 된 듯하다. 사냥개가 토끼를 쫓다가 세 갈래 길을 만났다고 하자. 먼저 한쪽 길의 냄새를 맡아보고, 다시 두 번째 길의 냄새를 맡아도 모두 토끼 냄새가 나지 않으면, 다음에 세 번째 길은 다시 냄새를 맡지 않고, 곧장 그 길로 쫓아간다. 이 또한 동물도 추리할 수 있다는 증거이다. 이것이 동물들이 인지한 것인지 알 수는 없지만, 영혼이 합리적으로 추리한 것이 아니라 하더라도 추상抽象을 통해 얻어진 초상인 것이다."

或有言禽獸能推記者. 如補大爾歌曰: "狐狸遇冰, 先聽流澌, 以爲行止. 一似因聲知動, 因動知危, 因危知溺也. 走狗逐兔, 遇三岐之路, 先嗅其一, 次嗅其二, 悉無兔氣, 次及於三, 不復再嗅, 徑往逐之. 此亦能推之驗. 不知是等禽獸所知, 非靈魂之正推, 乃推之像耳."

그러나 사냥개가 토끼를 쫓아가는 것은 매우 다급하게 이득을 쫓는 일이기 때문에 빨리 달려가게 되는 것이다. 이는 동물의 지각知覺에서 나오는 자연스런 능력이다. 여우가 빙판을 건널 때 얼음 밑의 물소리를 듣는 것도 위험을 피하는 능력이 매우 뛰어난 데서 연유한 것이다. 평소에도 물을 만나면 소리를 듣고 감히 가볍게 건너지 않더니, 지금도 물소리를 듣고서 역시 피할 줄 아는 것이다. 이는 동물의 지각 안에서 다시 기억해낸 것이다.[61] 사람의 이성이 추론하듯이 이것을 기억함으로써 저것을 깨닫는 것

61 데모크리토스와 자연철학자들은 이성과 감각을 구분하지 않음으로써 동물도 추상적 인식을 할 수 있다거나 이성적 기억에는 감각 외에 다른 원인은 있을 수 없다는 주장에 이른다. 이러한 오류의 과정을 토마스 아퀴나스는 다음과 같이 소개한다. "아우구스티누스가 디오스코루스에게 보낸 편지에서 말하는 바와 같이 데모크리토스는 다음과 같이 주장한다. '우리의 사고를 위해서는 우리가 생각하는 바로 우리의 육체로부터 초상들이 산출되고 또 우리의 영혼에 유입된다는 이 사실 외에 다른 어떤 원인도 주어져 있지 않다.' 또한 아리스토텔레스에 따르면 데모크리토스는 인식

과는 다르다.

走狗逐兎, 緣趨利甚急, 迫使速去. 此知覺中自然之能. 狐涉聽冰, 緣其避
患甚巧. 平時遇水, 聞聲不敢巡渡, 今聞水聲, 亦復知避. 此知覺中之復記.
皆非因此得彼, 若人靈之推論矣.

[34] 어째서 기억의 이익은 이루 다 말하기 어렵다고 하는가? 대개 사람
들이 읽고 외우며 담론하여 익히고, 또 생각하고 학습함으로써 터득한 것
들을 이 기억에 의존하여 오랫동안 보존할 수 있고, 응용할 수도 있다. 그
래서 천주께서는 우리에게 기억하는 기관을 주셨으니, 마치 약방藥房이
그러한 것과 같이, 채취한 것을 이용해서 우리의 마음(心靈)을 치료하도록
한 것이다.

何謂其益難以盡言? 凡人誦讀談講, 思惟學習, 諸凡所得, 賴此而得久存,
賴此而得應用. 故天主予我記含之司, 如藥肆然, 任所取之, 以療我心靈也.

보대이가가 이렇게 말했다. "기억은 수많은 학문의 창고요, 여러 업적의
어머니이며, 지혜의 아들이다. 사람이 기억이 없으면 반드시 지혜롭다고
말할 수 없다. 지혜란 반드시 옛것을 바탕으로 오늘을 바라보고, 지나간
것으로서 다가올 것을 아는 것이다. 만약 전날의 것을 잊고 기억하지 못한

이 초상들의 범람을 통해서 이루어진다고 가르쳤다는 것이다. 이러한 주장의 근거
는 아리스토텔레스의 보고에 따르면 다음과 같다. 즉 데모크리토스도 다른 고대의
자연철학자들도 이성과 감각을 구분하지 않았다. 이 때문에 그들은 결국 감각은 감
각할 수 있는 것들로 인해 변화하므로, 우리의 인식 일체는 오직 감각적 사물의 변화
를 통해서만 성립된다고 믿었던 것이다. 그리고 이러한 변화는 데모크리토스가 확
신하는 바와 같이 초상들의 범람을 통하여 일어난다는 것이다."(토마스 아퀴나스,
『신학대전』, I, q.84, a.6, c.a.)

다면, 장차 무엇을 바탕으로 추측해나갈 것이며, 또 지혜롭다고 일컬어질 수 있겠는가?"

대개 어떤 사물이 특출나다는 사실은 알지만, 그 특출난 원인(所以然)을 알지 못하는 경우가 있다. 기억(記含)도 그렇다. 어떤 연유로 종류(類)도 같지 않고 품종(品)도 같지 않은 수없이 많은 사물들이 여러 기억 창고로 들어왔으며, 또 이것저것 받아들였으되 뒤섞이지 않고 조리 정연한지, 오는 것마다 받아들이지 않는 것이 없으며 취하는 것마다 거두지 않는 것이 없고, 부분적인 것을 요구하면 부분적인 것을 건네주며, 전체적인 것을 요구하면 전체적인 것을 건네주고, 선택하여 요구하면 선택하여 건네주는지 알지 못한다. 가령 책 읽는 서생書生들을 보자. 경전을 암송할 때, 그가 취하여 외워대는 것은 글자의 형상(字像)이다. 여러 시간이 지나도록 쉬지 않고 외워 듣는 사람이 싫증이 날 지경이 되어도, 기억을 맡은 기관은 지칠 줄 모른 채 쏟아낸다. 게다가 빠뜨리는 구절 없이 세밀하고 순서를 뛰어넘지 않으며, 뒤에 나올 것이 앞서 나와 방해하지도 않고, 이것을 요구하면 저것이 감히 뒤섞여 나타나지 않는다. 이 역시 특출난 것인데 그 원인을 알지 못하는 경우의 하나가 아닐까!

補大爾歌曰: "記含者, 百學之藏, 諸業之母, 智者之子. 令人無記含, 必不得稱智者. 謂智者必以昔視今, 以往知來. 若非前記不忘, 將何藉以推測得稱智邪?" 凡物有知其爲奇而不能知其奇之所以然者. 若記含者, 不知何緣能以不同類不同品無量數物, 入於諸藏, 雜然幷容, 井然不混, 無來不收, 無取不應, 分求分予, 合求合予, 簡擇而求, 簡擇而予. 試觀書生, 背誦經籍, 所取給字像. 經歷數時, 袞袞不竭, 聽者欲厭, 而記含之司, 出之不倦. 又且纖悉靡遺, 次序不越. 後出者, 先不能逆阻, 求此者, 彼弗敢混投. 此亦奇而不可知之一也夫!

[35] 서양에는 기억을 잘하기 위한 기술이 있다.[62] 그것을 익숙하게 익힌 사람에게 시험 삼아 글 한 편을 주면, 한두 번 묵묵히 읽어보고는 곧장 외운다. 처음부터 끝까지 외우며, 끝에서부터 처음까지 외우기도 한다. 또 중간에 한 글자를 지정하면 그 뒤부터 외우기도 하고, 그 앞으로 거슬러 외기도 한다. 더러는 몇 자 간격으로 한 자씩 외기도 하는데, 못하는 것이 없다. 또 페르시아 국왕 제록濟祿[63]의 경우는 병사 40만 명의 이름을 모두 외웠다고 하며, 반다般多 국왕 미적리달米的利達은 22개국의 말을 너끈히 할 수 있었다고 한다. 이는 모두 본래 타고난 자질에 근거한 것이지만, 또한 학습의 효과로 인한 것이기도 하다. 그러므로 사람에게 기억이 있다는 것은 한없이 기묘한 것임을 알 수 있다.

西國有記含之法. 習成者, 試與一篇書, 默識一二過, 卽成誦. 從首至尾, 又從尾至首. 又中間任命一字, 順誦其後, 逆誦其前. 或更隔數字誦一字, 無所不可. 又如伯爾西亞國王濟祿, 兵士四十萬, 皆識其名, 般多國王米的利達, 能說二十二國方言. 此皆原本資性, 亦因學習. 然足徵記含在人, 奇妙無方矣.

그러나 천주께서 이 기억하는 기관을 아니마에 부여함으로써 사람에게 주신 것은 무엇 때문일까? 사람으로 하여금 천주의 은혜를 기억하게 함으로써 감사하도록 하신 것이다. 사람이 백 가지가 넘는 사리事理를 기억하면서도 천주의 은혜를 기억하지 못한다면, 기억하지 못하는 것이 없다 해도

---

62 마테오 리치도 『記法』이란 저서를 통해 중국인들에게 기억하는 방법을 소개했는데, 당시 서양에서는 매우 널리 이 기억술이 유행하고 있었다. 이에 대해서는 다음 책을 참조하라. 조너선 D.스펜스, 주원준 옮김, 『마테오 리치, 기억의 궁전』, 이산, 1999.
63 濟祿은 어느 왕의 이름을 음차한 것인지 분명하지 않다. 아래 般多와 米的利達도 미상.

오히려 기억이 한 가지도 없는 것과 같다. 그러나 그가 천주를 기억하지만 다른 일을 기억할 수 없다면, 한 가지도 기억하는 것이 없다 해도 그는 많은 것을 기억한다고 할 것이다.[64]

雖然, 天主以此記含之司, 賦之亞尼瑪, 以予人者, 何也? 欲令人記憶天主之恩而感之謝之也. 人能記百凡事理, 而不記天主恩, 卽無所不記, 如無一記. 能記憶天主而不能記憶他事, 卽一無所記, 其爲記, 多矣.

(2) 이성을 논함[65]

[36] 이성(明悟, intellectus)은 둘로 나뉘지만, 합쳐서 하나가 된다. 이성은 아니마의 능력이며, 이로써 유형과 무형의 여러 사물을 밝힌다. 또한 다른 사물들만 밝히는 것이 아니라 스스로를 밝히기도 하는데, 그렇다고 항상 밝히는 것은 아니다. 그리고 사물을 밝힐 수 있으려면 항상 사물의 초상(肖像)을 필요로 한다. 이성은 본래 질료가 없으며, 그 장소도 질료가 있는 육체에 있지 않기 때문에 대상(所向)으로 인해 무너지는 일은 없고, 또한 죽어 없어지지도 않는다. 또한 감각기관과 서로 비슷하다. 그리고 그

---

64 여기서 삼비아시는 기억의 실천적 목적을 설명하고 있다. 아우구스티누스의 사상과 마찬가지로, 인간은 하느님에 의해 무無로부터 창조되었으므로, 인간은 기억의 심연에 이르러 결국 하느님의 은혜를 만날 수 있다는 것이다.

65 이하의 이성에 대한 내용은 토마스 아퀴나스의 『신학대전』 제1부 영혼론에 속하는 내용을 간추린 것에 가깝다. 토마스 아퀴나스 시대까지는 영혼이 가지는 이성적 힘에 대한 논란이 다양하게 전개되었다. 즉 이성의 본질, 작용, 명칭에 대한 수많은 철학자들의 다양한 이론이 서로 상충되고 있었다. 토마스 아퀴나스는 이러한 논란을 종합하여 이성은 하나이며, 정신적 능력 내지는 기능이며, 여러 가지 다양한 활동 방식과 대상을 가지고 있다는 것을 정리하고 확립한다. 이렇게 삼비아시는 13세기 토마스 아퀴나스가 확립한 철학적 내용을 기억하여 17세기 중국에서 요점을 충실하게 정리하고 있다.

작용에는 세 가지가 있다.

明悟者, 分之有二, 總之歸一. 爲亞尼瑪之能, 以明諸有形無形之物. 不獨
明彼, 而亦自爲所明, 亦非恒爲所明. 爲其能明, 恒須物之像. 雖自無質, 其
所不在有質之體, 而不受壞於所向, 亦不能死. 顧亦與司相似. 其功有三.

[37] 어째서 이성은 둘로 나뉘지만, 합쳐서 하나가 된다고 하는가?[66]

　그 두 가지란 하나는 능동이성(作明悟, intellectus activus)이고, 또 하나
는 수동이성(受明悟, intellectus passivus)이다. 능동이성은 수많은 형상을
지어내어 수동이성의 일을 돕고, 수동이성은 빛을 비추어 만물을 통찰함
으로써 그 원리를 터득한다. 능동(作)이란 터득할 수 있게 하는 것이고, 수
동(受)이란 터득하게 되는 원인이다.[67]

---

66 이성은 여럿인가 하나인가? 이 문제는 13세기 스콜라철학의 형성에 중요한 역할을
　했다. 능동이성과 수동이성, 상위이성과 하위이성, 이성과 지성, 이론이성과 실천이
　성, 이성과 기억 등의 구분은 여러 철학자들에 의해서 다양하게 제기되었으며, 가톨
　릭 교리와 맞물려 논쟁을 야기시켰다. 삼비아시는 이러한 스콜라철학의 논쟁을 염
　두에 두고 이성의 통일성을 천명하는 것으로 보인다. 토마스 아퀴나스에 따르면 이
　성에 대한 이러한 모든 구분들은 예외 없이 이성의 다양한 활동 방식이나 습성 그리
　고 능력에 해당되는 것이다. 토마스 아퀴나스는 『신학대전』, I, q.79, aa.6-13에서
　이성의 통일성을 분명하게 논증한다.
67 이성의 능동적 능력은 먼저 인식 대상을 통해 드러난다. 질료 속에 있는 형상은 현
　실적으로 그대로 인식될 수 없기 때문에, 우리가 이성을 통해 파악하는 자연사물이
　나 감각적 사물의 형상은 있는 그대로 파악될 수 없다. 우리가 못을 이해할 때, 그 못
　이 현실적으로 우리 머리에 들어온다면 어떻게 되겠는가? 그래서 우리에게 인식되
　는 모든 것은 어떤 식으로든 인식될 수 있는 가능성에서 현실적으로 인식되도록 전
　환되어야 한다. 마치 감각에 들어오는 현실적인 소리나 빛을 통해 청각이나 시각이
　현실적으로 지각하는 상태가 되는 것처럼, 이성의 인식에도 사물을 현실적으로 인식
　할 수 있도록 만드는 어떤 힘을 가정하지 않을 수 없다. 즉 사물의 물질적 조건으로
　부터 種의 형상을 만들어내는 정신적 능력을 전제하지 않을 수 없다. 이것이 바로 능
　동이성이다(토마스 아퀴나스, 『신학대전』, I, q.79, a.3, c.a. 참조).

何謂分之有二, 總之歸一? 分爲二者, 其一作明悟, 其一受明悟. 作明悟者, 作萬像以助受明悟之功. 受明悟者, 遂加之光, 明悟萬物而得其理. 作者能爲可得, 受者所以得之也.

그런데 왜 둘로 나누어 말하는가? 대개 사물이 존재하는 원인(所然, causa)에는 모두 두 가지의 인과(緣)가 있는데, 하나는 능동적 인과(作緣)요, 다른 하나는 수동적 인과(受緣)이다. 먼저 능동자(作者)가 있고, 다음에 수동자(受者)가 있다. 그릇을 두고 말하자면, 그릇을 만드는 사람은 능동자가 되고, 사용하는 사람은 수동자가 된다. 또한 귀로 들을 수 있는 소리는 능동자가 되고, 귀로 듣는 것은 수동자가 되는 것과 같다. 만약 능동이 없다면, 어떻게 수동이 있을 수 있겠는가? 모든 원인이 이와 같은데, 어떻게 이성만 그렇지 않을 수 있겠는가?[68]

68 영혼의 정신적 능력을 능동성과 수동성으로 구분한 것은 아리스토텔레스이다. 그는 『영혼론』 III, cap.5, 430a 10(이재룡 옮김, 「영혼론 III」, 『가톨릭신학과 사상』 22, 가톨릭대학교출판부, 1997, 241쪽 참조) 이하에서 이렇게 말한다. "그리고 자연 전체 속에 있는 온갖 종류의 사물들 속에서 우리는 다음 두 요인을 발견하기 때문에, 즉 거기에는 어떤 질료와 (그 모든 것을 만든다는 의미에서의 생산적인) 어떤 원인이 있기 때문에(후자와 전자의 관계는 건축가와 그 재료의 관계와 같다), 이 두 요소는 영혼 속에서도 마찬가지로 발견되지 않으면 안 된다." 토마스 아퀴나스는 여기에다 이 요소는 다름 아닌 능동이성과 수동이성이라고 덧붙인다(토마스 아퀴나스, 『신학대전』, Ia, q.79, a.4, sed contr). 따라서 이러한 구분을 본격적으로 발전시키고 확정시킨 것은 토마스 아퀴나스로 이 논항의 본론에서 다음과 같이 전개한다. "그 철학자〔아리스토텔레스〕가 거론하는 능동이성은 영혼에서 비롯되는 것이다. 이를 통찰하기 위해서는 다음과 같이 언급하지 않으면 안 된다. 인간의 이성적 영혼 위에 이 영혼에다 상응하는 힘을 부여하는 어떤 더 높은 이성이 전제되어야 한다. 왜냐하면 어떤 것에 참여하고 움직여질 수 있고 또 불완전한 것은, 자신의 본질을 통하여 존재하고 불변하며 완전한 어떤 것이 그 이전에 존재한다는 사실을 요구한다. 그러나 인간적 영혼은 어떤 이성적 힘에 참여함으로써 이해한다고 말한다. 인간적 이성은 온전히 이해하는 것이 아니라 이성적 힘의 일부에 지나지 않는다는 사실이야말로 이에 대한 표지이다. 나아가 인간적 이성은 이리저리 움직이는 것과 결합된 결론을 통하여 진리의

何以必言二者? 凡物之所然, 皆有二緣, 一爲作緣, 一爲受緣. 先有作者,
後有受者. 試如器用, 造之者爲作者, 用之者爲受者. 又如耳所聽之聲爲作
者, 以耳聽之爲受者. 若未有作, 安得有受? 盡所然如是, 何獨明悟否乎?

바로 이러한 면에서 이성도 똑같은 이치를 갖고 있다. 이미 이성을 지니고
있다면, 이는 원인이 된다. 그 인과에서는, 먼저 능동자가 있어 밝힐 수 있
게(可明) 하면, 이어 수동자가 밝힘(明)으로써 드디어 밝아지는 것이다.[69]

인식에 도달한다. 나아가 인간적 이성은 한편으로는 모든 것을 이해하지 못하고, 다
른 한편으로는 이해하는 가운데서도 가능성에서 현실성으로 나아가기 때문에, 불완
전한 이해를 가질 뿐이다. 그러므로 영혼이 사유하도록 도와주는 보다 높은 어떤 이
성이 존재하지 않으면 안 된다."(토마스 아퀴나스, 『신학대전』, I, q.79, a.4, c.a.) 여
기서 말하는 보다 높은 이성은 하느님의 이성을 가리킨다. 토마스 아퀴나스의 전개에
대해서는 다음을 참조하라(Thomas Aquinas, *In de anima*, III, 1, 10, n.734).
　　삼비아시가 능동이성과 수동이성을 원인 개념을 통해 해명하려는 것도, 창조의
제일 능동인인 하느님을 염두에 두고 있는 것으로 보인다.

69 능동이성과 수동이성을 빛과 연관해 설명한 철학자는 고대의 플라톤과 아리스토
텔레스다. 그리고 중세의 토마스 아퀴나스는 이들의 견해를 비판하면서 능동이성과
수동이성의 구분을 정리한다. "이 때문에 아리스토텔레스는 능동이성을 공기로부터
취한 것인 빛에 비교했다. 그러나 플라톤은 테미스티우스가 말하는 바와 같이, 분리
되어 존립하면서 우리 영혼에 작용하는 이성을 태양에 비교했다."(『신학대전』, I,
q.79, a.4, c.a.) 이어서 토마스 아퀴나스는 플라톤의 태양에 해당되는 인식능력은
인간의 능동이성이 아니라 창조주, 즉 물질과 분리되어 존립하는 하느님의 이성이라
고 천명한다. 이 문헌에서 토마스 아퀴나스가 인용한 테미스티우스는 4세기경의 신
플라톤주의자로, 다음과 같은 정보를 전해준다. "그(그리스 해설가)는 제일 처음 빛
나는 것은 하나이지만, 밝히고 또 밝혀지는 이성들은 빛과 같이 다수라고 썼다. 왜냐
하면 태양은 하나이지만, 빛은 동시에 여러 가지 시각들로 흩어지기 때문이다. 그 때문
에 아리스토텔레스는 태양에 비교하지 않고 빛에 비교했지만, 플라톤은 태양에 비교
했다. 가능한 이성과 능동이성으로 이루어져 있는 우리 모두가 하나의 유일한 이성
으로 되돌아가고 우리 각자가 전자의 유일한 것과 나란히 각자의 고유한 존재를 가
지고 있다는 것은 놀라운 일이 아니다. 그렇지 않으면 보편개념이 어떻게 우리 가운
데 성립되겠는가?"(아리스토텔레스, 『영혼론』, III, cap.5, fol.90a; Eugen Rolfes,
Thomas von Aquin, *Fuenf Fragen ueber die intellektuelle Erkenntnis*, VI 참조)

형상이 있어 쉽게 볼 수 있는 것을 통해 살펴보면, 대개 이성은 사물의 실체(體)와 사물의 질료(質)를 통찰하지는 않는다. 반드시 그 실체와 질료는 버리고, 미묘(微)하고 현통(通)한 것을 정밀하게 인식한다. 실체와 질료는 개별적(專屬, individuatio)인 것이지만, 미묘하고 현통한 것은 보편적(公共, universale)인 것이다.

今有一理於此. 已得明悟, 是所然也. 其緣則先有作者爲可明, 次有受者明之, 則遂明矣. 試以有形易見者解之, 凡明悟者, 非明悟其物之體物之質. 必將棄其體質, 精識其微通者焉. 體質者爲專屬, 微通者爲公共.

가령 어떤 유형의 사물을 보았다고 하자. 그 사물은 먼저 자기의 초상肖像을 드러냄으로써 나의 시각에 들어오게 된다. 이때 이 사물이 사라지면 그 초상도 사라지게 되는데, 이는 그 초상이 사물의 실체와 질료에 온전히 종속되어 있기 때문이다. 이는 매우 조잡한 상태로서, 아직 밝힐 수 있는(可明) 사물이 아니므로, 이성의 역할을 받게 된다.

如遇一有形之物. 彼先出其像, 入於我之目司. 此時物去則像隱, 其像全係物之體質. 是爲至粗, 非可明之物, 能被明悟者也.

그러고 나서 시각을 통해 공통감관(公司, sensus communis)으로 들어오게

여기서 삼비아시가 능동이성을 태양에 비유하지 않고 밝히는 빛에 비유하는 것을 보면, 그가 스콜라철학적 전통 속에서도 아리스토텔레스-토마스 아퀴나스 계열의 실재론적 인식론을 따른다는 사실이 분명히 드러난다. 토마스 아퀴나스 역시 아리스토텔레스의 『영혼론』을 주해하면서 능동이성과 수동이성의 구분에서 능동이성의 본성을 神의 정신과 동일시하는 알렉산드리아의 아프로디시우스나 신보다 저급한 분리실체로 이해하는 아베로에스(이븐 루슈드Ibn Rushd)를 따르지 않고 테미스티우스를 따르기 때문이다.

되는데, 공통감관은 다섯 가지 감각기관(司, organum)의 공동 장소이다.[70] 여기서 사물의 초상은 이미 사물로부터 분리되어 있지만, 그렇다고 공통감관이 사물의 개별적 초상을 받아들이지 않는 것은 아니다. 초상과 사물이 각기 종속되어 있기 때문이다. 이 초상은 정밀한 상태와 조잡한 상태의 사이에 있으므로, 아직 밝힐 수 있는 사물은 아니다.

旣而入於公司, 公司者, 五司之共所也. 此像旣離於此物, 然物之專像, 無所不收. 像與物, 各有係屬. 是在精粗之間, 亦未爲可明之物也.

이윽고 공통감관을 통해 구상력具象力(思司, imaginatio)으로 들어옴으로써 분별되어, 이 사물이 다른 사물과 구별된다.[71] 그리하여 피차彼此의 구

---

70 공통감관이란 감각될 수 있는 모든 것을 대상으로 하는 기관이다. 즉 볼 수 있는 색과 들을 수 있는 소리 등 오감의 대상을 자신의 대상으로 삼는 기관이다. 따라서 공통감관은 오감의 뿌리요, 근거이기 때문에 그의 대상도 오감의 대상에 미치지만 그래도 하나의 능력이다(토마스 아퀴나스, 『신학대전』, I, q.1, a.3, ad 2; q.78, a.4, ad 1 참조).

71 인간의 인식은 외적 감각에서 출발하여 공통감관, 구상력을 거쳐 능동이성에 이르러 완결된다. 이러한 인식론적 구조 역시 토마스 아퀴나스의 실재론적 인식론에 기초한 것이다. 토마스 아퀴나스에 따르면 우리의 이성이 살아 있는 육체와 결합되어 있는 한 초상phantasmata으로 돌아가지 않고서는 현실적인 것을 인식하는 것이 불가능하다. "만약 이성이 어떤 육체적 기관에도 종사하지 않는 어떤 힘이기 때문에 이성적 활동에서 육체적 기관에 종사하는 다른 능력의 활동을 필요로 하지 않는다면, 이성 자신이 활동하는 데 있어서도 어떤 식으로도 육체적 기관의 장애로 인해 방해받지는 않을 것이다. 그러나 외적 감각과 구상력 그리고 감각적 부분에 속하는 다른 힘들은 육체적 기관에 종사한다. 이로부터 이성이 새로운 인식을 얻든 이미 얻은 인식에 종사하든 인식하기 위해서는 구상력과 또 다른 힘들이 필수적이라는 사실이 드러난다."(토마스 아퀴나스, 『신학대전』, I, q.84, a.7, c.a.) 왜냐하면 인간은 오직 외적 감각과 구상력을 통해서만 현실적인 것, 즉 질료와 형상으로 이루어진 개별적이고 특수한 것들을 인식할 수 있기 때문이다. 따라서 이성이 자신의 고유한 인식 대상을 현실적으로 인식하기 위해서는 감각에서 비롯된 초상으로 돌아가지 않을 수 없다. 그럼으로써 이성은 비로소 개별적으로 특수하게 현존하는 보편적 자연을 사유할 수 있게 된다.

분이 없지는 않지만, 아직 초상과 사물은 은밀하게 서로 종속되어 있기 때문에, 크게 현통한 것으로 변하지 못한다. 역시 아직 밝힐 수 있는 사물이 못 되는 것이다.

旣從公司, 入於思司而分別之, 則此物咸別於他物. 旣不能無分彼此, 卽像與物, 微有係屬, 不能化於大通, 亦未爲可明之物也.

그런 다음 능동이성(作明悟)으로 돌아옴으로써, 사물의 실체와 질료로부터 완전히 벗어날 뿐만 아니라, 아울러 피차의 구별도 모두 버리게 된다. 이때는 단지 사물의 정밀하고 미묘한 것만을 남기게 되고, 그럼으로써 수많은 사물들의 보편적인 점을 터득하여 통찰(明悟之)하게 된다.[72]

---

72 여기에도 능동이성의 역할에 대한 토마스 아퀴나스의 논증이 바탕에 깔려 있다. 플라톤에 따르면 물체적 사물이 감각기관에 인상을 남기고, 감각기관은 또다시 이성을 자극하여 인식이 성립된다. 그러나 아리스토텔레스에 따르면 감각기관에 대한 단순한 인상만으로는 이성적 인식 활동이 야기될 수 없다. 그래서 토마스 아퀴나스는 아리스토텔레스의 견해에 따라 중도적 길을 선택한다. 즉 감각기관은 일종의 조직적 기능이기 때문에, 외부 사물은 육체적 기관과 정신적 기능이 결합되어 있는 감각에 작용할 수 있다. 물론 여기에는 능동적인 것과 수동적인 것, 양자의 존재 방식이 필요로 하는 상호 부합이 전제되어 있다. 그래서 감각 또는 초상은 수동이성에 이성적 초상을 야기시킨다. 그러나 그것도 물체적인 것이 그 스스로 이성적인 것에 영향을 끼칠 수 있기 때문이 아니라, 마치 초상을 질료로 삼는 것과 같은 능동이성의 작용적 영향하에서만 가능하다. 여기에서 인간의 인식을 가능하게 하는 인과적 연결 고리가 완결된다. 따라서 토마스 아퀴나스는 이렇게 선언한다. "그러므로 초상이 문제시되는 한, 이성적 활동은 감각에서 초래된다. 그러나 초상은 수동이성을 변화시키기에 충분한 것이 아니라, 오히려 능동이성을 통하여 현실적으로 이해되도록 만들어져야 하기 때문에, 결국 감각적 지각이 이성적 인식에 대한 충분하고 완전한 원인이라고 말할 수 없다. 오히려 감각적 지각은 동시에 그 원인의 질료이다."(토마스 아퀴나스, 『신학대전』, I, q.84, a.6, c.a.) 그러므로 우리가 변천하는 사물 가운데서 불변적 진리를 인식하고 또 그 사물을 사물들의 유사성으로부터 구분할 수 있기 위해서는 능동이성의 빛을 필요로 한다.

既而歸於作明悟者, 不惟盡脫於物之體質, 并悉捐棄其爲彼爲此. 但留物
之精微, 衆物所公共者, 則可得而明悟之矣.

한 자(尺) 길이의 자(度)에 비유해보자. 나무는 그 자(度)의 실체요, 질료이
다. 그리고 한 자(尺)는 그것의 전체이고, 한 마디(寸)는 그것의 부분이다.
마땅히 우리가 통찰해야 할 점은 전체가 부분보다 크다는 사실이다. 그런
데 우리의 시각視覺이 받아들이는 것은 유형의 자(度)일 뿐이므로, 아직
한 자(尺)와 마디는 실체와 질료로부터 벗어나지 않은 상태이다.

　이어 공통감관에서 받아들인 것은 나무의 실체로부터 벗어나기는 했지
만, 그래도 실체의 형상은 남아 있다. 그래서 자(尺)와 마디는 아직 다른
사물들에게서 보편적으로 받아들여 보관하고 있는 것과 분별될 수 없다.
또한 구상력에서 받아들인 것은 비로소 다른 사물과 분별되어, 실체의 형
상으로부터 벗어나게 되지만, 그래도 부분과 마디는 남게 된다.

　그리하여 능동이성의 역할을 통해 온전히 자(度)로부터 벗어나게 되고,
아울러 자(尺)와 마디는 단지 미묘하고 현통한 것으로 남는다. 여기서 지
극히 보편적인 것은 전체와 부분이 된다. 이는 밝힐 수 있는 사물로써, 충
분히 이성의 역할을 받은 것이다.

譬一尺度於此. 木爲體質, 尺爲其全, 寸爲其分. 所當明悟者, 其全大於分
也. 目司所收, 有形之度, 載尺與寸, 未離體質也. 公司所收, 脫去木體, 止
有體之形像, 載尺與寸, 卽與他物總受總藏, 未能分別也. 思司所收, 則已
從他物而分別之, 脫去形像, 獨留其分與寸矣. 作明悟所爲, 則全脫於度,
幷其尺寸, 但留微妙玄通. 至公大總者, 爲全與分. 是則爲可明之物, 足以
被明悟者也.

이렇게 밝힐 수 있는 것이 되면, 이제 수동이성이 빛을 비추어 전체가 부

분보다 크다는 것을 밝히게 된다. 가령 사물 중에 흰 것이 있다고 하자. 이는 볼 수 있는 흰색을 지니고 있는 것이다. 그러나 햇빛이 아직 비춰지지 않는다면, 단지 볼 수 있는 흰색은 되지만, 이미 보이는 흰색은 되지 못한다. 햇빛이 비춰야 비로소 그 색을 볼 수 있다. 능동이성이 하는 일은 흰색을 볼 수 있도록 하는 것과 같고, 수동이성은 빛을 비추어서 흰색을 보는 것과 같다.

旣爲可明, 則受明悟者, 加之光而邃明之, 明其全大於分矣. 又如物有白者, 則是可見之白. 日光未至, 但爲可見之白, 不爲已見之白. 日光旣至, 邃從而見之. 作明悟所爲者, 如白可受見也. 受明悟, 如施之光而見白也.

합쳐서 하나가 된다는 것은 능동이성과 수동이성 둘 중 하나라도 없으면, 이성의 작용을 완수할 수 없다는 말이다. 그래서 이 둘을 묶어 아니마의 능력(能, potentia)이라고 한다. 물시계에 비유해보면, 위와 아래에 각각 한 말들이 물통이 있는데, 하나는 물을 내리는 역할을 하고, 하나는 물을 받는 역할을 한다. 이 둘 중 하나라도 없으면 물시계가 될 수 없다. 그러므로 이 둘을 합해야 비로소 누각漏刻의 기능을 하게 되고, 아울러 물시계라고 이름하게 되는 것이다.

總之歸一者, 作明悟受明悟, 兩者缺一, 卽不能完明悟之功. 故總此兩者, 爲亞尼瑪之能. 譬如定時水漏, 上下各爲一斗. 一者主施, 一者主受. 兩者缺一, 卽不成器. 合此兩者, 方成一漏刻之能, 總名一定時之器矣.

[38]　어째서 이성을 아니마의 능력이라고 하는가? 이 또한 공통된 명칭(總稱)이다. 아니마의 능력이 이성에 그치는 것은 아니지만, 이성을 아니마의 능력이라고 부를 수 있다.[73]

何謂亞尼瑪之能? 亦總稱也. 亞尼瑪之能, 不止明悟, 而明悟, 卽得稱亞尼瑪之能.

[39] 어째서 이성은 유형과 무형의 여러 사물을 밝힌다(明)고 하는가?[74]

73 토마스 아퀴나스는『신학대전』, I, q.79에서 영혼의 이성적 능력에 대해 13개의 논항을 할애하고 있다. 이런 일은『신학대전』전체에 걸쳐서도 드물기 때문에, 중요한 사안임을 알 수 있다. 여기서 출발점이 되는 물음이 바로 "이성은 영혼의 능력인가?"이다. 즉 토마스 아퀴나스는 이성이 사유하는 자 그 자체로서의 어떤 본질이 아니라는 사실을 여기서 논증하고자 한다. 그는 플라톤과 아우구스티누스 그리고 위디오니시우스Pseudo-Dionysius의 인식론을 논박하면서 이성이 영혼의 능력임을 다음과 같이 피력한다. "이성은 영혼의 능력이다. 왜냐하면 오직 활동 그 자체가 그 사물의 존재일 경우에만, 어떤 활동의 직접적 근거는 활동하는 사물의 본질이기 때문이다. 어떤 능력이 자신의 활동과 맺는 관계는 본질이 그 존재와 맺는 관계와 같다. 그런데 오직 하느님 안에서만 인식 그 자체가 바로 그의 존재일 뿐이다. 이 때문에 오직 하느님에게서만 이성이 곧 그의 본질이다. 이와는 반대로 인식하는 피조물 안에 있는 이성은 인식하는 것의 능력에 지나지 않는다."(토마스 아퀴나스,『신학대전』, I, q.79, a.1, c.a.) 여기서 알 수 있듯이 이성을 능력으로 보지 않고 본질로 보는 경우, 인간의 이성을 신격화하거나 하느님의 이성과 동일시하는 결과를 낳게 된다. 따라서 이성이 영혼의 본질이 아니라 능력이라는 것은 신학적 문제를 위해서도 매우 중요한 결론이다.

74 여기서 유형의 사물이란 물체적 사물을 말하고, 무형의 사물이란 비물체적 사물 또는 물체로부터 '분리된 본질'을 지칭한다. 따라서 이는 토마스 아퀴나스가『신학대전』, I, qq.84-89에서 인간의 사고라는 주제로 다루는 것과 같다. 즉 토마스 아퀴나스는 우리의 영혼은 어떻게 물질적 사물을 인식하는가 하는 물음을 시작으로 당시까지 논쟁이 이성적 인식의 문제를 해결함으로써 보편타당한 학문의 근거를 마련한다. 특히 토마스 아퀴나스는 헤라클레이토스Heracleitos와 플라톤을 비판하는 가운데 보편적 지식의 근거를 마련한다. 헤라클레이토스에 따르면 세계는 물질적 사물들로만 구성되어 있으며 이러한 사물들은 끊임없이 변화하기 때문에 이성을 통한 지식의 확실성을 부정했다. 또한 플라톤은 학문의 가능성을 인정하면서도 보편타당한 진리는 물질적 사물의 인식에서 비롯되는 것이 아니라 '분리된 본질'을 직관하는 데서 성립된다고 했다. 그러나 토마스 아퀴나스는 인간의 이성이 물질적으로 변화하는 사물들을 이성의 존재 방식에 따라 비물질적이고 불변하며 보편적인 것으로 인식한다는 것을 증명한다. 토마스 아퀴나스의 이러한 증명에 대해서는『신학대전』, I, q.84, a.1, c.a.를 참조하라.

이는 이성이 맡은 기능을 말한 것으로, 다른 내부기관(內司)의 기능과 구별된다. 이성이란 기관이 맡은 기능은 모든 사물들이 보편된 원리와 보편된 속성을 통달通達하도록 하는 것이다. 다만 사물은 형상形像이 있는 것과 없는 것이 판연히 다르다.[75] 그래서 형상이 있는 사물들을 밝히게 되면 공통질료(公質, materia communis)에서는 벗어나지 못하고, 오로지 개별적 질료(私質, materia privata)에서만 벗어난다. 가령 사람은 본래 육체를 지니고 있는데, 육체만 가지고 통찰하게 되면 저 육체는 곧 저 사람이라고 할 수 없는 경우와 같다. 그러나 형상이 없는 사물의 경우 질료에 매어 있지 않기 때문에 통찰할 수 있다. 천사들과 같은 형상이 없는 부류들의 경우가 그렇다.〔이는 영혼이 육신을 떠난 뒤를 말하는 것이다.〕

何謂以明諸有形無形之物? 此言明悟之分職, 以別於他內司也. 明悟之司, 所職者, 凡物皆通達其公共之理・公共之性. 但物之有形無形, 截然不類. 其明諸有形者, 不能脫其公質, 而獨脫其私質. 如人本有肉體, 則從其肉體者明悟之, 而不論其某肉體爲某人也. 若無形之物, 不係於質, 則可得而通之. 如天神等無形之類是也.〔此謂靈魂離身之後也.〕

대개 사물을 통찰하고자 하면, 반드시 그 사물을 이성이란 기관에 결합시켜야 하는데, 형상과 질료가 있는 것은 들어갈 수가 없기 때문에 결국 결

---

75 여기서 삼비아시가 사물의 形이라고 부르는 것은 중세 스콜라철학에서 forma, species로 불리는 것이다. 그런데 이 용어는 이 개념을 사용하는 철학 성향에 따라서 달리 번역되어야 한다. 즉 플라톤이나 아우구스티누스의 사상에서 forma는 그 사물의 이미지 또는 像을 의미하는 形像으로 번역되어야 할 것이고, 아리스토텔레스나 토마스 아퀴나스의 사상에서 forma는 사물의 내적 구조, 틀, 형식을 의미하는 形相으로 번역되어야 한다. 그러나 삼비아시는 영혼론에서 아우구스티누스와 토마스 아퀴나스의 사상을 주로 따르고 있으므로 정확히 어떻게 번역해야 할 것인지는 아직 과제로 남겨두는 것이 좋을 것이다.

합될 수 없다. 그래서 반드시 개별적 질료를 벗어버리고 보편적인 것을 취한 다음, 함께 결합됨으로써 통찰하게 된다. 형상도 없고 질료도 없는 것은 벗어버릴 필요도 없이 스스로 이성적 원상(靈像, species intelligibilis)을 이루어 합치하게 된다. 그래서 아리스토텔레스는 "아니마는 곧 만물이다"고 하였으니,[76] 형상을 지닌 일체의 모든 사물이 모두 다섯 가지 감각기관으로 돌아가면, 아니마는 이성을 이용하여 그 초상을 취하여 통찰하게 된다는 말이다.

蓋欲明悟此物, 必令其物合於明悟之司, 有形有質者, 不可得入, 卽不可得合. 故必脫去私質, 取其公共者, 與作合而明悟之. 若無形無質者, 不須解脫, 自能成靈像而作合也. 故亞利斯多曰: "亞尼瑪者, 是萬物." 謂一切諸物, 凡有形者, 盡歸五司, 亞尼瑪得用明悟者, 取其像而通之.

형상이 없는 것들은 모두 이성으로 돌아가 이성적 원상(靈像)을 취하여 보관된다. 그리하여 통찰하게 되면 아니마는 만물로 변화하지 않더라도 만물을 모두 갖추게 된다. 이것이 만물을 소유하는 것이다. 가령 외적 능력의 다섯 기관이 모아들인 것은 모두 공통감관으로 돌아가는데, 이는 마치 바퀴살이 바퀴통으로 모이듯이 만물의 큰 창고가 되는 것이다. 그래서 공통감관은 또한 만물이라 일컬을 수 있다. 뿐만 아니라 내적 능력의 기관에서 모아들인 것도 모두 이성으로 돌아가서, 이성이 그것을 수용하고 통달

---

76 아리스토텔레스, 『영혼론』, III, cap.8, 431b 21: anima est quodammodo omnia. 이 명제는 인식론에서 기념비적 위치를 차지하며, 이 명제를 포함하는 전문은 다음과 같다. "영혼은 어떤 식으로든 만물이다. 왜냐하면 사물들은 감각적이거나 可知的이고, 인식은 어떤 의미에서 감각적 대상이기 때문이다."(아리스토텔레스, 같은 책, 431b 20~24) 토마스 아퀴나스도 이 명제를 여러 차례 인용해 자신의 인식론을 전개하는 실마리로 삼는다. 이에 대해서는 토마스 아퀴나스, 『신학대전』, I, q.14, a.1, c.a.; q.80, a.1, c.a.를 참조하라.

하기 때문에 이성은 만물의 큰 창고요, 만물이라 일컬을 수 있다.

無形者盡歸明悟, 取其靈像而有之, 而通之則亞尼瑪不化爲萬物, 而萬物
皆備. 是得有萬物也. 如外五司所收之物, 皆歸公司, 若輻輳於轂, 爲萬物
之總府. 卽公司, 亦可稱爲萬物. 內司所收之物, 皆歸於明悟, 而承受之,
通達之. 亦萬物之總府, 可稱爲萬物矣.

[40] 어째서 이성은 다른 사물들만 밝히는 것이 아니라 스스로를 밝히기
도 하며, 그렇다고 항상 밝히는 것은 아니라고 하는가?
　　대개 이성이 유형의 사물을 밝힌다는 것은 반드시 개별적 질료에서 벗
어나 오직 보편적인 것을 취함으로써 밝히는 것이다. 그런데 이성이란 기
관은 본래 형상과 질료가 없으니 벗어날 것도 없다. 그래서 다른 사물만
밝히는 것이 아니라 스스로도 밝힌다고 한다. 그러므로 이성을 아니마의
정신적 눈(神目)이라고 할 수 있다. 형상의 눈(形目)은 만물을 볼 수는 있지
만 스스로를 볼 수는 없다.[77] 그러나 이성은 만물을 볼 수도 있고 또 자기
스스로를 볼 수도 있다.[78]

何謂不獨明彼而亦自爲所明, 亦非恒爲所明? 凡明悟所明有形之物, 必須
解脫私質, 獨取其公共者明之. 若本司亦自無形質, 無容解脫. 是以不獨明
彼而亦自明. 故明悟比爲亞尼瑪之神目也. 形目者, 能見萬物, 不能自見,

---

77 여기서 형상의 눈으로 번역한 形目은 형태를 띤 눈, 즉 우리 육체의 눈을 말한다.
　　그래서 우리 육체의 눈은 다른 사물은 보지만 눈 자체는 볼 수 없다는 말이다.
78 이성은 대상으로서의 사물을 밝힐 뿐만 아니라 스스로를 밝힌다. 토마스 아퀴나스
　　의 인식론은 이를 이와 같이 표현한다. "이러한 방식을 통해 인간 이성에 가장 먼저
　　인식되는 것은 대상이다. 두 번째로는 이러한 대상이 파악되는 방법으로서의 사유
　　행위 자체가 인식되며, 이러한 이성의 완성이란 바로 사유한다는 현실 그 자체이다."
　　(토마스 아퀴나스, 『신학대전』, I, q.87, a.1, c.a.) 나아가 이성의 이러한 능력은 이미
　　아리스토텔레스가 "사유 자체의 사유"(Metaphysica, XII, 1074b 33)라고 밝혔다.

明悟者, 能見萬物, 又能轉見自己矣.

그렇다고 항상 밝히지 않는 데에는 두 가지 이유가 있다. 첫째, 다시 생각해보면, 밝은 것을 스스로 밝히니, 질료에서 벗어날 것도 없고 전혀 막히는 것도 없어 당연히 항상 밝히게 된다. 다만 스스로를 밝힌 다음 반드시 그 빛을 다시 비춤으로써 밝히게 되니, 그래서 항상 밝히는 것은 아닌 것이다. 둘째, 아니마가 사람의 육체에 있으면, 항상 형상과 질료가 있는 물체를 접하게 되어 안으로 혼잡한 일이 많아져서 형상과 질료가 없는 자신을 다시 비출 겨를이 없다. 그래서 항상 스스로 밝히지 못한다.

其非恒明者有二, 一者, 須復念, 自明其明, 不須解脱, 了無隔礙. 應得恒明, 但緣自明, 必須廻光反照而得之. 故非恒明也. 二者, 亞尼瑪在人肉體, 恒接於有形有質之物, 中多混雜, 不及時返照於己之無形無質也. 故不獲恒自能明也.

[41] 어째서 이성이 사물을 밝힐 수 있으려면, 항상 사물의 초상을 필요로 한다고 하는가?

철학자들이 말하기를, 이성 중에서 수동이성(受明悟)은 반드시 이성적 원상(靈像, species intelligibilis)을 지님으로써 이성의 종種(인식형상, species)이 된다고 한다. 무엇으로 증명할 수 있는가? 다섯 가지 감각기관이 감각하는 데 만약 감각적 초상(司像)이 없다면, 분명 감각한 것을 자각할 수 없다. 마찬가지로 이성이 사물을 밝히는 데 이성적 원상이 없다면, 역시 밝히려는 것을 밝힐 수 없다.[79]

---

79 능동이성이 초상으로부터 이성적 인식형상(원상)을 추출함으로써, 수동이성은 사물의 본질을 인식하는 동시에 사물과 초상을 구분하기에 이른다.

何謂爲其能明, 恒須物之像? 格物家言明悟者之受明悟, 必有靈像以爲明悟之種. 何以徵之? 五司於其所司, 若無司像, 必不能司其所司. 明悟者於其所明, 若無靈像, 亦不能明其所明, 一也.

또 이성이 사물을 밝히게 되면 그 능력에 속하지 않는 사물이 없어, 이 사물이든 저 사물이든 본래 일정한 소속이 없게 된다. 그래서 한 사물을 밝히고자 하면, 반드시 그 사물의 종種(species)을 밝힘으로써 밝히게 된다. 그러니 그 사물의 이성적 원상 없이 어떻게 다른 사물과 분별할 수 있겠는가? 또 다른 사물을 밝히고자 하면, 반드시 다른 그 사물의 종을 밝힘으로써 밝히게 되니, 그 사물의 다른 이성적 원상 없이 어떻게 이 사물과 분별할 수 있겠는가?

又明悟者之能明物, 無物不屬其能, 於彼於此, 原無定向. 欲明此物, 必有明此物之種以明之, 焉得不須此物之靈像, 以別於彼物, 欲明彼物, 必有明彼物之種以明之. 焉得不須彼物之靈像, 以別於此物?

어떤 사람은 이렇게 말한다. "이성이 이미 밝힐 수 있는 것(能明)에 소속되면 구상력(思司)은 받아들인 초상을 바치지 않는 것이 없다. 이때 이성은 구상력이 바치는 대로 취하여 스스로 이성의 종種이 되기에 충분하다. 그런데 무슨 이유로 또다시 이성적 원상이 필요하겠는가?"

　이는 구상력이 받아들인 초상은 오히려 사물의 형상과 질료에 은밀히 종속되어 있음을 모르기 때문에 하는 말이다. 저러기도 하고 이러기도 하다면, 미묘하고 현통한 보편적인 것을 온전히 이룰 수 없다. 또 구상력이 이성에게 바치는 것은 밖에서 온 것이지, 이성 자체가 소유한 것이 아니다.[80]

80 인간의 이성적 인식은 감각적 사물에서 비롯된다. 외감으로부터 감각적 초상

或言明悟, 旣屬能明, 則思司所收之像, 無所不呈. 明悟者, 隨呈隨取, 自足 爲明悟之種, 何事又須靈像? 不知思司所收之像, 猶微係於物之形質. 若 彼若此, 未能全爲公共微通之物. 且思司所呈, 自外而至, 未爲明悟者本司 所有.

대개 사물의 원인(所以然, causa)이란 반드시 결과(所然, effectus)의 원리原 理가 원인 자체 안에 머물러 있어야 그 결과에 작용(作)할 수 있다. 만약 그 원리가 바깥으로부터 온다면 결코 결과에 작용할 수 없다.〔가령 불이 사물 을 끓인다고 할 때, 끓는 것은 불의 결과이고, 불은 끓는 것의 원인이다. 그러므로 끓일 수 있는 원리는 반드시 불의 본질 안에 있다가 나타나 사물을 끓이는 것이 다. 이것이 그 결과를 작용하게 하는 것이다. 만약 끓일 수 있는 원리가 불의 바깥 에 있다면, 불이 어떻게 사물을 끓이는 작용을 할 수 있겠는가?〕 그러므로 이성 도 반드시 사물의 이성적 원상을 지니고 자기 자신 안에 있다가, 다시 이 성을 작용시킬 수 있다. 결코 바깥의 감각적 초상을 통해 작용하는 것이 아니다.[81]

---

phantasmata이 환상에 들어오게 되고 그것을 바탕으로 이성이 작용하게 된다(토마 스 아퀴나스, 『신학대전』, I, q.84, a.6, c.a. 참조).

[81] 이성의 인식작용에 대한 이상과 같은 삼비아시의 설명으로 볼 때, 그는 영혼의 인 식 작용에 대해서 명백히 플라톤의 이데아론적 인식론을 따르기보다는, 토마스 아퀴 나스의 실재론적 인식론을 따른다. 즉 토마스 아퀴나스는 다음과 같이 설명한다. 사 물의 이성적 원상들은 플라톤이 설명하는 것처럼 '분리된 본질'로부터 이성에 오는 것이 아니다. 플라톤에 따르면 이 분리된 본질들이 사물에 참여하게 되면 개체를 이 루고, 우리의 영혼에 참여하게 되면 우리의 인식을 이룬다. 그러나 이렇게 되면 인식 에는 다섯 가지 외감이 불필요하게 될 터이지만, 인간은 다섯 가지 외감에 기초하여 감각적 초상을 받아들이고, 초상에 기초하여 이성이 작용하게 된다(토마스 아퀴나 스, 『신학대전』, I, q.84, a.4, c.a. 참조). 삼비아시의 인식론은 이러한 토마스 아퀴나 스적 인식론에 기초하기 때문에 다음에서 드러나는 바와 같이 감각으로부터 정신에 이르는 네 가지 초상에 대한 해명이 반드시 필요하다.

凡物之所以然者, 必須所然之原, 在於所以然本己之中, 乃能作其所然. 若
從外至者, 必不能作.〔如火之熱物. 熱爲火之所然, 火爲熱之所以然. 其能熱之
原, 必在火體之內, 而後出之以熱物. 是爲作其所然. 若能熱之原, 在火之外, 則火
何由作熱?〕故明悟者, 必須有物之靈像, 在於本己之中, 而後能作明悟. 非
藉外之司像所能作也.

또 이 이성적 원상을 통해 이성을 작용시키므로, 이미 밝힌 사물은 항상
유지되며 사라지지 않는다. 이 때문에 철학자들은 사물의 초상肖像(物像)
을 네 등급으로 나눈다.

그중 가장 아래 등급의 것은 다섯 가지 감각기관에 종속된 사물의 초상
이다. 이들은 항상 대상對象(所向, obiectum)에 종속되어 있기 때문에 그
사물이 있으면 존재하고 없으면 사라진다.

그 다음 등급의 것은 내적 능력 두 기관에 속해 있는 사물의 초상이다.
이들은 대상(所向)에서 벗어나 스스로 유지될 수 있으나, 모아들여 보관하
는 곳을 살펴보면, 아직 질료가 있는 것을 향해 속해 있다. 이처럼 질료가
있기 때문에 처음에는 보존되다가 뒤에는 점차 무너져버린다.

又因此靈像而作明悟, 故旣明之物, 恒留而不滅. 緣是格物之家, 分物像爲
四等. 其下者, 爲屬五司之物像. 恒係於所向, 在則存, 舍則亡. 其次上者,
屬內二司之物像. 脫於所向, 亦自能留, 顧其收藏之所, 向屬有質. 因其有
質, 初則存收, 後亦漸次墮壞.

그 다음 등급은 이성의 이성적 원상이다. 이성이 사물을 밝힐 때가 되면
대상을 지향하고, 이미 밝힌 다음에는 대상을 벗어나 이성적 원상만이 남
게 된다. 보존되어 머무는 장소가 아니마이기 때문에 형상과 질료에는 종
속되지 않는다. 그래서 대상이 사라지더라도 오히려 그 대상을 껴안은 채

벗어나지 않는다.

其又上者, 爲明悟之靈像. 當作明時, 向於所向, 旣明之後, 已脫於所向, 而
靈像尙在, 爲其存留之所爲亞尼瑪. 不係於形質之所, 是以所向旣去, 猶抱
而不脫也.

가장 최상의 등급은 천사天使가 지니고 있는 만물의 이성적 원상이다. 인
간이 지니고 있는 이성의 이성적 원상은 정밀하고 미묘하다 하더라도 점
차적으로 터득해가야 한다.[82] 그러나 천사가 만물의 이성적 원상을 터득
하는 것은, 천주께서 천사를 만들 때 만물의 이성적 원상을 동시에 갖추어
주었기 때문에[83] 점차적으로 이루어가지는 않는다.[84]

其最上者, 爲天神所有萬物之靈像也. 人類所有明悟之靈像, 雖屬精微, 不
免漸次而得. 天神於萬物之靈像, 自天主造成天神, 卽萬物之靈像, 同時俱
得, 不由漸次也.

---

82 인간의 이성적 인식은 즉각적으로 완전하게 이루어지는 것이 아니다. 감각에서 출
  발하는 이성적 인식은 처음에는 불완전하고 불분명하다가 나중에 완전하고 명백한
  것이 된다. 이는 마치 우리가 멀리서 오는 사람을 알아보는 과정처럼, 처음에는 그냥
  사람인 줄 알다가 가까이 오면 마침내 누구인지를 명백히 알아보는 것과 같다(토마
  스 아퀴나스, 『신학대전』, I, q.85, a.3, c.a. 참조).
83 인간은 하느님으로부터 주입된 이성적 원상을 통해 사물을 인식하는 것이 아니다.
  이는 오로지 천사들에게만 해당된다. 즉 천사 또는 '복된 영혼들(천상의 영혼)'은
  영원한 근거들 속에서 인식하기 때문에 즉각적으로 인식한다(토마스 아퀴나스, 『신
  학대전』, I, q.84, aa.4~5 참조).
84 삼비아시는 이성의 관점이 아니라, 대상의 관점에서 인식형상을 감각적 사물의 초
  상, 내적 사물의 초상, 이성적 원상(인식형상) 그리고 천사의 이성적 원상이라는 네
  가지 등급으로 분류하고 있다. 이는 물론 토마스 아퀴나스의 영혼론에 등장하는 것
  으로써 단지 관점을 바꾸어 정리한 것이다.

[42] 어째서 이성은 본래 질료가 없으며, 그 장소도 질료가 있는 육체에 있지 않기 때문에 대상(所向)으로 인해 무너지는 일이 없고, 또한 죽어 없어지지도 않는다고 하는가?[85]

앞서 설명한 바와 같이 이성은 이미 만물이 될 수 있으므로, 스스로 한 사물의 질료만 갖는 것은 옳지 않다. 만약 스스로 한 사물이 된다면 만물이 될 수 없다.[86]〔가령 제일질료(大質, materia prima)는 본래 한 가지 사물의 모상模像만을 지니지 않기 때문에 만물의 모상이 될 수 있다. 만약 스스로 본래의 모상을 지니고 있다면, 만물의 모상이 될 수 없다. 마치 혀가 본래 맛을 지니지 않아야 만 가지 맛을 분별할 수 있는 것과 같다. 만약 혀가 먼저 하나의 맛을 지니고 있다면, 다른 맛을 구별할 수 없게 된다.〕

何謂本自無質, 其所不在有質之體, 而不受壞於所向, 亦不能死? 依前論, 明悟者既能爲萬物, 即不宜自具一物之質. 若自具一物, 即不能爲萬物.〔如大質本無一物之模, 故能爲萬物之模. 若自有本模, 即不能爲萬模. 如舌本無味, 然後能別萬味. 若舌先自有一味, 即不辨他味.〕

외적 능력의 다섯 가지 감각기관과 같은 기관들은 분명 질료가 있는 것에

---

85 所向은 엄격히 말해서 '특정의 곳을 지향하고 있음' 또는 '관계relatio'라는 의미를 강하게 지니고 있다. 그러나 인식론적으로 대상obiectum 또는 '형상적 대상obiec-tum formale'에 가장 근접하는 개념으로 이해하여 불완전하나마 '대상'으로 번역했다.

86 삼비아시는 토마스 아퀴나스와 마찬가지로 이성은 비물질적이므로 비물질적 방식과 질서에 따라 물질적 사물을 인식한다는 것을 설명하고 있다. 토마스 아퀴나스에 따르면 이성은 비물질적이지만 이성이 인식하는 사물 그 자체는 물질적이기 때문에 물질적으로 지각하는 외감들을 필요로 한다. 인간의 이성은 감각적 초상으로부터 추상을 통하여 비물질적으로 인식하는데, 여기서 이성은 물질적이고 가변적인 것들을 배제하고 불변하고 형상적인 개념들만 포착해냄으로써 가변적 사물에 대한 보편적 인식을 이끌어낸다(토마스 아퀴나스, 『신학대전』, I, q.85, a.1, c.a. 참조).

존재하며, 내적 능력의 기관들도 질료가 있는 것에 존재하지 않을 수 없지만, 오로지 이성만은 아니마에 머물러 있어, 질료가 있는 것에 존재하지 않는다. 이성의 존재는 전혀 육체에 종속되어 있지 않기 때문에 이미 질료가 있는 것에 존재하지 않으며, 오로지 아니마에 머물며 아니마와 더불어 항상 함께 존재한다.

他司如外五司, 固在有質之所, 即內司, 亦不能無有質之所, 惟明悟獨在亞尼瑪, 不在有質之所. 其在全不係於肉體, 旣不在有質之所, 而獨在亞尼瑪, 即與亞尼瑪同是恒在.

육체가 사라지면 질료가 있는 것도 역시 사라져버리지만, 이성은 사라지지 않으므로 죽지도 않는다.

또 대상(所向)으로 인해 무너지는 일도 없다고 했다. 즉 다른 감각기관들은 육체에 종속되어 있기 때문에 만약 대상이 아주 큰 경우에는 지향하는 것이 그 대상에만 있어 다른 곳에는 미처 이를 수 없게 된다. 그래서 대상이 너무 크면 지향하는 힘은 혹 쇠퇴해져 사라지고 만다.〔가령 눈이 태양을 보는 것이 대상(所向)이다. 그런데 햇빛이 너무 밝으면 눈은 단지 태양만을 향해 볼 수 있지 다른 사물은 볼 수 없게 된다. 그래서 눈이 햇빛을 받으면 그 힘을 감당하지 못해 곧 시력은 쇠퇴해져 사라지게 된다.〕

雖肉體滅, 有質之所亦滅, 而此爲不滅, 故不能死. 其不受壞於所向者, 他司係於肉體, 其所向, 若最大者, 即所向在此, 不能及彼. 所向旣大, 即能向之力, 或受衰滅.〔如目視日, 是所向也. 日光旣大, 即目力, 但能向日, 不能向於他物. 目受日光, 力旣不敵, 即目力受其衰滅.〕

그러나 오직 이성만은 밝지 않은 일이 없고, 대상도 한곳에 머물러 있지만 또한 다른 곳에도 이를 수 있으며, 대부분 적응하지 못하는 것이 없다. 뿐만 아니라 대상이 아주 크고 어렵더라도 이성은 더욱 힘이 솟고 그 밝음은 더욱 더해진다. 대상이 크다고 해서 지향하는 힘이 사라지지는 않는다.[87]

惟明悟者, 無所不明, 所向在此, 亦能及彼, 無多不應. 任所向者最大最難, 愈增其力, 愈加其明. 不因所向之大, 壞其能向之力也.

[43] 어째서 이성은 또한 감각기관과 서로 비슷하다고 하는가?

대개 감각기관들은 모두 수동성(受)도 있고 능동성(作)도 있다. 대상에 수동적이지 않으면 능동적일 수 없고, 또한 작용에 능동적이지 않으면 수동적일 수도 없다. 이성도 역시 이성적 원상에 능동적이고, 그것에 수동적임으로써 밝힌다. 그래서 서로 비슷하다고 한다.

何謂亦與司相似? 凡司皆有受乃有作. 不受所向, 則無從可作, 不作是功, 則受功不竟. 明悟者, 亦作靈像, 受之而明. 故爲相似也.

[44] 어째서 그 작용에는 세 가지가 있다고 하는가?[88]

---

87 삼비아시는 여기서 이성이 인식하는 대상의 무한성을 설명하고 있다. 이 내용은 토마스 아퀴나스가 『신학대전』, I, q.86, a.2에서 논증하는 내용에 비례한다. 즉 토마스 아퀴나스는 여기서 이성의 인식 대상이 무한하다는 것을 다음과 같이 증명한다. 이성이 사물을 인식하면 할수록 그만큼 인식할 것들이 생겨난다. 그러나 대상으로서의 사물이 가지고 있는 무한성이 이성의 인식 활동 속에 현실적으로 존재할 수는 없다. 왜냐하면 인간의 이성은 개개의 사물을 인식 당시에 즉각적으로 인식하기 때문이다. 따라서 인식 대상의 무한성은 이성의 인식 가능성이 갖고 있는 무한성에 비례한다.

88 여기서 작용으로 다루는 내용은 '이해한다intelligere', '생각한다cogitare', '구분한다distinguere'는 정신적 사태를 말한다. 그리고 이러한 작용은 인식론적으로 추상, 분리, 추론이라는 특수한 방식으로 분류된다. 중요한 사실은 토마스 아퀴나스의 추상론이 본격적으로 연구되어 밝혀진 것은 20세기인데, 이미 삼비아시는 토마스

하나는 추상抽象(直通, abstractio)이고, 또 하나는 분리(合通, separatio)이고, 다른 하나는 추론(推通)이다.

추상이란 모든 사물들로부터 하나하나 취한 것으로서 순수하여 섞임이 없다.[89][가령 갑甲을 두고 갑인 줄 알고, 질병을 보고 질병인 줄 알며, 냉수를 보고 냉수인 줄 알고, 을乙을 두고 을인 줄 아는 것과 같다. 하나하나 있는 그대로 지각되어 서로 섞이지 않는다.][90]

何謂其功有三? 其一直通, 其一合通, 其一推通. 直通者, 百凡諸物, 一一取之, 純而不雜.〔如甲知是甲, 病知是病, 冷水知是冷水, 乙知是乙. 一一直知, 未相和合也.〕

분리란 두 가지 사물이 합해져 받아들여지는 것인데, 이로써 어떤 결과를 분별하게 된다.[91][가령 갑과 냉수는 두 가지 사물이다. 그런데 갑이 냉수를 마셨

아퀴나스의 추상과 분리를 20세기의 연구 성과에 못지않을 정도로 정확하게 간파하고 있다. 이러한 사실은 앞으로 좀더 정확하게 연구되어야 할 중요한 과제이다.
89 인간의 이성은 어떤 것이 무엇이라는 것을 인식하는 이성의 작용을 통해 그 어떤 것이 다른 것과는 달리 특별히 무엇임을 구분해낸다. 즉 이성은 여타의 생각을 접어두고 오직 어떤 사물이 '무엇'이라는 단순한 개념 내용을 파악해낸다. 이러한 단순한 구분작용을 추상이라고 하며, 이성의 집중력이나 주의력을 통하여 이루어진다. 추상의 과정은 인간의 생각이 어떤 것을 지향하고 있음을 의미하며, 다른 한편으로는 이 생각과 동시에 이외의 나머지 모든 생각을 제외하고 있음을 의미한다. 즉 여러 가지 다양한 사태로 합성되어 있는 것으로부터 다른 것을 염두에 두지 않고 오직 단 하나의 개념 내용을 인식하는 것을 추상abstractio이라고 한다. 예를 들어 산이 흙, 나무, 바위 등의 수많은 것으로 합성되어 있을지라도 우리는 무엇이 산이고, 산이 무엇이라는 단순한 내용을 추출할 수 있다. 그리고 추상은 너무나 단순한 내용에 집중하는 것이기 때문에 어떤 오류도 불가능하다. 추상은 원래 토마스 아퀴나스의 전문 용어이고, 현대어로 말하자면 단순한 '파악', '집중', '간파'를 의미한다.
90 이성의 추상 작용은 감각적 표상을 통해 사물에 대한 보편적이고 순수한 개념을 형성하는 동시에 감각적 표상들에 대한 반성을 통해 구체적 사물 그 자체를 추상할 수도 있다(토마스 아퀴나스, 『신학대전』, I, q.86, a.1, c.a. 참조).
91 인간은 추상 이외에도 이성적으로 무엇을 종합하고 분할하는 이성의 작용을 통해

다고 말하면, 이는 그러한 결과로 합치된 것이다. 을 역시 하나의 사물인데, 을이 냉수를 마시지 않았다고 말하면 이는 그렇지 않은 결과로 합치된 것이다.〕

合通者, 和合二物, 幷而收之, 分別然否.〔如甲與冷水二物, 今言甲飮冷水, 是合其然也. 乙亦一物, 今言乙不飮冷水, 是合其不然也.〕

추론이란 한 사물을 다른 한 사물과 합침으로써 또 다른 사물을 미루어 아는 것이다.[92]〔가령 냉수가 질병을 일으킬 수 있는데, 갑이 냉수를 마셨다면 그가 질병에 걸릴 것을 추론하여 안다. 냉수가 질병을 일으킬 수 있는데, 을이 냉수를 마시지 않았다면 그는 질병에 걸리지 않을 것이라는 것을 추론하여 안다.〕

여타의 사실로부터 단 하나의 사실을 구분해낸다. 이는 특히 알아낸 이 하나의 사실이 다른 것에는 존재하지 않는다는 인식을 통하여 이루어진다. 우리는 한 송이 장미가 처한 수많은 사실을 제쳐두고 '장미는 빨갛다'는 것을 판단해낸다. 즉 '장미'와 '빨강'은 그 장미에서는 단 하나의 동일한 사태이지만, 우리는 마치 '장미'는 무엇이고 '빨강'은 무엇이라는 다른 사태인 것처럼 분할하여 파악한 다음에 다시 결합시켜 '장미는 빨갛다'는 판단을 내린다. '장미는 빨갛다' 같은 이러한 사태의 구분은 사유하는 자의 판단에 따라 이루어진다. 논리학적으로는 이러한 판단은 명제의 형태를 띠며, 긍정명제나 부정명제로 표현된다. 이렇게 하나의 명제를 끌어내는 분리는 단순한 개념 내용을 파악하는 추상과 근본적으로 다른 정신적 구분 방식(사유 방식)이다. 그러나 분리는 항상 분할하고 종합하는 사이에 시간 차를 두기 때문에, 항상 오류를 범할 가능성 속에 있다. 토마스 아퀴나스는 '분리'를 처음에는 '제2추상'이라고 불렀으나 후기 작품에 오면서 '분리'라는 용어를 쓴다. 이러한 사실은 20세기에 이르러 밝혀졌는데, 삼비아시가 '분리separatio'라는 의미를 내포하는 '合通'(분리되어야만 통합될 수 있다)이라는 용어를 선택한 것은 놀라운 일이다(신창석, 「토마스 아퀴나스에 있어서 학문론의 철학적 근거: 추상과 분리」, 『중세철학』 창간호, 분도출판사, 1995, 159~204쪽 참조).

92 논리학적으로 새로운 결론에 도달하는 사유 과정을 말한다. 추론의 기본적인 양식은 삼단논법으로서 아리스토텔레스가 『분석론』에서 처음으로 정립한 것이다. 결과를 이끌어내는 추론적 사고는 인식을 체계적으로 다듬어 보존하는 능력으로서 학문을 가능케 하지만, 분리와 마찬가지로 언제나 오류를 범할 수 있는 가능성이 있다.

推通者, 以此物合於彼物, 又推及於他物.〔如冷水能作病. 甲飲冷水, 推知其病也, 冷水能作病. 乙不飲冷水, 推知不病也.〕

추상은 진실되어 오류가 없다. 하나의 사물은 그대로 하나의 사물이 되기 때문이다.〔갑은 곧 갑이요, 질병은 곧 질병이니 무슨 오류가 있을 수 있겠는가?〕[93]

그러나 분리와 추론은 참일 수도 있고 오류일 수도 있다. 이것이 저것과 합쳐졌을 때, 적중하는 것도 있고 그렇지 못한 것도 있다. 또한 이것이 저것과 합쳐짐으로써 다른 것을 추론하면, 갈래가 매우 많아지게 되고 갈래가 많아지면 많아질수록 적중하지 못하기 때문이다.〔가령 갑이 냉수를 마신다고 할 때, 마시면 적중한 것이고 혹시 마시지 않는다면 적중하지 못한 것이다. 또 을이 물을 마시지 않는다고 할 때, 마시지 않으면 적중한 것이고 혹시 그가 마시면 적중하지 못한 것이다. 또 만약 물을 마시면 질병에 걸리는데, 갑이 물을 마시면 그가 질병에 걸릴 것을 추론하여 안다고 하자. 갑이 결국 물을 마셔서 과연 질병에 걸렸다면 적중한 것이고, 혹시 마시지 않았다거나 마셨는데도 병에 걸리지 않았다면 이는 모두 적중하지 못한 것이다. 물을 마시면 질병에 걸리는데,

---

93 추상이란 다양하거나 합성되어 있는 것으로부터 다른 모든 사실들을 염두에 두지 않고 오직 단 하나의 개념을 파악하는 것을 말한다. 즉 추상이란 "이것은 무엇인가?"에 해당하는 단순한 개념 파악이기 때문에 여기에는 오류가 발생할 수 없다. 오류는 분리나 추론과 같이 이성이 추상한 내용들을 가지고 합성하거나 종합할 때부터 발생한다. 예를 들어 우리는 '소나무가 무엇이라든가, 무엇이 소나무인지'를 추상하는 데서는 오류를 범할 수 없지만 '소나무는 푸르다'는 분리나 '모든 소나무는 푸르다'는 추상에서는 언제든지 오류를 범할 수 있다. 추상과 분리에 대한 아리스토텔레스, 보이티우스 그리고 토마스 아퀴나스의 문헌에 대해서는 신창석, 앞의 글, 1995, 159~204쪽을 참조하라.

이성의 작용은 물론 사물과의 접촉을 통해 전개되기 때문에, 오류일 가능성을 가지고 있다. 그러나 이성 그 자체로는 자신의 고유한 대상에 대해 속을 수 없다. 이는 마치 눈(目)이 자신의 고유한 감각 대상인 빛에 대해 속을 수 없는 것과 같다(토마스 아퀴나스, 『신학대전』, I, q.85, a.6).

을이 물을 마시지 않으면 질병에 걸리지 않을 것임을 추론하여 안다고 하자. 그가 과연 마시지 않아서 질병에 걸리지 않았다면 적중한 것이고, 혹시 그가 마셨다거 나 마시지 않았는데도 질병에 걸렸다면 이는 모두 적중하지 못한 것이다.〕

直通者, 皆眞無謬, 一物自爲一物故也.〔甲卽是甲, 病卽是病, 何謬之有?〕合 通者, 推通者, 有眞有謬. 以此合彼, 有中有否. 以此合彼, 又以推他, 岐路 愈多, 愈多不中故也.〔如甲飮冷水, 飮卽是中, 或其不飮, 則是不中. 乙不飮水, 不飮則中, 或其飮之, 則是不中也. 又如水飮作病, 甲飮水, 推知其病. 果飮果病, 則 中, 或其不飮, 或飮而不病, 皆是不中. 飮水作病, 乙不飮水, 推知不病, 果其不飮不 病, 卽中. 或其飮之, 或不飮而病, 皆是不中也.〕

대개 추론은 오로지 사람만이 그렇게 할 수 있지, 짐승들은 추론하여 지각 하지 못한다.[94] 그러나 천사는 지극한 이성이므로, 하늘 위와 아래의 사물 들을 모두 지각할 수 있다. 시간을 필요로 하지도 않고 앞뒤의 차례도 없 으니 모두 추상에 속한다. 반면 사람은 이것을 통해 저것을 추론하여 점차 깨달아간다. 사람이 추론하여 지각하는 것은 가령 시간과 날짜가 쌓여야 하고, 앞뒤의 순서가 있지만, 천사가 순수하게 지각하는 것은 마치 무궁한 시간처럼 시작도 없고 끝도 없다. 그래서 천사는 이성(靈)이라고 하지만, 사람은 추론하는 이성(推靈)이라고 한다.

凡推通者, 獨人類爲然, 禽獸不能推通. 天神至靈, 天上天下, 物物皆能通 極至盡. 不待時刻, 無有先後, 皆屬直通. 人則以此推彼, 漸次迨及. 人之

---

94 여기서 추론이란 철학에서 추리와 같은 것을 말한다. 즉 추론이란 직접적 추론이나 간접적 추론을 통하여 모순율과 충족이유율의 원리에 따라 하나의 결론을 이끌어내 는 사고 과정을 말한다. 논리학에서 추론의 기본적 양식은 삼단논법이라 부른다. 나 아가 인간의 이성이 수행하는 추론은 잡다한 인식을 체계적으로 다듬는 동시에 보편 타당성을 보장하여 학문을 가능케 하는 것이다.

推知, 如積時累日, 先後序至. 天神之直知, 如無窮之時, 無始無終. 故天神稱爲靈者, 人稱爲推靈者.

[45] 이성은 사람에게 있음으로써 밝혀주기도 하고 존귀하기도 하다. 그런데 어째서 이성은 존귀하다고 하는가?

자신이 터득하여 익숙해져 있는 것들을 살펴보면 두 가지가 있다. 하나는 자립적으로 터득한 것인데, 그중 욕구(愛欲, appetitus)가 터득한 것은 의지(義, voluntas)에 속하고, 이성이 터득한 것은 지식(知)에 속한다. 그런데 지식은 의지보다 올바르기 때문에 이성이 존귀한 것이다.

또 하나는 천주께서 나에게 주시고 내가 그것을 얻어 익숙해져 있는 것인데, 유독 이성에게만은 이성의 빛을 비추어 아니마의 내적 눈을 감싸줌으로써 천주를 알아볼 수 있게 하셨으니, 이성은 역시 존귀한 것이다.

明悟者在人, 明哉尊哉. 曷言乎其尊也? 論在我所得之服習有兩端, 其一自立所得者, 則愛欲所得屬諸義, 明悟所得屬於知也. 知方於義, 則明悟者爲尊. 其一天主所賜予, 我得而服習者, 獨於明悟者, 錫之靈光, 以慰亞尼瑪之內目, 而得見天主, 則明悟者又尊.

또 안이나 밖으로의 행위를 살펴보면,〔대개 아니마의 행위에는 두 가지가 있다. 하나는 밖으로 나가는 것인데, 외적 능력의 다섯 가지 감각기관이 사물과 접촉하는 것이 그것이다. 또 하나는 안에 머무는 것인데, 내적 능력의 세 기관이 그것이다.〕 욕구의 행위는 비록 안에 있지만, 밖으로 나가 욕구하는 것과 접촉하지 않을 수 없다. 그래서 사람에게 욕구하는 것이 있으면, 그 마음은 늘 욕구하는 사물에 있지, 마음이 머무는 육신에 있지 않다고 하는 것이다.

이성의 행위는 항상 안에 머물면서 매번 자신이 인식한 사물을 거둬들이면, 공통감관과 구상력 두 곳에서 그 작용을 완전하게 이루니, 한편으로는 밖에 의존하기도 하지만, 다른 한편으로는 온전히 안에 의존하고 있다. 이와 같으므로 이성은 역시 존귀한 것이다.

論內外之行,〔凡亞尼瑪之行, 有二端. 其一出外者, 外五司之接物, 是也. 其一在內者, 內三司是也.〕則愛欲之行, 雖在於內, 未免出而交於所愛. 故曰人有所愛, 其心每在所愛之物, 不在所居之身是也. 明悟之行, 恒在於內, 每攝入其所悟之物, 兩所由全完其功用者, 一則有藉於外, 一則全藉於內. 如是則又尊.

또한 욕구는 스스로 행동할 수 없고, 반드시 이성이 먼저 비추어주고 인식한 다음이라야 그 욕구를 행할 수 있다. 기억(記含) 역시 그렇다. 그러므로 욕구는 장님이고, 이성이 그의 눈이 되어 비추어주고 인도해준다. 마치 몰아가기도 하고 주관主管하는 것과도 같으니, 이성은 수많은 행동의 원인(所以然)인 것이다.[95]

又愛欲不能自行, 必先明悟者照之識之, 然後得行其愛也. 記含亦然. 故愛欲瞽也, 而明悟爲其目, 照之引之. 若駕馭之, 主持之, 爲其萬行之所以然.

---

95 이상에서 삼비아시는 욕구능력과 대비시켜 이성의 존귀함을 더욱 명백하게 드러내고 있다. 이미 아리스토텔레스(『영혼론』, II, cap.3, 414 31 이하)와 Johannes Damascenus(*De Fide Orth*, cap. 22, P.G. 94, 941)는 이성의 인식 능력을 욕구능력과 구분해왔으며, 토마스 아퀴나스에 이르러 더욱 명확하게 이루어진다. 토마스 아퀴나스에 따르면 인식 작용은 욕구 작용을 야기시킨다. 왜냐하면 이성의 인식은 자체가 목적인 것이 아니라, 결국 어떤 善을 지향하기 때문이다. 그러므로 이성의 인식이 인식으로 작용하는 한, 인식한 善을 욕구하려는 지향성을 일깨우기 마련이다. 여기서 욕구능력은 이러한 선을 대상으로 삼으며, 이성이 선으로 인식한 것들에 한해서 욕구할 수 있다. 이성이 선으로 인식한 것은 욕구능력에 상응하는 것이다(토마스 아퀴나스, 『신학대전』, I, q.80, a.1 참조).

그래서 천사는 천주께서 시킴으로써 큰 천하(大天下)의 근본동인(原動)이 되었다면,〔열 겹으로 된 하늘에는 각기 천사가 있어 운동을 주관하는데, 불과 공기와 물과 흙(四行)을 이용해서 만물을 만들어낸다. 이는 천사가 하늘을 움직이고, 하늘은 사물을 움직이는 것이다. 그래서 천사를 근본동인이라고 말한다.〕이성은 작은 천하(小天下)의 근본동인이 된다.〔사람의 수많은 행동은 작은 천하와 같다.〕이와 같으므로 이성은 역시 존귀한 것이다.

故天神爲天主所使, 大天下之原動者,〔十重天, 各有天神主持運動, 因之運用四行化生萬物. 是神動天, 天動物, 故稱爲原動者.〕明悟爲小天下之原動者.〔人身萬行萬動, 若小天下.〕如是者則又尊.

그러므로 이성의 능력은 마치 천사의 능력과 같다. 이성은 사람을 짐승과 구별되게 할 뿐만 아니라, 지극히 미묘하고 지극히 그윽하며 지극히 깊은 것을 통달하게 하며, 지극히 높고 지극히 밝은 천상 위에 이를 수 있게 한다. 이성은 아니마를 위해 경계하여 살피고 지키는 신오神獒[96]와 같고, 여러 원수들을 지키는 파수꾼이며, 수많은 진실과 거짓을 분별하는 시금석이고, 독극물을 치료하는 영약靈藥이다. 또 아니마 가운데서 마루에 걸터앉아 엄숙하게 공로와 죄를 심판하는 관리와 같고, 암흑과 사욕私欲을 비추어 살피는 촛불이며, 마음의 궁전(心宮)을 빛내고 꾸며주는 야광주夜光珠이다. 이성은 아니마에게 바다를 건너는 배의 돛대에 가장 높이 매달려 먼 바닷길을 비추어 물의 깊이와 험난함을 살피는 밝은 등불과 같다. 또 아니마가 가부可否를 결정하고 혐의嫌疑를 밝히며 유예猶豫된 것을 판정하도록 하는 지남철指南鐵과도 같다. 또 이성은 아니마 안에서 먼 곳과 가까운 곳, 큰 것과 세밀한 것을 두루 비추어 훤히 보지 못하는 것이 없는 망원

96 神殿을 지키는 사나운 개.

경과도 같다.

故明悟之能, 似於天神. 明悟能使人別於禽獸, 明悟可通達於至微至玄至
深之所, 可達於至高至明天上之上. 爲亞尼瑪警省守視之神獒, 爲諸譬之
間諜, 爲分別萬眞萬僞者試金之石, 爲分別諸毒物之靈藥. 爲亞尼瑪中居
堂皇審判功罪之官司, 爲照察黑暗私欲之燎燭, 爲炳耀潤飾心宮之夜光珠.
爲亞尼瑪渡海舶檣最高遠照以察視深淺險易之明燈. 爲亞尼瑪辨可否決
嫌疑定猶豫之指南鍼. 爲亞尼瑪中遍照遠近巨細明無不見之視遠鏡.

그러므로 아니마는 이성에 의존해야 맑은 덕성(明德)을 밝힐 수 있다. 이성
은 아니마의 나라에서 마치 큰 하늘(大天下)에 태양이 있는 것과 같다. 우리
는 이러한 빛이 있기 때문에 이치를 탐구(窮理)하고 사물을 관찰(格物)할
수 있으며, 이리하여 지식에 이름(致知)으로써 만물의 근본을 깨닫게 된
다.[97] 만약 사람이 만사萬事를 훤히 깨달으면서도 근본을 알지 못한다면,
마치 큰 빛 가운데 있지만 장님처럼 눈앞이 캄캄해져 어두운 감옥으로 착
각하는 것과 같으니, 안타깝지 않겠는가?

故亞尼瑪藉明悟以克明明德. 其在亞尼瑪之國, 如大天下之有日也. 吾人
旣有此光, 可得窮理格物, 致極其知, 以至於萬物之根本. 若有人明悟萬
事, 而不識根本, 如在大光中, 而目眩如盲, 與黑獄無別, 豈不惜哉?

---

97 인간적 행위가 처한 선과 악의 기준을 이성에 두는 것은 역시 토마스 아퀴나스의
논리와 같다.

(3) 욕구를 논함[98]

[46] 욕구(愛欲, appetitus)는 세 가지로 나뉘지만, 합쳐서 하나가 된다. 욕구는 아니마의 능력이요, 여러 사물들을 좋아하고 싫어하는 일을 맡는다. 욕구는 자유롭게 선택(自專, liberum arbitrium)하며, 반드시 스스로 밝히는 것은 아니다. 욕구는 억지로 받아들일 수 없고, 그 대상(所向)은 이미 지각하고 있던 선성(美好)이다. 욕구는 오직 최고선(至美好)에 대해서만 자유롭게 선택하지 않고, 온전한 자유로운 선택(至自專)을 하며, 우뚝하게 귀하고 높아 내부와 외부를 모두 다스린다.

愛欲者, 分之有三, 總之歸一. 爲亞尼瑪之能, 任令愛惡諸物. 得自專, 不必自明. 不能受强, 其所向爲先所知之美好. 惟於至美好不獲自專, 而爲至自專, 巍巍尊高, 王於內外.

[47] 어째서 욕구는 세 가지로 나뉘지만, 합쳐서 하나가 된다고 하는가?
그 세 가지는 첫째, 본성적 욕구(性欲, appetitus naturalis)요,[99] 둘째, 감각적 욕구(司欲, appetitus sensitivus)요, 셋째, 이성적 욕구(靈欲, appetitus

---

98 영혼의 작용은 영혼의 본질이나 실체가 아니라 능력이다. 여기서 인식 능력이나 욕구 능력과 같은 다양한 영혼의 능력은 대상에 따라 구분되며, 또한 능력에 비례하여 작용(행위)을 발휘한다. 인식 능력인 이성은 참(진리)을 대상으로 하는 반면, 욕구는 善을 대상으로 한다. 욕구 중에서도 정신적 또는 이성적 욕구는 의지이다. 이성을 통한 인간의 인식은 그 결과로 욕구를 낳기 마련이다. 인식 행위는 단순히 아는 그 자체만이 목적이 아니라 선을 추구해야만 하기 때문에 이루어진다. 즉 인식이 이루어지면 그 인식된 선에 대한 어떤 욕구가 일어나기 마련이기 때문에, 영혼은 이성의 인식에 상응하는 성향으로서 욕구 능력을 가져야 한다.

99 욕구는 모든 유한한 존재자가 가지고 있는 어떤 목적(목표)을 지향하는 활동적 성향을 말한다. 여기서 본성적 욕구란 모든 사물이 의식적이든 무의식적이든 자기 존재나 가능성의 자체 실현을 향하여 움직이는 근본적 긴장을 말한다.

intellectivus)이다.[100]

본성적 욕구는 만물에 보편적인 것이어서 생혼(生)·각혼(覺)·영혼(靈)이 모두 지니고 있다. 이 욕구는 각자의 본성(情)이 당연히 기우는 곳으로 오로지 향하고자 하는 것이지, 인지하는 것은 아니다.〔가령 돌은 아래로 떨어지고자 하여 땅 중심을 향하고, 불은 위로 솟고자 하여 본래 자리(本所)를 향하며, 수목樹木은 바람과 태양과 비와 이슬이 닿는 곳을 향하는 것과 같다. 또 바다의 물고기가 오로지 바다를 향하는 것과 같고, 인간이 오로지 죽지 않는 참된 행복에로 향하는 것과 같다.〕이같이 당연한 곳을 저버리면, 비록 백방百方으로 힘쓰더라도 평안하지 않고, 반드시 이내 그만두고 만다. 그래서 아우구스티누스는 "주님께서는 사람의 마음이 당신을 지향하도록 만드셨기 때문에, 만복萬福도 사람의 마음을 채울 수 없으며, 주님을 얻지 못하면 반드시 평안을 얻지 못한다"고 하였다.[101]

---

100 세 가지 욕구는 생물의 세 가지 아니마(혼)에 비례하는 능력이다. 그래서 식물의 生魂은 본성적 욕구를, 동물의 覺魂은 본성적 욕구와 함께 감각적 욕구를 그리고 인간의 영혼은 본성적 욕구, 감각적 욕구와 함께 이성적 욕구를 고유한 것으로 가지고 있다. 스콜라철학에서는 인식을 통하여 작용하는 이성적 욕구를 '선택적 욕구 appetitus elicitus'라 한다.

101 이성적 욕구인 의지는 선택에서 자유로우나, 궁극 목적인 행복에 대해서는 유일하기 때문에 선택의 가능성을 가지지 못한다. 따라서 어떻게 행복에 이를 수 있는가는 선택의 대상이지만 결국 행복을 추구할 수밖에 없다는 것은 아래로 떨어지는 돌의 본성과 같이 본성적 욕구에 속한다. 그러나 본성적 욕구는 외부의 작용으로 인한 강제적인 것이 아니라 그야말로 영혼에 심겨져 있는 본성적인 것이다. 이러한 견해는 아우구스티누스와 토마스 아퀴나스의 견해와도 일치한다. 본문에 인용된 아우구스티누스의 글 중에서 가장 비슷한 원문을 옮기면 다음과 같다. "모든 사람이 행복하기를 원한다는 견해는 어떻게 진실일 수 있는가? 그 견해는 많이 시험하고 철저히 검토해서 확실한 것으로 인정되지 않았는가? 혹은 만일 모든 사람이 행복을 원한다면(이것은 진리가 선언하며 본성이 강요하는 것이며 참으로 최고로 선하기며, 변함없이 거룩하신 조물주께서 그 본성에 심어 두신 소원인데) 만일 행복한 사람들이 행복하기를 원한다면, 그들은 확실히 행복하지 않기를 원하지 않는다. …… 따라서 참으로 행복하거나 행복하기를 원하는 사람은 영생하기를 원한다

何謂分之有三, 總之歸一? 三者, 其一性欲, 其二司欲, 其三靈欲. 性欲者,
萬物所公共, 生覺靈之類, 皆有之. 是各情所偏宜, 專欲就之, 不待知之.
〔如石欲下, 就於地心, 火欲上, 就於本所, 樹木欲就於風日雨露之所及. 又如海魚
專就於海, 又如人專欲就於常生眞福.〕舍此所宜, 雖百方强之不安, 必得乃已.
亞吾斯丁曰: "主造人心以向爾, 故萬福不足滿, 未得爾, 必不得安也."

감각적 욕구는 식물에게는 없고, 동물과 인간에게만 있다. 이 욕구도 각자
의 본능대로 기우는 것인데, 육신이 즐기는 선(美好)으로 기운다. 이는 사
람에게는 하급의 욕구(下欲)이다. 이 하급의 욕구는 사람으로 하여금 스스
로를 굽혀 짐승의 본능에 가깝도록 만들며, 보편적인 마음을 상실하고 오
로지 자기의 사욕만을 생각케 한다.

司欲者, 生物所無, 覺類人類則有之. 是各情所偏, 偏於形樂之美好. 其在
人爲下欲. 下欲者, 令人屈下近於禽獸之情, 令人失於大公, 專暱己私也.

이성적 욕구는 식물과 동물에는 없고, 오로지 이성적 재능(靈才)을 가진
천사와 인간에게만 있다. 이 욕구도 본성(情)[102]이 지향하는 것인데, 의로
운 선성(義美好)을 지향한다. 그래서 이 욕구가 사람에게서 아니마의 실체

(아우구스티누스, 『삼위일체론』, 김종흡 옮김, 제13권, 크리스챤다이제스트, 1993,
352쪽). "그러나 그 양상은 다르오니 누구는 복된 삶을 지님으로써 행복하고, 누
구는 다만 희망함으로 복될 뿐이옵니다. 이네들은 이미 사실로 행복한 이들보다 복
된 삶을 덜 가지지만 현실로도 희망으로도 행복하지 못한 그들보다는 훨씬 나은 편
입니다. 이네들마저 사실은 행복을 욕구하고 있는 것만은 틀림없는 사실인 만큼 어
느 모로든 이를 지녔기에 복되고 싶어하는 것이 아니오리까." (아우구스티누스, 『고
백록』, 최민순 옮김, 제10권, 12장, 성바오로출판사, 1998, 276쪽) 이 밖에도 『고백
록』, 제5권, 4장, 118쪽을 참조하라.
102 情이라는 말이 짐승과 같이 감각적 동물에게 사용되었을 때는 본능으로 번역하고,
인간과 같이 이성적인 존재에게 사용되었을 때는 본성으로 번역하였다.

(體)에 머물고 있기 때문에 상급의 욕구(上欲)가 된다. 이것이 욕구(愛欲)이다.〔이성적 욕구는 여러 욕구 중에서 가장 존귀하기 때문에, 이것만을 욕구라고 말할 수 있다.〕

靈欲者, 生覺物所無, 惟靈才之天神與人則有之. 是其情之所向, 向於義美好. 故在人也, 居於亞尼瑪之體, 爲上欲, 爲愛欲.〔靈欲爲諸愛欲中之至尊至貴, 故可獨名愛欲.〕

감각적 욕구와 이성적 욕구의 차이점에는 여러 가지가 있다. 첫째, 이성적 욕구는 이치(理)와 의지(義)가 이끄는 것을 따르지만, 감각적 욕구는 구상력(思司)이 이끄는 것을 따른다.[103] 구상력을 따르는 것은 의지 여부는 따지지 않고, 오로지 즐거운 것만을 따른다. 둘째, 이성적 욕구가 실현하는 것은 모두 스스로 제어하는 것이지만, 감각적 욕구가 실현하는 것은 스스로 제어하지 못하고, 오직 외물外物이 시키는 대로 본능(性)을 따를 뿐, 의지를 따르지 못한다. 이 욕구가 짐승에게 있을 경우, 결코 스스로 제어하지 못하기 때문에, 한번 욕심나는 것을 보면 쫓아가지 않을 수 없게 된다. 그래서 성 토마스 아퀴나스는 "짐승들이 행동하는 것은 행위(行)라 말할 수는 없고, 행위되는 것(被行)이라고 말할 수 있다"고 하였으니, 스스로 제어하지 못한다는 말이다.[104]

---

103 이성적 욕구는 사랑, 자유, 성공, 행복 등과 같이 이성이 파악해낸 개념을 욕구할 수 있지만, 감각적 욕구는 개념이 아니라 구상력이 그려내는 바로 그 사물을 직접적으로 욕구한다.

104 이상은 토마스 아퀴나스의 목적을 지향하는 두 가지 양상을 거의 요약한 것으로 보인다. 즉 목적을 향해 능동적으로 스스로를 움직이는 것과 목적을 향해 수동적으로 움직여지는 것의 구분이다. "따라서 이성을 갖는 것들은 목적을 향해 자기 자신을 움직여간다. 그것은 의지와 이성의 능력인 자유의지로 인해 자기 행위들에 대한 지배력을 갖고 있기 때문이다. 그러나 이성이 없는 것들은 자기 자신들에 의해서가 아니라 타자에 의해 움직여지는 것으로서 자연본성적 경향으로 인해 목적을 향한

司欲與靈欲, 其所以異者, 數端. 一者, 靈欲隨理義所引, 司欲隨思司所引. 隨思者, 不論義否, 惟所樂從也. 二者, 靈欲所行, 皆得自制, 司欲所行, 不由自制, 惟外物所使, 隨性不隨義. 其在禽獸, 絶不自制, 一見可欲, 無能不從. 故聖多瑪斯曰: "禽獸所行, 不可謂行, 可謂被行", 不能自制之謂也.

그러나 이 욕구가 사람에게 있을 경우, 한 번 욕심나는 것을 보면 바로 쫓아가기도 하지만, 어떤 경우는 선택하여 버리기도 하고, 또 따를지 말지 정하지 못한 채 놓아두기도 한다. 이 같은 경우는 마치 스스로 제어하는 것 같지만, 사실은 이성적 욕구에게서 명령을 받아 그렇게 하는 것이지 본질에서부터 말미암는 것이 아니다. 이는 대개 스스로 제어하는 영향을 받은 것일 따름이다.

其在於人, 一見可欲, 或直從之, 或擇去之, 或從否之間, 虛懸未定. 如是者, 稍似自制, 實則稟於靈欲以使其然. 非由本質, 蓋乃自制之影耳.

또 사람이 가장 처음 욕구가 생겼을 때, 생각과 분변分辨을 하지 않고 곧바로 행동하는 것은, 그것이 비록 이성적 욕구에 속하기는 하지만, 아직 이성(靈)을 사용하지 못해서이므로, 이 같은 것은 죄가 되지 않는다. 아기들은 욕구는 있지만 이성을 사용하지는 않는다. 또 병으로 마음(정신)을

다. 이는 이러한 것들이 목적의 의미를 모르기 때문이다. 따라서 이러한 것들은 그 어떤 것도 목적을 향해 스스로 움직일 수 없으며 오로지 타자를 통해 목적을 향해 움직여질 뿐이다. 그것은 무이성적 본성 전체가 하느님에 대해, 마치 도구가 근원적인 작용자에 대한 것과 같이 비교되기 때문이다. 이것은 위에서 말한 바와 같다. 그러므로 목적에로 자기를 작용시키거나 이끌어가는 식으로 목적을 향하는 것은 이성적 본성에 고유한 것이다."(토마스 아퀴나스, 『신학대전』, I-II, q.1, a.2, c.a., 제16권, 71쪽) 이 밖에도 『신학대전』, I, q.22, a.2, ad 4; q.103, a.1, ad 3를 참조하라.

    그래서 行이란 개념도 이성으로 인해 능동적으로 움직이는 경우는 행위로 번역하고, 수동적으로 움직이는 경우는 행동으로 번역하였다.

잃은 사람은 병으로 인해 이성에도 장애가 생긴다. 이 세 가지는 모두 스스로 제어할 수 없는 경우들이다.

又人最初一欲, 不待思辨, 觸之卽發者, 雖屬靈欲, 而靈未用事, 若者不得爲罪. 嬰兒有欲, 靈亦未用. 病失心者, 靈爲病阻. 三者, 亦皆不能自制之類也.

앞서 세 가지 욕구를 총괄하여 하나가 된다고 하였다. 이 세 가지 욕구에는 자신의 본성(本情)에 따라 각기 세 가지의 대상(向)이 있다. 가령 본성적 욕구의 근본 대상은 이로운 선성(利美好)이고, 감각적 욕구의 근본 대상은 즐거운 선성(樂美好)이며, 이성적 욕구의 근본 대상은 의로운 선성(義美好)이다. 그러나 결국 하나같이 선성(美好)으로 귀결하기 때문에 합쳐서 하나가 된다고 말하였다.[105]

其曰總三歸一者. 爲是三者, 依其本情, 雖有三向. 如性欲本向者, 是利美好, 司欲本向者, 是樂美好, 靈欲本向者, 是義美好. 然歸於一總美好, 故曰總之歸一也.

[48] 어떤 사람은 "욕구와 이성은 똑같이 아니마의 내적 능력의 두 기관이다. 이전에 이성에는 두 가지가 있어, 하나는 능동이성이고, 또 하나는

---

105 세 가지 대상은 다의적으로 쓰이는 라틴어 개념인 bonum(善)에 대한 철학적 해석이다. 善은 현대윤리학에 이르기까지 다양한 형태로 연구되고 있지만, 삼비아시의 해석은 오늘까지도 탁월한 해석으로 인정되어야 할 것이다. 즉 '좋다(bonum, 善)'는 것은 다양한 의미로 해석될 수 있으므로, 윤리적 근거와 기준을 밝히기 위해서는 어디에, 어떻게, 얼마나, 무엇을 위하여 그리고 누구에게 좋은지가 분명히 판명되어야 할 것이다. 그리고 욕구의 대상이라는 의미에서 선은 결국 목적이나 행복과 동의어로 사용되고 있다.

수동이성이라고 하였다. 그런데 지금 욕구를 말하면서 능동욕구(作愛欲)와 수동욕구(受愛欲)로 나누지 않는 것은 어째서인가?"라고 묻는다.

或曰: "愛欲與明悟, 同爲亞尼瑪之內司. 向者言明悟有二, 其一作者, 其一受者. 今言愛欲, 却不分作愛欲受愛欲, 何也?"

　　다음과 같이 답한다. "외적 능력의 다섯 가지 감각기관들은 반드시 능동(作者)과 수동(受者)으로 구분하지 않아도 된다. 이 여러 감각기관들의 대상(所向)들은 모두 스스로 자신의 초상肖像을 드러내어 해당 감각기관을 움직이게 하고, 또 여러 감각기관들의 대상들은 모두 거친 초상을 지닌 질료가 있는 사물에 매여 있어서 질료가 없는 단계에는 이를 수 없기 때문이다. 사물과 감각기관은 모두 질료에 매여 있다는 점에서 서로 흡사하다. 그러므로 대상이 되는 사물도 곧 감각(司)할 수 있는 사물이므로, 능동적 감각(作司)이 반드시 저 사물의 초상에 대해 작용(作, actus)을 하지 않아도 감각기관과 서로 흡사하기 때문에 사물을 받아들이게 된다.[106] 그러나 이성은 그렇지 않다. 받아들인 사물의 초상은 모두 질료가 있는 것으로

---

106 인식에 따른 욕구는 두 가지 양상의 인식에 비례하여 감각적 욕구와 이성적 욕구로 나뉜다. 감각적 욕구 능력은 근본적으로 먼저 지각된 욕구할 만한 것으로 인해 움직여지는 수동적 능력이기 때문에, 이성적 욕구와는 다른 어떤 것이다. 감각을 통해서만 지각된 것과 이성을 통해 인식된 것이 서로 다르기 때문이다. 즉 이성적 인식은 보편적인 것을 대상으로 하는 반면에, 감각적 인식은 항상 개별적인 것을 대상으로 삼는다. 그렇더라도 감각적 욕구와 이성적 욕구를 가진 인간의 경우에는 이것이 문제가 되지 않는다. 왜냐하면 이성적 욕구는 이성의 영향에 따른 보편적 관점에서 개별적인 것과 관계를 맺기 때문이다. 나아가 이성적 욕구는 감각이 지각하지 못하는 비물질적(비질료적) 善까지도 추구할 수 있다. 반면에 감각적 욕구는 감각적 지각에서 초래되는 것이기 때문에, 그야말로 혼이 가진 기관적 능력이다. 이 능력의 기관은 바로 뇌 속에 있으며, 신경조직을 통하여 감각과 연결되어 있다. 결국 감각적 욕구는 이러한 신경조직을 통하여 임의적으로 근육을 지배한다. 따라서 감각적 욕구는 직접적으로 움직이는 근육 위에 있는 것이다.

부터 왔기 때문에, 아직 밝힐 수 있는(可明) 사물이 될 수 없다. 반드시 능동자(作者)가 질료가 있는 것을 변화시켜 질료가 없는 것으로 만들어야 하는데, 이것이 이성적 원상(靈像, species intelligibilis)이다. 그리고 나서 밝힐 수 있는 사물이 되어 비로소 밝히게 된다. 또한 욕구는 사물을 좋아하기도 하고 싫어하기도 하는데, 이는 이성이 밝힌 이성적 원상을 욕구에게 바치면, 욕구는 드디어 이것을 받아서 좋아하기도 하고 싫어하기도 하는 것이다. 그러므로 욕구를 작용(作)시킨 결과는 이성과 비슷하여, 이미 능동적이기 때문에 욕구 스스로 작용하지 않아도 된다. 그래서 욕구라는 기관은 반드시 능동과 수동으로 나눌 필요가 없다."

曰: "外五司, 皆不必言作者受者, 爲是諸司所向, 皆自能發其本像, 動其本司, 且諸司所向, 皆係粗像有質之物, 未能至於無質之等. 物與司皆係於質, 則皆相似, 則所向之物, 卽是可司之物, 不必作司作彼之像, 與司相似, 而後收之也. 明悟不然. 所收之像, 皆從有質而來, 不得爲可明之物. 必有作者化有質以爲無質, 是名靈像. 然後爲可明之物, 遂從而明之耳. 且愛欲者, 凡物可愛可惡. 皆從明悟所明之靈像, 呈於愛欲, 愛欲者遂受而愛之惡之. 故作愛欲之功, 似明悟者, 先已作之, 不待愛欲者自作之. 故愛欲一司, 不必分作與受也."

[49] 어째서 욕구를 아니마의 능력(能, potentia)이라고 하는가?[107]

107 토마스 아퀴나스 역시 "영혼에 욕구 능력을 전제하는 것은 필연적이다"라고 주장한다. 즉 모든 형상은 특정의 성향을 초래한다. 예를 들어 불은 자신의 형상으로 인하여 위로 올라가며, 불과 비슷한 것을 초래하기 마련이다. 그런데 인식에 참여하는 존재자들에게는 인식에서 배제된 존재자들보다 높은 방식으로 형상이 주어져 있다. 따라서 인식 능력이 없는 존재자들에게는 자연적 형상만이 주어져 있으며, 이 형상으로부터는 자연적 성향이 초래되고, 이를 자연적 욕구라 부른다. 하지만 인식 능력을 가진 존재자에게는 다른 사물의 인식 형상을 파악하는 본성이 주어져 있다. 그래서 감각은 다른 모든 감성적 사물의 형상을 지각하며, 이성은 인식할 수

이 또한 공통된 명칭(總稱)이다. 아니마의 능력이 욕구에 그치는 것은 아니지만, 욕구는 아니마의 능력이라고 부를 수 있다.[108]

何謂亞尼瑪之能? 亦總稱也. 亞尼瑪之能, 不止愛欲, 而愛欲則得稱亞尼瑪之能.

[50] 어째서 욕구는 여러 사물들을 좋아하고 싫어하는 일을 맡는다고 하는가?

이는 욕구가 맡은 기능을 말한 것으로 다른 내부기관(內司)의 기능과 구별된다. 이른바 좋아하고 싫어하는 일을 맡는다는 것은 오직 이성적 욕구를 가리켜서 한 말이다. 이성적 욕구는 아니마의 실체에 의존함으로써 떨어질 수 없는 우유적 존재(賴物)가 되는 것이다.

何謂任令愛惡諸物? 此言愛欲之分職, 以別於他內司也. 所云任令愛惡者, 獨指靈欲也. 依於亞尼瑪之體, 爲其不可離之賴物.

[51] 어째서 욕구는 자유롭게 선택(自專, liberum arbitrium)한다고 하는가?

있는 사물의 인식 형상을 파악한다. 그런데 인식력을 가진 존재자들 속에 있는 형상들은 자연적 형상들보다도 더 높은 존재방식을 가지고 있다. 따라서 이러한 형상들은 본성적 욕구라 불리는 자연적 성향보다도 더 높은 성향이 주어져 있어야 한다. 이렇게 본성적 욕구보다 더 높은 차원의 성향이 바로 영혼의 욕구 능력에 속하는 것이다. 그럼으로써 영혼의 욕구 능력은 자연적 형상에 따라 욕구하는 것을 넘어서서 감각이 지각하는 것까지도 욕구하게 된다.

108 아니마의 능력에는 이미 밝힌 대로 인식 능력과 욕구 능력이 있다. 여기에다 테텐스Johannes Nikolaus Tetens는 기쁨과 슬픔을 느끼는 감정 능력을 덧붙이고 있지만, 이는 칸트Immanuel Kant의 영향을 받은 현대 심리학의 분류이다. 스콜라철학은 감정을 감각적 욕구의 동요로 볼 뿐이다.

자유롭게 선택한다는 것 역시 오직 이성적 욕구를 가리키는 것이다. 이성적 욕구는 사람에게 머물며 스스로 다스려나갈 수 있다. 대개 이성이 올려바치는 일체의 대상 중에는 좋아할 만한 것도 있고, 싫어할 만한 것도 있다. 그러나 좋아할 만한 것을 간혹 싫어할 수도 있고, 싫어할 만한 것을 역시 좋아할 수도 있다. 좋아하고 싫어할 만한 것들은 허공에 매달린 채 욕구가 버릴지 취할지를 기다리게 된다.

何謂得自專? 得自專者, 亦獨指靈欲也. 靈欲在人, 自能主宰. 凡明悟所呈, 一切所向, 雖有可愛有可惡. 然可愛者, 或能惡之, 可惡者, 亦能愛之. 或可愛可惡, 虛懸以待其去取.

　　본성적 욕구와 감각적 욕구는 동물들도 모두 갖고 있는 것인데, 스스로 주관해나가는 일 없이, 오직 편한 대로 행동하고, 욕심이 시키는 대로 한다. 한 번 대상을 보면 곧장 그곳으로 치우쳐, 자기에게 이로우면 나아가고 해가 되면 달아나고 마니, 형편이 자기로부터 비롯되지 않는다. 그래서 성토마스 아퀴나스는 "짐승들이 행동하는 것은 능동적(作)인 것이 아니라, 피동적(被作)인 것이다"라고 하였다. 우선 그것이 옳은지 그른지도 인식하지 못하고, 오직 타자(他者)가 시키는 대로 행동하니, 그래서 자주적이지 못한 행동이라고 한다. 오직 이성적 욕구만이 사람에게 머물러 먼저 그것이 이치에 맞는지를 인식한 다음에 행위한다. 그래서 자주적인 행위이다.

若性欲司欲, 覺類所共具者, 自無主持, 惟意所便, 惟欲所使. 一見所向, 卽偏向之, 於己所利, 不得不趨, 於其所害, 不得不避, 勢不由己. 故聖多瑪斯曰:"凡禽獸所行, 非作者, 乃被作者." 蓋先不能知其可否, 惟他所使, 是名不自主之行也. 惟靈欲在人, 先知其合理與否而後行之. 故自爲主之行.

자주적이지 못한 존재는 그 행동이 본능을 따르기 때문에 공로도 없고 죄도 없으며, 상을 받을 수도 없고 벌을 받을 수도 없다. 비유하자면, 몸이 태어나 자라면서 먹고 마시고 배설하는 것들은 모두 부득불 그렇게 하는 것이지, 내가 어떻게 할 것인지를 분별해서 하는 일이 아닌 것이다. 그러니 무슨 공로와 죄가 있을 수 있겠는가? 그러나 자주적인 존재는 그 행위가 이치를 따르기 때문에 이치를 따르면 공로가 되고 이치를 어기면 죄가 된다. 그리하여 공로가 있으면 상을 줄 수 있고 죄가 있으면 벌을 줄 수 있다.[109]

不能自主者, 其行隨性, 故無功, 亦無罪, 不可得賞, 亦不可得罰. 譬如生身長大, 飮食便溺等, 皆不得不然, 非我所能分別去就. 何功罪之有? 能自主者, 其行隨理, 故順理爲功, 逆理爲罪. 功可賞, 罪可罰也.

[52] 어째서 욕구는 반드시 스스로 밝히는 것은 아니라고 하는가? 욕구는 비록 스스로 밝힐 수도 없지만, 또한 스스로 밝힐 필요도 없는 것은 이성이 밝힘으로 해서 욕구에게 바쳐지는 일체의 좋아하고 싫어할 만한 것들이 이미 밝혀졌기 때문이다.

何謂不必自明? 愛欲者, 雖不能自明, 亦不必自明, 爲其隨明悟者之明, 一切所呈可愛可惡, 已先爲明之故也.

어떤 사람은 욕구는 이미 스스로 밝히지 않는데, 어떻게 공로와 죄가 있을

---

109 행위의 종류를 구분하는 기준은 善(bonum), 惡(malum) 그리고 無善無惡(indifferens)이다. 이에 따라 선한 행위, 악한 행위 그리고 무관한 행위로 판단되는데, 여기서 이성과 의지가 개입되지 않은 행동, 즉 이치와 무관한 행위는 이러한 윤리적 판단의 대상에서 제외된다.

아니마의 능력을 논함

수 있느냐고 묻는다.

답하자면, 이성이 비록 빛을 빌려 옳고 그른 것을 밝히지만, 그것을 다스려가는 것은 온전히 욕구에 속한다. 비유하자면, 군주君主를 보필하는 신하는 시비是非와 득실得失을 진언陳言하기만 하지, 어떻게 억지로 군주를 움직이게 할 수 있겠는가? 판단하고 시행하는 것은 오직 군주이다. 이성은 곧 보필하는 신하요, 욕구는 군주이다. 그러므로 공로와 죄는 욕구에게 돌아가게 된다.[110]

或言愛欲者, 旣不自明, 曷爲又有功罪? 曰明悟, 雖借之光照, 明其可否, 至其主宰, 全在愛欲. 譬如輔弼之臣, 陳言是非得失, 豈能强之國主? 其獨斷獨行者, 君也. 明悟則輔, 愛欲則主. 故功與罪, 歸之愛欲矣.

[53] 어째서 욕구는 억지로 받아들일 수 없다고 하는가?

대개 자주적인 행위(行)는 곧 사람의 행위를 말한다. 만약 본래 작용(作)하고 싶지 않았는데, 두려운 것이 있어 억지로 작용했다 하더라도, 이 또한 사람의 행위라고 말할 수 있겠는가? 이 역시 사람의 행위라고 말한다. 어째서인가? 두려워서 작용했더라도 작용자(作者)는 곧 자신이므로, 이 또한 자주적인 행위이다. 그러니 어떻게 사람으로서의 행위가 아니라고 하여 공로와 죄가 없다고 하겠는가?

何謂不能受强? 凡自主之行, 是名人之行. 若本非願作, 因有所畏而强作之. 是亦名爲人之行否. 曰是亦人之行也, 何故? 因畏而作, 作者是我, 是亦自主之行. 安得不名人行而無功罪乎?

---

110 윤리적이고 법적인 책임의 근거는 인간이 소유하고 있는 자기 행위에 대한 주체성이다. 그리고 이 주체성의 근거는 영혼이 좋고 나쁜지를 가리는 이성의 판단력과 행할지 말지를 결정하는 의지의 실행력에 있다.

한편 기억(記含)과 이성(明悟)은 모두 억지로 받아들일 수 있다. 가령 사악한 마귀가 여러 가지 나쁜 초상을 펼쳐 놓고 기억에게 바치면, 저 기억은 부득불 받아들이지 않을 수 없고, 다시 진실과 거짓이 뒤섞여 어지러운 것을 이성에게 바치면, 저 이성도 그것 때문에 잘못 분별하게 된다. 오로지 욕구만은 권한을 잡고서 스스로 지탱하고 있기 때문에, 비록 여러 가지 좋아할 만한 것을 펼쳐 놓더라도 나로 하여금 반드시 좋아하게 만들지는 못하고, 여러 가지 미워할 만한 것을 펼쳐 놓더라도 나로 하여금 반드시 미워하게 만들지 못한다. 다만 욕구를 유혹할 수는 있어도 반드시 따르게 하지는 못한다.

故記含明悟, 皆可受强. 如邪魔顯設多像, 呈於記含, 彼記含者, 不得不爲容收, 涸殽眞僞, 呈於明悟. 彼明悟者, 或因而謬誤分別. 惟愛欲者, 操棟獨持, 雖顯諸可愛, 莫能令我必愛, 顯諸可惡, 莫能令我必惡. 但能誘惑, 莫使必從.

대상들과 여러 사악한 마귀, 여러 가지 갖은 고난과 형벌은 내가 행위하는 것을 강제할 수 없다. 가령 정의를 위해 목숨을 바친 자들이 비록 헤아릴 수 없는 고난을 겪었어도 남기신 덕德은 흔들림 없이 우뚝하고, 참된 용기가 더욱 빛난다는 것을 충분히 증명하고 있다. 이로써 일체의 행위는 모두 욕구에 속해 있으며, 자주적이고 스스로 작용하기 때문에 억지로 받아들일 수 없고, 공로와 죄도 그에게 돌아간다는 것을 알 수 있다.

凡所向者, 及諸邪魔, 及諸萬苦萬刑, 皆不能强我所行. 如瑪而底兒雖歷無量艱苦, 其德意, 屹然不動, 更加精勇, 足可徵驗. 是知一切所行, 皆屬愛欲, 自主自作, 故不能受强而功罪歸之也.

어떤 사람은 이렇게 묻는다. "가령 어떤 폭군이 있는데, 강제로 사람들로 하여금 마귀의 동상에 절을 시키고 몸을 억눌러 무릎을 굽히게 하며 머리를 조아리게 하면, 따르지 않을 수 있는 사람은 없을 것인데, 어떻게 억지로 받아들이지 않을 수 있겠는가?"

답하자면, 그것은 육체적 행동(體行)이라고 하지, 의지적 행위(意行)라고 하지 않는다. 그 폭군이 나의 육체를 억누를 수는 있어도, 나의 의지를 억누를 수는 없다. 대개 벌을 받게 되는 죄는 반드시 욕구에 근거한 의지에서 비롯된다. 그러므로 육체적 행동이 자신의 의지에서 말미암은 것이 아니면 곧 죄가 없다고 하겠다.

或言假有暴君, 强令是人拜禮魔像, 抑按肢體, 稽首屈膝, 無能不從, 安得爲不受强者? 曰凡若此者, 是名體行, 不名意行. 彼能按抑我體, 不能按抑我意. 凡罪所罰, 必由意所愛欲. 是體行者, 不由本意, 即得無罪.

앞에서 욕구는 억지로 받아들일 수 없다고 말한 것도 의지적 행위를 두고 말한 것이다. 가령 폭군이 나의 육체를 억지로 누르더라도, 나는 억지로 받아들일 수 없다는 뜻을 입으로 말할 수 있다. 그래서 내 혀를 자르더라도 나는 억지로 받아들일 수 없다는 뜻을 내 사지四肢와 온몸으로 표현할 수 있다. 그래서 내 목숨을 없애더라도 나와 욕구가 일체가 되어 있는 아니마를 사멸시킬 수는 없다. 그러니 어떻게 내가 욕구하지 않는 것을 억지로 욕구하게 할 수 있겠는가?

向言不能受强者, 意行也. 暴君能强抑我體, 我不受强之情, 可出之舌. 縱斷我舌, 我不受强之情, 可形於四肢百骸. 縱斷我命, 不能滅我與愛欲爲一體之亞尼瑪. 安有我不愛欲而强之可令愛欲者乎?

게다가 어떻게 오로지 폭군만 억지로 받아들이게 하지 못하겠는가? 천주 또한 억지로 받아들이게 하지 못한다. 대개 천주께서는 사람의 욕구로 하여금 어떤 착한 공로를 이루게 하려면, 그가 자기 죄를 후회할 때를 엿보고 기회를 틈타 그라시아를 부여해준다. 이렇게 그라시아를 받게 되면 아울러 다시 그 기회를 틈타게 되는데, 그럼으로써 그 사람이 비록 착한 행위를 하지 않을 수도 있지만, 필경 행위하게 된다면 이는 그 사람이 착한 공로를 이루게 되는 것은 모두 자주적인 것에서 말미암은 것이다. 천주는 단지 행위를 결행하도록 협력은총을 특별히 내려줄 뿐이다.〔그라시아에는 두 가지가 있다. 하나는 행위할 수 있게 하는 자력은총自力恩寵(足可行之額辣濟亞, gratia operans)이요, 또 하나는 행위를 결행하도록 특별히 내리는 협력은총協力恩寵(令切行之特賜額辣濟亞, gratia cooperans)이다. 그 등급은 모두 같다. 다만 기회를 틈타지 않으면 사람이 은총을 사용할 수 없게 되어, 비록 행위할 수 있어도 반드시 행위하지는 않기 때문에 행위할 수 있게 하는(足可行) 은총이 된다. 만약 기회가 있을 때 틈을 타게 되면 반드시 행위하게 하기 때문에 행위를 결행하도록 하는(令必行) 은총이 된다. 그래서 사람이 비로소 이러한 기회가 있음을 깨닫기만 해도, 이는 천주께서 은총으로써 나를 구원하는 것이다. 이때 행위할 수 있게 하는 은총이 곧 행위를 결행하도록 하는 은총이 되는데, 이는 자주 거룩한 도움을 받아 기회를 잡고 이루어져야 한다. 그런데 만약 이러한 기회를 놓치면 그 뒤에 비록 그라시아가 있더라도, 행위할 수 있게 하는 은총을 내가 사용하지 못함으로써 행위를 결행하지 못하고 만다.〕

豈惟他不受强? 卽於天主, 亦不受强. 蓋天主欲人之愛欲, 作一善功, 如悔罪等, 則視其時候, 乘其機適, 與之額辣濟亞. 旣得額辣濟亞, 兼乘此機適. 其人雖能不作, 畢竟作之, 則此人之作此善功, 皆由自主. 天主特以令切行之特賜額辣濟亞.〔額辣濟亞有二, 其一爲足可行之額辣濟亞, 其一爲令切行之特賜額辣濟亞. 其品數, 皆同. 但不乘機適, 人莫之用, 是雖可行而不必行, 則爲足可

行. 若乘有機適而令必行, 則爲令切行. 故人纔覺有此機適, 則是天主所用以救我
者. 此時足可行者, 卽爲令切行者. 不可不亟承聖佑, 乘機作之. 若失此機會, 後此
雖有額辣濟亞, 亦但是足可行者, 我不用之必行也.〕

은총은 자상하게 끌어당겨 이러한 기회를 만들어줌으로써 나로 하여금
행위하게 하는 것이지, 나를 강압적으로 행위하게 하는 것이 아니다. 비유
컨대, 저기에 아이가 있는데, 내가 과자를 가지고 있다가 그가 배고플 때
를 틈타 꺼내어 보여주면, 그 아이가 비록 가지지 않을 수도 있지만, 결국
와서 가져간다. 이것은 다만 내가 끌어당겨 오게 하는 것이지, 강제로 오
게 하는 것은 아니다. 이러한 점에서 볼 때, 하늘과 땅 사이의 수많은 즐거
움과 고통이 모두 사람의 욕구를 움직일 수는 없다. 그래서 욕구는 억지로
받아들일 수 없다고 하는 것이다.

委曲引掖, 作此機緣, 令我肯作, 非强我作之也. 譬如小兒在彼, 我以果餌
乘其飢候, 出而示之, 彼雖可以不取, 畢竟來取. 是我特引之使來, 非强之
使來也. 從此可見, 天壤間, 萬樂萬苦, 皆不能移人之愛欲. 故曰不能受强.

[54] 어째서 욕구의 대상은 이미 지각하고 있던 선성善性(美好)이라고 하
는가?

　대개 선성을 먼저 지각하고 있지 않으면 욕구가 지향하는 것이 못 되
고, 이미 지각함으로써 진실로 선성이 그 대상이 된다. 그리고 본래 선성
이 아니더라도, 선성의 모습을 쓰고 있으면 또한 대상이 된다.[111]

---

111 이성적 욕구는 이성적 인식으로부터 나오는 것이다. 따라서 욕구의 대상은 이성
　을 통해 파악된 선이다. 모든 욕구가 실재적으로 현존하는 개별 사물을 지향하는
　것처럼 이성적 욕구도 개별 사물을 지향하기도 한다. 그렇지만 욕구가 대상을 지향
　하는 본래적 관점은 선으로서의 선 또는 보편적 선이다. 이러한 욕구의 관점은 감

何謂其所向爲先所知之美好? 凡美好, 若先不知之, 則不爲愛欲所向, 若先知之, 則眞美好是其所向. 卽本非美好而蒙以美好之貌, 亦是所向.

어떤 사람이 물었다. "자기의 목숨을 스스로 끊은 사람이 있다고 할 때, 이 사람은 무슨 선성이 있어서 죽음을 대상으로 삼았던 것입니까?"

　이렇게 답한다. "대개 욕구가 대상으로 삼는 것에는 선성이라고 여기지 않는 것이 없다. 그러니 죽고 싶어 하는 사람의 경우는 살아 있는 동안 분명 심한 고통이 있는 것인데, 고통을 받을 당시에는 죽음이 더 심한 고통이라는 사실을 알지 못한다. 그러므로 죽음이 눈앞의 고통을 면하게 해 주니, 또한 죽음을 선성이라고 여긴 것이라고 하겠다."

或問有人自斷其命者, 此何美好而亦向之. 曰凡愛欲所向, 無有不以爲美好者. 若欲死者, 爲是生時, 必有甚苦, 當受苦時, 不知此死爲更甚大苦. 而謂死者得免目前之苦, 則亦以此死爲美好也.

선성에는 세 가지가 있다. 즐거운 선성(樂美好), 이로운 선성(利美好), 의로운 선성(義美好)이다. 세상이 지니고 있는 만물의 선성은 최고선(至美好)의 미미한 부분일 뿐이다.[112] 천주는 바로 완전한 선성이어서, 즐겁고 이롭고

각적으로 지각될 수 있는, 오직 이성적으로 인식될 수 있는 것이다. 따라서 정신적 능력, 즉 이성적 특성으로서의 욕구는 비생체적이고 정신적인 능력이다. 즉 욕구는 인식된 선을 향한 이성적 성향으로서 이성으로부터 나오기 때문에, 내적으로는 이성에 본래적 근거를 둔다. 따라서 이성에 좋은 것으로 파악되는 것은 실재와 상관없이 욕구의 대상이 된다.

112 此岸의 선한 것은 완전한 선bonum perfectum의 일부분이요, 현실의 불완전한 행복beatitudo imperfecta은 彼岸의 완전한 행복beatitudo perfecta의 일부분에 지나지 않는다. 지상의 선은 완전한 선에 참여함으로써 선한 것이 되기 때문에, 인간의 욕구를 완전히 충족시킬 수 있는 것은 완전한 선이신 하느님뿐이라는 것이다. 그러나 세상의 선(행복)도 완전한 선(행복)의 일부로 인정하는 점에서 삼비아시는

의로운 것이 갖추어지지 않은 것이 없고, 충만하지 않은 것도 없다. 그래서 세상 만물의 선성은 욕구의 부분적 대상일 뿐이고, 천주야말로 욕구의 온전한 대상이다. 비록 세상 만물을 모두 얻는다고 해도 나는 만족할 수 없고 평안할 수 없다. 천주의 참된 복을 얻어야 내가 충분히 만족하고 평안해진다.

凡美好有三. 其一樂美好, 其一利美好, 其一義美好. 世間所有萬物之美好, 皆至美好之一微分, 而天主則爲完全之美好, 樂者利者義者, 無不備足, 無不充滿. 故世物之美好, 爲愛欲之分向, 而天主爲愛欲之全向. 世物, 雖盡得之, 我不能足, 我不能安, 而天主眞福, 我得之, 則至足至安.

어떤 사람이 물었다. "이제 세상 만물은 부분적 대상이어서 만족스럽지도 평안하지도 못하다고 했지만, 사람의 마음은 오로지 즐겁고 이로운 것을 바라고 구하며, 천주는 온전한 대상이기 때문에 충분히 만족스럽고 평안하다고 했지만, 사람들이 반드시 바라고 구하는 것은 아니다. 이것은 또 왜 그런가?"

或問旣爾世物爲分向, 爲不足不安, 而人情惟樂與利, 慕之求之, 天主爲全向, 爲至足至安, 乃不必慕之求之. 此又何也?

이렇게 답한다. 즐거운 선성은 사람의 마음을 가장 잘 움직이게 할 수 있

토마스 아퀴나스의 행복론을 따르고 있다. "현실에 살고 있는 상태의 인간을 위한 최상의 완성은 하느님과 결합될 바로 그 행위에 비례한다. 그러나 현실에서의 인간의 행위는 완전한 행복은 아니다. 결국 현실의 행위는 영원히 지속적인 것도 아니요, 완전하고 통일된 것도 아니기 때문에 늘 중단되고 다양하게 전개된다. …… 결국 현실에서의 행위는 불완전한 행복이지만, 그래도 행복의 일부분이다."(토마스 아퀴나스, 『신학대전』, I-II, q.3, a.2, ad 4)

는데, 한 번 보면 당장 기쁜 감정이 생기게 되어 상황을 고려하지 못하게 한다. 그래서 대상 중에서 가장 지향하기 쉬운 것으로, 의로운 것은 물론이요, 이로운 것과도 비교할 것이 못 된다. 이로운 선성도 역시 사람의 마음을 움직일 수 있는데, 상황에 대한 고려를 어느 정도 할 수 있게 하니, 즐거운 것의 다음 자리에 놓는다. 이 두 가지 선성은 모두 사물에 관련된 것인데, 사물의 선성은 쉽게 볼 수 있기 때문에 일반 사람들도 모두 바라며 나아간다.

曰樂美好, 最能動人, 一見便生欣悅, 不煩計慮. 故向之最易, 更甚於利, 勿論義也. 若利美好, 亦能動人, 稍煩計慮, 乃可得之, 故次於樂. 此兩美好, 皆着於物, 其美好易見, 故庸人小人, 皆趨慕之.

그러나 의로운 선성은 사물 너머에 존재하고 있기 때문에, 일상적인 눈으로는 볼 수 없고, 반드시 지혜와 생각이 있어야 그것을 알아볼 수 있으며, 갖기를 바랄 수 있다. 그래서 대상 중에 가장 어려운 것이어서, 오직 참된 지성인(君子)이라야 그렇게 할 수 있다.

若義美好, 在物之外, 非庸常所見, 必須智慮籌度, 乃能知其美好而願得之. 故向之爲難, 獨君子能然.

이 세 가지 선성에 나아가기가 쉽기도 하고 어렵기도 하며, 등급도 각기 다른 이유는 사람의 영혼이 육체에 매여 있는 것에서 연유한다. 즐거움과 이로움은 육체가 매우 편하게 여기는 것이지만, 의로운 선성은 영혼은 편하게 여기지만, 육체는 불편하게 여기기 때문이다. 가령 천주의 경우 그 선성이 전혀 형상이 없으므로, 일반 사람들은 볼 수 없다. 반드시 원대한 생각과 탁월한 식견에 사색하는 것이 뛰어나야 천주의 선성을 알아볼 수 있다. 만약 어떤 사람이 천주의 이 선성을 대상으로 삼게 된다면, 그가 행동하는 것이 분명 즐거운 것과 이로운 것에서 훨씬 벗어나, 차라리 세상의 온갖 즐거움을 버리고 갖은 고통을 받을지언정, 또 차라리 세상의 온갖 이로움을 버리고 갖은 해로움을 겪을지언정, 반드시 의로운 것을 얻은 다음에야 그만두려고 할 것이다.

此三美好, 趨向難易等級分異者, 緣人靈魂係於肉體. 樂與利, 最爲肉體所便, 義美好則靈魂所便, 肉體所不便故也. 至若天主, 其爲美好, 無形無像, 更非庸衆所見. 必遠慮卓識, 思路超越, 乃能知其美好. 令有人得向此美好, 此其所爲, 必邈然出於樂利之上, 寧違世間萬樂而受萬苦, 寧去世間萬利而就萬害, 必欲得此而後已.

대개 사람들이 어려움을 겪거나 위험을 무릅쓰고도 구하려고 하는 것은 즐거움과 이로움이 그 속에 있기 때문이다. 천주를 찾아 얻으려면 온갖 고통과 해로움을 받아야 하는데도 기꺼이 그렇게 하는 것은 참된 즐거움과 큰 이로움이 그 속에 있기 때문이 아니겠는가? 다만 일상적인 식견이나 생각으로는 여기에 이를 수 없다. 그래서 비록 참된 즐거움과 큰 이로움이 만족스러울 정도로 완전하게 갖추어져 있어도, 도리어 세상의 잠깐의 즐거움과 작은 이로움이 더 사람의 마음을 잘 움직이고 있다. 일반 사람들은 오로지 육체를 따르고, 즐거움과 이로움만을 구할 줄 알지, 그것이 정의를 어기고 천주를 거스르는 일인지 알지 못한 채 온갖 죄악에 빠진다. 그래서 죄인을 어리석은 사람이라고 한다.

凡人有甘歷苦辛冒危害而求之者, 爲樂與利在其中也. 求得天主, 至於受萬苦萬害, 欣然欲之, 安得不有至樂大利在其中乎? 特尋常識慮, 不能及此. 故雖全備滿足, 至樂大利, 反不若世間暫樂微利, 足動人意耳. 庸人惟肉體是狥, 惟樂利是求, 不知其違義犯天主, 陷於萬罪. 故罪人謂之愚人.

[55] 어째서 욕구는 오직 최고선에 대해서만 자유롭게 선택하지 않고, 온전한 자유로운 선택(至自專)을 한다고 하는가? 만약 최고선을 분명히 보게 되면, 바로 그것을 사랑할 수밖에 없게 되는데, 이때의 상황이 자신에게 달려 있지 않은 것은 어째서인가 하는 말이다.

분명히 본 다음에는 참된 즐거움과 큰 이로움들을 바라고 구하게 되며, 욕구가 지향하는 것도 만족스럽게 완비되어, 스스로 욕구를 온전히 통섭統攝하면서 욕구하게 되는데, 이것이 바로 아니마의 욕구가 온전히 지향(全向)하는 것이다.

何謂惟於至美好不獲自專而爲至自專? 謂若能明見至美好, 即不得不愛, 勢不在己, 何者? 明見之後, 凡諸至樂大利, 可願可求, 爲愛欲所向者, 完備滿足, 自能全攝愛欲者而愛欲之, 爲此是亞尼瑪愛欲者之全向.

그렇게 하여 얻게 되면, 완전히 만족스러운 것을 얻게 되고, 더없이 평안한 것을 얻게 되고, 참으로 즐거운 것을 얻게 되며, 참된 이익을 얻게 되고, 참으로 의로운 것을 얻게 된다. 이것은 사랑할 수밖에 없는 것이므로, 자유롭게 선택(自專)하는 것이 아니다. 이처럼 자유롭게 선택하지 못하는 것은 바로 인간의 본성이 가장 으뜸으로 지향하면서 참으로 사랑하고 참으로 욕구하는 것이므로, 이것이 바로 온전한 자유로운 선택이다.

비유하자면 태양을 지향하는 연꽃이 태양을 향하는 것과 같다. 태양이 주는 이익을 받게 되면 향할 수밖에 없게 되니, 자유롭게 선택하지 않는 것과 흡사하다. 지향하면 이익이 되고, 그렇게 하지 않으면 해가 되기 때문인데, 이는 본성이 깊이 원하는 것으로 온전한 자유로운 선택이 아니겠는가? 대개 하늘에 있는 천사들이 천주를 훤히 알아보는 것도 모두 이 때문이다.

故得之爲得至足, 爲得至安, 爲得至樂, 爲得至利, 爲得至義. 是不得不愛, 故爲不獲自專. 而此不獲專者, 正是本情所最向, 所至愛至欲者, 故又爲至自專. 譬如向日之蓮, 其向日也. 爲受彼利益, 不得不向, 似乎不得自專, 而以向之爲益. 不然則害. 是其本情所甚願者, 得非至自專乎? 凡在天之神聖明見天主者, 皆如是也.

[56] 어째서 욕구는 우뚝하게 귀하고 높아, 내부와 외부를 모두 다스린 다고 하는가?

어떤 사람은 "욕구와 이성은 쌍둥이 자매와 같아서 등급에 높고 낮은 차이가 없다"고 말한다.

아리스토텔레스의 『범주론』에서 그렇지 않음을 밝히고 있는데, 욕구와 이성은 본래 같은 부류가 아니라고 한다. 대개 사물의 부류(類)는 낱낱의 수효와 같은 것이어서 두 개의 수효가 서로 같을 수 있는 경우는 없듯이, 사물의 부류들도 차등이 정해져 있어서 두 개의 부류가 서로 같을 수 있는 경우는 없다는 것이다.

何謂巍巍尊高, 王於內外? 或言: "愛欲與明悟者, 如孿生姊妹, 等級不異, 無有尊卑也." 亞利斯督格物之論, 獨明其不然, 爲愛欲明悟, 本不同類. 凡物之類, 如數目然, 無有二數可相等者, 則物類之中, 定有等差, 無有二類能相等者.

아우구스티누스가 비록 "영혼에 있는 내적 능력의 세 기관은 동등하다" 고 했지만, 이는 내적 능력의 세 기관이 모두 아니마의 실체 속에 있으므로, 아니마가 존귀하기 때문에 이들도 똑같이 존귀함을 강조해 말한 것이다. 그러나 만약 각기 그 부류들의 존귀함을 따진다면 차등을 둘 수밖에 없는데, 그중에서 가장 존귀한 것은 욕구이다.[113]

亞吾斯丁雖云: "三內司同等", 特言三內司, 皆在亞尼瑪之體, 以亞尼瑪之尊, 而爲同等之尊. 若各論其本類之尊, 不得不有差等, 則最尊者, 愛欲也.

어째서 그런가? 사실 아니마의 능력을 밝혀보고자 하면서, 어떤 것은 높이고 어떤 것은 낮출 수 있겠는가마는, 대개 세 가지의 단서를 살필 수 있다. 하나는 그것이 습득하는 덕德을 살피는 것이고, 또 하나는 그것이 행동하는 작용을 살피는 것이고, 다른 하나는 그것이 지향하는 대상을 살피는 것이다. 욕구가 습득하고 작용하고 지향하는 것이 이성이 습득하고 작용하고 지향하는 것보다 존귀하기 때문에 욕구가 이성보다 존귀하다.[114]

何者? 欲明亞尼瑪之能, 孰尊孰卑, 凡有三端. 一視其所習之德, 一視其所行之行, 一視其所向之向. 愛欲者之所習所行所向, 尊於明悟者之所習所行所向, 故愛欲尊於明悟矣.

이제 습득하는 것을 두고 따져보자. 욕구가 습득하는 것은 사랑(仁)이고, 이성이 습득하는 것은 지혜(智)이다. 사랑과 지혜를 비교해보면, 사랑이 존귀하다. 그러므로 욕구가 더 존귀하다.

---

113 이성과 의지 가운데 어느 것이 더 우위인가에 대해서 삼비아시는 의지를 우위에 두는 아우구스티누스와 안셀무스Anselmus의 主意主義를 따르고 있다. 물론 토마스 아퀴나스는 관점에 따라서 이성과 의지의 우위성을 각각 다르게 둔다.

114 삼비아시는 의지의 우위성을 논하는 자료로 주로 토마스 아퀴나스의 『신학대전』, I, q.82, aa.3~4에 나오는 고찰을 사용한다. 즉 제3절 '의지는 이성보다 더 우위의 능력인가?' 제4절 '의지가 이성을 움직이게 하는가?'이다. 그러나 삼비아시는 이러한 물음을 추적하는 토마스 아퀴나스의 고찰 방법 가운데서 이성의 우위성을 드러내는 방법을 제외하고, 의지의 우위성을 드러내는 부분만을 골라내어 거의 그대로 요약하고 있는 점이 특이하게 보인다. 물론 토마스 아퀴나스는 이성과 의지 그 자체를 절대적 관점에서 고찰하면 이성이 우위를 차지하고, 특정의 관점에서 고찰하면 의지가 어느 정도 우위를 차지한다고 한다.

아니마의 능력을 논함

今論所習. 愛欲所習者, 仁也, 明悟所習者, 智也. 以仁方智, 則仁尊, 則愛欲尊.

작용하는 것을 두고 따져보자. 욕구의 작용은 스스로 움직이는 것이며, 또한 타자他者도 움직이게 하지만, 이성의 작용은 타자로 인해 움직이는 것이다. 스스로 움직이며 타자도 움직이게 하는 것을 피동적인 것과 비교해보면, 스스로 움직이며 타자도 움직이게 하는 것이 더 존귀하다. 그러므로 욕구가 더 존귀하다.[115]

論所行. 愛欲之行, 自動, 又令他動也, 明悟之行, 爲他所動也. 自動又令他動者, 方於被動者, 則自動令他動爲尊, 則愛欲尊.

또한 나에게 선善을 행하는 길을 가리켜주기만 하는 경우와 나로 하여금 곧장 선을 이루게 하는 경우를 서로 비교해보면, 곧장 이루게 해주는 것이 더 존귀하다. 이성은 나에게 길을 열어주고 나아가게 하여 나로 하여금 참된 복이 있다는 것을 알도록 해주지만, 욕구는 나로 하여금 참된 복을 얻도록 해주니, 욕구가 더 존귀하다.

又如指我以爲善之路, 與令我卽得成爲善者, 兩相較, 則得成者爲尊. 明悟

---

115 삼비아시가 토마스 아퀴나스의 원문에서 어떻게 이성의 우위성을 배제시키는가를 보여주는 단적인 예를 제시하면 다음과 같다. "어떤 것은 두 가지 방식으로 움직인다고 서술된다고들 말한다. 첫째 방식은 목적으로서 움직이는 것이다. 즉 목적의 방식에 따르면, 목적이 작용받는 것을 움직인다고들 말한다. 이러한 의미에서는 이성이 의지를 움직인다. 왜냐하면 이성을 통해 파악된 선이 의지의 대상이고 이 대상이 목적으로서 의지를 움직이기 때문이다. 둘째 방식에 따르면, 어떤 것이 작용자로서 움직이는 것이다. 이는 마치 변화시키는 것이 변화되는 것을, 운전하는 것이 운전되는 것을 움직이는 것과 같다. 이러한 의미에서는 의지가 이성과 영혼의 모든 힘을 움직인다."(토마스 아퀴나스, 『신학대전』, I, q.82, a.4, c.a.)

者, 開我迪我, 使我知有眞福, 愛欲者, 令我得有眞福, 則愛欲尊.

또 상반되는 것을 두고 따져보면, 이성의 반대는 알지 못함(不知)이지만, 욕구의 반대는 싫어함(惡)이다. 사람이 덕행德行을 알지 못하는 것을 덕행을 싫어하는 것과 비교해보면, 어느 것이 더 나쁘겠는가? 싫어하는 것이 더 나쁘다. 그러므로 욕구가 더 존귀하다.

又反論之, 明悟之反爲不知, 愛欲之反爲惡. 人之不知德行, 方於人之惡德行, 其惡孰重? 惡者甚重. 則愛欲尊.

지향하는 것을 두고 따져보자. 욕구가 지향하는 것은 선성 전체이지만, 이성이 지향하는 것은 선성의 부분이다. 대개 이성이 힘쓰는 일은 오직 참(眞)된 것을 구하는 것인데, 참된 것이 비록 선성이기는 하지만, 그것은 선성 중의 하나일 뿐이다. 선성에는 많은 것이 있다. 욕구는 그것들을 모두 좋아하기 때문에 전체를 대상으로 한다. 전체를 부분과 비교해보더라도, 욕구는 역시 존귀하다.

論所向. 愛欲所向爲全美好, 明悟所向爲分美好. 蓋明悟所務, 惟在求眞, 眞雖美好, 特美好中之一端. 美好中尙有多端. 愛欲者, 無不愛之, 是爲全也. 以全較分, 則愛欲又尊.

대개 천사들은 각기 맡은 하늘을 주관하고 있어 천주에 버금가는 동시에 큰 천하(大天下)를 다스리는 첫 동인(初動)이 된다. 사람의 욕구도 사람이라는 작은 천하(小天下)에 머물러 있는데, 내적 능력과 외적 능력의 기관들과 몸 전체가 각자 그의 명령을 듣고 자신의 직분을 수행하니, 욕구 역시 아니마에 버금가는 동시에 모든 행동의 첫 동인이 된다. 그래서 "우뚝하게 귀하고 높아, 내부와 외부를 모두 다스린다"고 한다.

夫天神幹運各天, 次天主而爲大天下之初動. 人之愛欲, 在人之小天下, 凡
內司外司, 百骸四體, 各聽所命而效其職, 亦次亞尼瑪而爲諸動之初動. 故
曰巍巍尊高, 王於內外也.

대개 욕구가 이처럼 존귀하기 때문에 그것이 지향하는 것도 최고선을 지
향한다. 어떤 사람이 있는데, 이 욕구로써 세상의 아주 가볍고 아주 미미
한 것들을 굽어 살피면서 왕처럼 존귀한 대접을 받다가 하잘것없고 비천
한 무리들에게 내쫓기게 된다면, 매우 굴욕스럽고 아주 창피한 일이 되지
않겠는가?

夫以愛欲之尊如是, 其所向爲至美好. 而有人焉, 用此愛欲, 俯狥世間之至
輕至微, 以王尊而見役於卑瑣下賤之類, 豈不至爲屈辱至可愧悔者乎?

하권

세 번째

아니마의 존엄성이 천주와 비슷함을 논함

〔論亞尼瑪之尊與天主相似〕

네 번째

아니마가 최고선을 지향하는 본성에 관해 논함

〔論亞尼瑪所向至美好之情〕

세 번 째 **아니마의 존엄성이 천주와
비슷함을 논함**[1] 〔論亞尼瑪之尊與天主相似〕

[57] 세상의 모든 사물이 아무리 선성(美好)의 정수精粹라 하더라도 모두
한정된 운명을 갖고 있다. 그들은 천주의 무궁한 선善과 지극한 오묘함과
서로 같을 수 없으며, 또한 헤아릴 수 없이 수많은 것들 중에 한두 가지도
천주와 비슷한 것은 없다. 그런데도 아니마가 천주와 비슷하다고 말한 것
은 단지 빌려서 비유한 것으로, 아니마는 천주의 그림자라고 할 수 있을 뿐
이다.

---

1 그리스도교 전통에서 인간의 존재에 대한 가장 유력한 해명은 하느님과 인간의 관계
　에서 비롯되는 해명이다. 곧 인간은 창조주이신 하느님의 모상imago(형상)이며, 하
　느님과의 유사성similitudo을 지닌다. 이는 창세기 1장 26~27절에 근거한다. "하느
　님께서는 '우리 모습을 닮은 사람을 만들자! 그래서 바다의 고기와 공중의 새, 또 집
　짐승과 들짐승과 땅 위를 기어다니는 모든 길짐승을 다스리게 하자!' 하시고, 당신의
　모습대로 사람을 지어내셨다." 그러나 이러한 하느님의 모상과 유사성으로서의 인간
　에 대한 해석은 교부철학 시대와 스콜라철학 시대를 거치면서 다양한 방식으로 해석
　된다. 여기서 삼비아시의 해석은 당시 그리스도교의 전통적 해석을 종합하는 것으로
　보인다.

형상과 그림자는 같은 것일 수 없으며, 또한 크기와 부피도 비교할 수 없다.[2] 그런데 혹시 이 의미를 깨닫지 못하고 그 말에만 얽매인다면, 내가 진실하게 비유한다고 하더라도 결국은 천주를 꺾어 누름으로써 도리어 사람들에게 더없는 오만함을 길러주는 것이 아니겠는가?

天下萬物, 其美好精粹, 皆有限數. 其與天主無窮之善·無窮之妙, 無相等者, 亦無一能彷彿無量億數中之一二者. 今言亞尼瑪與天主相似, 特是假借比喩. 爲是其影像耳. 形與影, 不爲相等之物, 亦無大小多寡, 可爲比例也. 儻不達此意而泥其詞, 謂我眞實可比擬之, 豈不屈抑天主而長世人莫大之傲哉?

다음의 여러 비유들은 오로지 천주의 전능하시고 지혜로우시며 지극히 선하신 본성을 현양顯揚하기 위한 것이며, 또 사람의 아니마에 무궁한 은혜를 두루 베푸셨음을 찬미하여 말한 것일 뿐이다. 서로 비슷하다고 말한 이유에는 여러 가지 단서가 있지만, 종합하면 세 가지로 정리된다. 하나는 본성(性)이요, 또 하나는 형상(模)이요, 다른 하나는 작용(行)이니, 다음과

---

2 유사성similitudo의 개념은 동일성, 동등성과 함께 이해되어야 한다. 동일성identi-tas이란 다양하게 표현되더라도 실체적으로 일치하는 경우를 말한다. 곧 하와의 남편과 아담은 동일 인물로서 동일성을 지닌다. 동등성equalitas이란 서로 다른 실체이면서도 다른 점이 없는 것들을 지칭한다. 따라서 모든 점에서 다른 점이 전혀 없는 두 개의 구슬은 동등하다. 유사성이란 동등한 점과 동시에 차이성을 지닌 서로 다른 개별자들을 지칭한다. 따라서 하느님과 인간의 유사성은 차이성을 근본으로 성립된다. 어떤 사람(A)과 그 사람의 초상화(A′)는 비슷하지만, 양자 사이에는 판이한 존재론적 차이가 난다. 곧 A는 인간이지만, A′는 물감이다. 삼비아시는 이러한 존재론적 경계를 형상과 그 그림자로 비유한다.
  이러한 개념적 특성으로 볼 때, 삼비아시는 천주와 영혼의 존재론적 차이를 경고하면서 그 유사성을 논하고자 한다. 천주와 인간이 가지는 존재론적 차이를 무시하면 神人同形說이나 범신론에 빠지기 쉽기 때문이다.

같다.

後諸比意, 惟爲顯揚天主全能大智至善之性, 又讚美其普施於人亞尼瑪無窮
之恩云耳. 其云相似, 凡有數端, 總歸三者. 一曰性, 一曰模, 一曰行, 如左.

1. 본성이 비슷함을 논함〔論性相似〕[3]

[58] 첫째, 천주의 본성은 본래 스스로 만족하며, 다른 사물이 채워주는
것을 달가워하지 않는다. 성 아우구스티누스는 "아니마는 곧 형상이 없고
무너짐도 없는 자립하는 실체(自立體, subsistentia)이므로,[4] 천주와 매우
비슷하다. 비록 본래 자신의 형상은 없어도 천주의 형상이 그것에 있다"[5]

---

3 천주의 본성과 아니마의 본성이 가지고 있는 동등성과 차이성을 드러내는 방식으로
두 본성 사이의 유사성을 논하며, 이하의 유사성과 모상에 대한 논의는 이러한 구조를
명확하게 따르고 있다.

4 실체substantia는 그리스에서 유래한 철학 용어이다. 아리스토텔레스는 실체를 다
른 어떤 것에도 내재하지 않는 존재자라는 부정적 의미로 정의했으나, 스콜라철학은
이를 "그 자체로 또는 자기 속에 근저하는 존재자ens per se seu in se subsistens"라
는 긍정적 의미로 정의했다. 따라서 삼비아시는 스콜라철학의 전통에 따라 영혼을 자
립체로 규정한다. 영혼의 입장에서 보면, 영혼은 또다시 다른 어떤 주체 안에 있거나
부설되어 있는 것이 아니다. 결국 삼비아시는 자립하는 영혼으로부터 의지 작용이나
인식 작용이 비롯되는 특수한 방식을 신적 본성과 유사한 것으로 본다.

5 아우구스티누스, 『삼위일체론De trinitate』, lib.14의 전반적 내용은 인간의 영혼 안
에 내재하는 하느님의 형상에 관해 논하는 것이다. 아우구스티누스는 특히 14권 4, 6
에서 다음과 같이 밝히고 있다. "우리는 인간의 영혼 안에서, 곧 이성적 또는 지성적
영혼 안에서 하느님의 형상을 발견해야 한다. 하느님의 형상은 영혼의 불멸성에 영원
히 각인되어 있기 때문이다." 마찬가지로 14권 8, 11에서는 인간의 영혼이 가지는 가
장 고귀한 부분은 하느님을 인식할 수 있거나 인식하는 부분이며, 여기서 우리는 하느
님의 형상을 발견할 수 있을 것이라고 말한다.

여기서 아우구스티누스가 영혼을 하느님의 형상으로 보는 근거는 토마스 아퀴나
스가 정확하게 정의하고 있다. 토마스 아퀴나스는 『신학대전』, I, q.75, a.2, c.a.에서

고 하였다. 또 베르나르두스Bernardus는 "사람의 아니마는 만물들의 임무를 맡아 다스릴 수 있지만, 만물들은 그의 욕구를 채워줄 수 없다"[6]고 하였다. 대개 아니마는 이미 천주의 형상을 하고 있어 무궁한 선성을 받아들일 수는 있지만, 천주께서 만물들에게 내려주신 선성들은 분명 아니마를 만족시키지 못한다. 그래서 천주와 비슷하다.

性一, 天主性分, 本自滿足, 不屑他物充之. 聖亞吾斯丁曰: "亞尼瑪, 乃無形無壞自立之體, 與天主甚相似也. 雖本無形像, 有天主之像在焉." 伯爾納曰: "人之亞尼瑪, 能幹萬物之務, 而萬物不能充其欲." 蓋亞尼瑪, 旣爲天主之像, 則可容無窮美好, 其在天主下萬物之美好, 必不能滿之. 故相似.

[59] 둘째, 천주의 본성은 아주 단순하여 질료(質, materia)와 형상(模, forma)도 없고, 보편성(總, universale)과 개별성(專, individuatio)도 없으며, 터럭만큼도 복잡한 것이 없다. 아니마의 본성도 역시 단순하여 질료도 없고 형상(形)도 없으며 부분(分)됨도 없다. 다만 아니마의 단순함은 보편성과 개별성이 결합된 것이니, 이것이 천주와 다를 뿐이다.〔보편성과 개별성이 결합되었다는 것은 곧 사람에게 각자의 아니마가 있으니 이것을 개별성이라 하고, 사람의 아니마는 모두 이성적(靈)이므로 이것을 보편성이라 하는 것이다. 그러나 천주에게는 이러한 것이 없다.〕[7]

영혼을 자립적 실체로 정의한다. "우리가 인간의 영혼이라고 부르는 인식 작용의 원리가 되는 것은 비물체적이고 스스로 자립하는 원리이다id quod est principium untellectualis operationis, quod dicimus animam hominis, esse quodam principiumincorporeum et subsistens."

6 베르나르두스, 『하느님을 사랑함에 대하여De diligendo Deo』, 2장 「은혜와 자유의 지」 참조.

7 삼비아시가 말하는 영혼의 개별성과 이성의 보편성 문제는 간략하게 설명되고 있지만 13세기 스콜라철학의 절정기에 일어난 알베르투스 마그누스Albertus Magnus와 아베로에스(이븐 루슈드)의 논쟁을 연상케 한다. 영혼의 개별성과 이성의 통일성에

性二, 天主之性, 極純, 無質模, 無總專, 無一毫之雜. 亞尼瑪之性, 亦純, 無質無形無分. 但亞尼瑪之純, 有總專之合, 與天主異耳.〔總專之合者, 人各有亞尼瑪, 是名爲專, 凡人之亞尼瑪, 同是靈者, 是名爲總. 天主無是也.〕

[60] 셋째, 천주의 순수한 정신(神, spiritus)은 만사와 만물을 훤히 볼 수 있지만, 사람의 눈에는 드러나지 않는다. 아니마도 정신의 부류이므로, 형상도 없고 질료도 없으며, 역시 사람의 눈에 드러나지 않는다. 또한 만물과 만사의 이치를 분명히 깨달으며, 매우 깊고 아주 심오하며 지극히 오묘한 본성도 모두 훤히 알 수 있다.

性三. 天主純神, 能灼見萬事萬物, 而不屬於人目. 亞尼瑪, 神類也, 無形無質, 亦不屬於人目. 而明達萬物萬事之理, 至幽至賾至眇之情, 皆能洞識.

[61] 넷째, 천주는 완전한 이성(至靈)이요, 완전한 진리(至理)이며 완전한 정의(至義)로서, 온갖 진리(理, veritas)와 온갖 정의(義, justitia)의 법칙이 된다. 사람의 아니마도 이성이 있고 진리가 있으며 정의가 있으니, 식물과 동물들처럼 이성도 없고 진리도 없고 정의도 없는 아니마들과 비교해보면 아주 뛰어나다고 하겠다.

性四, 天主至靈至理至義, 而爲萬理萬義之準則. 人之亞尼瑪, 有靈有理有義, 方諸草木禽獸無靈無理無義之亞尼瑪, 特爲超越.

[62] 다섯째, 하늘 위 하늘 아래에 오로지 한 분 계신 천주는 그 작용(功行, operatio)하는 것이 매우 많으며, 서로 다른 면이 있다. 사람의 몸에도

대한 역사적 전개에 대해서는 다음 책을 참조하라. K.플라시 지음, 신창석 옮김, 『중세철학 이야기』, 서광사, 1998, 206쪽 이하.

오로지 하나의 아니마가 있어 그 작용하는 것이 매우 많으며, 또한 각기 다르다.[8]

性五, 天上天下, 惟一天主, 其功行甚多, 而有不同. 人身惟有一亞尼瑪, 其功行甚多, 亦各不同.

[63] 여섯째, 천주는 본래 죽지 않으며 끝남도 없다. 사람의 아니마도 역시 죽지 않으며 끝남도 없다.[9] 그래서 천주와 비슷하다. 그러나 차이점은 천주는 시작이 없지만 아니마는 시작이 있으니, 천주에게서 비롯되었다는 것이다.[10]

性六, 天主本不能死而無終. 人之亞尼瑪, 亦不死而無終. 故與天主相似. 其異者, 天主無所始, 而亞尼瑪有始, 始於天主.

8 여기서 삼비아시는 아니마가 실체이고 그 다양한 작용이 偶有라는 자아의 구조를 분명히 드러내고 있다.
9 이미 알베르투스부터 하느님과의 유사성에 근거하여 인간의 영혼은 정신이며 죽지 않는다는 것을 논증하고 있다. 토마스 아퀴나스 역시 "인간의 영혼은 파괴될 수 있는가?"(『신학대전』, I, q.75, a.6)라는 문제에서 영혼이 소멸된다거나 없어진다는 지평을 넘어서 영혼의 자기동일성이 파괴될 수 없다는 것을 논증한다. 토마스 아퀴나스는 여기서 사물들의 사멸 또는 파괴의 실태를 분석하고 영혼은 이러한 파괴의 실태에 속할 수 없다는 방식으로 논증한다. 즉 영혼은 물질적 형상이나 우유적인 것과 같이 종속적으로 파괴될 수 없다. 영혼은 정신적이고 실체적 형상으로 존재하기 때문에 물질에 종속되지 않으며, 육체가 성장하거나 파괴되더라도, 감각이 해체되더라도 함께 파괴되지 않는다. 나아가 영혼은 그 자체로도 파괴되지 않는다. 영혼은 비독립적이고 물질적 형상이 아니라 그 자체로 존재에 부합하는 현실태로서의 형상이기 때문에, 또한 영혼은 그 자체로 순수하고 그 무엇과도 합성되어 있지 않기 때문에 파괴될 수 있는 것들의 영역을 벗어나 있다.
10 아니마는 형상과 질료로 구성되어 있지 않기 때문에, 형상과 질료의 결합과 분해에 의해 생성되고 소멸하는 여타의 사물과는 달리 불멸한다. 이는 두 번째(128쪽)에서 설명한 아니마의 단순성에 따른 결과이다.

[64] 일곱째, 천주는 본질(體在)상, 능력(能在)상 현존(現在)상 머물지 않는 곳이 없다. 사람의 아니마도 능력(能, potentia)이 온 실체(體, substantia)에 가득 차 있어, 통찰(明)과 욕구(愛)에 제한이 없다. 능력이 하늘 위와 하늘 아래를 꿰뚫고, 땅 위와 땅 가운데에 두루 이른다. 대개 아니마가 바라는 곳이면 머물지 않는 곳이 없다.

性七, 天主體在能在見在, 而無所不在. 人之亞尼瑪, 能充周於全體, 其明愛無際. 能徹於天上天下, 徧於地上地中. 凡厥所欲, 無不可在.

[65] 여덟째, 천주의 본질은 비롯되어 나온 곳이 없으므로, 천주의 작용은 오로지 자신으로부터 말미암는다. 사람의 아니마는 오로지 천주께서 친히 만듦으로써 비롯된다. 아니마는 이미 사물의 이성적 원상(靈像, species intelligibilis)을 갖춤으로써 작용하게 되는데, 이 작용은 다른 사물로부터 말미암는 것이 아니다. 아니마가 육체에 머물러 있을 때도 통찰(明悟)하고 욕구(愛欲)하고 기억(記含)하는 작용이 육체로부터 말미암지 않기 때문에, 육체를 떠난 뒤에도 육체에 있을 때와 같이 통찰할 수 있고, 욕구할 수 있고, 기억할 수 있다. 그래서 아니마의 실체와 작용이 모두 다른 사물로부터 말미암지 않는다는 점에서 천주와 비슷하다.

性八, 天主之體, 無所由成, 天主之功行, 惟由於己. 人之亞尼瑪, 惟由天主親所造成. 亞尼瑪, 旣備物之靈像, 以行其功, 卽其功行, 不由他物. 其居本軀時, 明悟愛欲記含之功行, 不由於本軀, 離本軀後, 亦能明悟, 亦能愛欲, 亦能記含, 如在本軀時. 故其體其行, 皆不由他物, 與天主相似.

2. 형상이 비슷함을 논함〔論模相似〕: 모상임을 논함[11]

[66] 첫째, 천주는 본성적으로 항상 자기 자신을 온전히 인식하고, 늘 자기 자신을 사랑한다. 사람의 아니마가 만약 천주의 이러한 본성을 본받는다면, 천주를 지향하게 되고, 천주를 인식하게 되며, 천주를 사랑하게 된다. 이처럼 아니마는 천주의 그라시아Gratia에 힘입어 인식(明)하고 욕구(愛)하게 되니, 다만 온전히 인식하고 온전히 욕구하지 못할 뿐이지, 이 또한 천주와 비슷하다. 그래서 천주의 본성과 닮은 모상模像이라는 것이다.[12]

11 여타의 철학과 달리 그리스도교의 영혼론은 인간의 영혼이 지닌 하느님의 모상 imago에서 정점에 도달하며, 동시에 이 정점에서 신학과 직접적으로 연결된다. 하느님의 창조적 업적이 영혼이 지닌 하느님의 모상에 이르러 절정을 이루기 때문이다. 즉 그리스도교 영혼론은 인간을 '이성적 동물'로 보는 데서 그치는 것이 아니라 하느님의 모상으로 보는 데서 구원신학으로 넘어간다. 인간은 하느님의 모상으로서 다른 모든 비이성적 피조물을 능가하기 때문이다. 인간은 모상성을 근거로 하느님과 특별한 관계를 맺기 시작한다. 곧 인간의 영혼은 하느님을 원형적 원인이자 작용적 원인으로 삼아 창조된 존재이다. 그러므로 우리는 창조되지 않은 원형(하느님)에 대한 인식을 전제하지 않고서는 그 모상인 영혼을 이해할 수 없으며, 결국 우리 자신을 이해할 수 없는 특수한 지위에 있다. 따라서 삼비아시도 그리스도교의 전통적 영혼론에 따라 원형exemplum인 하느님의 특성에 대한 해명에 대비시켜 그 모상인 영혼의 특성을 논하는 방식을 취하고 있다.

12 여기서 모상으로 번역되는 像이란 한마디로 '그림'을 일컬으며, 그림은 존재의 질서를 표현해낼 뿐만 아니라 인식의 질서도 표현해낸다. 곧 존재의 질서에서 像이란 자연사물에 대한 그림, 즉 모상을 일컫는다. 예를 들면 아들은 아버지의 모상이라 불린다. 나아가 예술품에서도 초상화나 석상, 동상, 인물 사진 등은 어떤 인간의 모상이라 불린다. 그런데 어떤 사태(사물)가 그 자신과는 다른 현실성을 모방하여 그림(模像)이라고 불린다면 그리고 그 현실성의 특징이 그 모상에 나타나고 또 수반되어 있다면, 그림＝현실성 또는 모상＝원형이라는 등식이 성립된다. 이와 같은 존재의 질서는 인식의 질서에도 그대로 성립되어 인식 유형으로서의 초상, 환상, 인상, 개념의 그림, 언어의 그림은 그 상들이 지칭하는 현실성과 동등한 것으로 간주된다. 그러므로 존재의 질서와 인식의 질서에 공통적인 것이 바로 모상 개념이다. 곧 모상은 각각의 질서에서 유사성을 나타내며, 그것도 모상과는 다른 현실성, 즉 원형이나 원본, 전형 속에 있는 현실성을 닮은 유사체를 지칭한다. 모상은 특히 지칭하는 특성을 가

模一, 天主本性, 常明達自己, 常愛樂自己. 人之亞尼瑪, 若效天主之性, 則能向天主, 能明天主, 能愛樂天主. 而賴其額辣濟亞以明之愛之, 雖未能全明全愛, 亦與天主相似, 故肯天主性之像焉.

또 만약 천주의 삼위三位(Trinitas)를 본받는다면, 천주를 닮은 모상이 될 것이다. 대개 천주의 본성은 비록 하나이지만, 실제로는 파테르(罷德肋, Pater, 성부)・필리우스(費略, Filius, 성자)・스피리투스 상투스(斯彼利多三多, Spiritus Sanctus, 성령) 세 위격(位, persona)을 지니고 있다. 사람도 비록 아니마는 하나이지만, 실제로 기억・이성・욕구 세 기관을 지니고 있다. 필리우스는 파테르에서 전개되어 나오고, 스피리투스 상투스는 파테르와 필리우스에서 전개되어 나온다. 아니마의 이성은 기억에서 말미암고, 아니마의 욕구는 기억과 이성에서 말미암는다.[13]

若效天主之三位, 亦爲肯天主之像. 蓋天主雖一性, 實有罷德肋費略斯彼利多三多三位. 人雖一亞尼瑪, 而實有記含明悟愛欲三司. 天主費略, 生於罷德肋, 天主斯彼利多三多, 則由罷德肋與費略. 亞尼瑪之明悟者, 由於記含, 亞尼瑪之愛欲者, 則由記含與明悟.

[67] 아우구스티누스는 다음과 같이 스스로 문답하였다.

"아니마를 어째서 천주의 모상이라고 할까?"

"아니마는 천주를 기억할 수 있으며, 천주를 인식할 수 있고, 천주를 사

진 인식 능력과의 관계에서는 현실성에 대한 기호나 상징으로 대두된다. 삼비아시는 이러한 원형과 모상이 맺고 있는 관계를 중심으로 인간의 영혼이 하느님의 모상이라는 사실이 어떤 특성과 의미를 가지는가를 다양한 관점에서 논하고 있다.

13 아우구스티누스, 『삼위일체론』, lib.VII, 6, 12; lib.X, cap.12; 토마스 아퀴나스, 『신학대전』, I, q.93, a.7, c.a. 참조.

랑할 수 있기 때문이다. 그래서 천주의 모상이라고 한다."[14]

亞吾斯丁, 自爲問答曰: "亞尼瑪, 何以爲天主之像?" 曰: "爲其能記天主, 能明天主, 能愛天主. 故爲天主之像."

또 이렇게 말했다.[15]

---

14 아우구스티누스, 『삼위일체론』, lib. 12, 14, 15 참조. 여기서 아우구스티누스는 영혼 안에 있는 삼위일체는 영혼이 하느님을 기억하고 이해하며 사랑한다는 의미에서 하느님의 형상이라는 제목으로 아니마의 문제를 다루고 있다. 이 부분에서 피력되는 모상론은 토마스 아퀴나스가 『신학대전』에서 자주 인용하는 것이기도 하다. 즉 토마스 아퀴나스는 아우구스티누스를 인용하며 이렇게 말한다. "아우구스티누스가 논증하는 바와 같이, 우리가 어떤 것에 대해 생각하든 생각하지 않든 그것을 인식하고, 욕구하고, 사랑한다는 서술은 타당하다. 이러한 인식과 욕구 그리고 사랑의 행위가 사유 없이 존재한다면, 이들 행위는 다름 아닌 인식과 사랑의 상태적 보존에 해당하는 기억에 유일하게 속한다. 아우구스티누스 스스로 말하는 바와 같이, 사유 없이는 언어가 존재할 수 없기 때문에(우리는 물론 우리가 말하는 모든 것을 사유하며, 또한 어느 한 민족의 언어에 속하지 않는 내적 언어를 통해서도 사유한다) 결국 이 모상은 오히려 통찰과 욕구 그리고 기억이라는 세 가지에서 인식되게 한다."(토마스 아퀴나스, 『신학대전』, I, q.93, a.7, ad 3)

15 삼비아시는 결국 인간이 하느님의 모상이라는 근본적인 이유로 본성과 은총 그리고 영광을 들고 있다. 즉 인간은 본성에 따라 하느님과 비슷하기 때문에 하느님을 불완전하게나마 인식하며 사랑한다. 그런데 인식하고 사랑하는 전제 조건은 그것이 좋게, 즉 선하게 보여야 하며, 선은 오직 의지의 대상이다. 이에 하느님은 인간에게 의지를 부여하여 선을 인식하고 추구하도록 하였으니, 이것이 은총이다. 그렇더라도 인간이 자유의지로 하느님을 완전히 인식하고 사랑하는 것은 불가능하다. 이는 하느님 자신이 불완전해서가 아니라 인간 자신의 나약함 때문이다. 그러나 인간이 오직 하느님의 영광에 힘을 입는다면, 비로소 하느님을 관조하게 될 것이다. 따라서 하느님의 관조를 위해 마지막으로 주어지는 것이 바로 영광이다. 인간이 하느님의 영광으로 도달할 수 있는 궁극적 목적이 바로 삼비아시가 말하는 최고선이요, 진정한 행복이고, 영원한 행복이며, 참된 구원이다. 이를 신학적 용어로 하느님의 관조 visio Dei라 한다. 결국 하느님의 모상은 하느님을 관조함으로써 완성된다. 따라서 인간이 하느님의 모상이라는 근거로서의 본성과 은총 그리고 영광은 하느님의 관조를 위해, 眞福을 위해 인간에게 주어진 것이요, 인간은 이러한 모상성으로 인해 다른 모든 존재자들보다도 고귀하며 존엄하다.

"아니마가 천주의 모상이라고 말하는 것은 세 가지에 의한 것이다. 그것은 본성(性)과 그라시아와 영광스런 복(榮福)〔영광스런 복을 라틴어로 글로리아(我樂利亞)라고 한다〕이다.

본성에 의하는 것은 아니마의 본성이 천주를 인식할 수 있고 사랑할 수 있기 때문인데, 이처럼 인식할 수 있고 사랑할 수 있는 본성을 사람들이 모두 갖고 있다면 곧 천주의 모상을 지니고 있는 것이다.

그라시아에 의하는 것은 사람이 그라시아를 받게 되면 곧 천주를 인식하고 사랑하게 되기 때문인데, 다만 완전하지 못할 뿐이다. 그래서 이같이 인식하고 사랑하게 되는 성과는 오직 의지(義, voluntas)를 지닌 자만이 갖게 된다. 그러므로 모두 천주의 모상을 지니고 있는 것이다.

글로리아에 의하는 것은 대개 신성神聖한 참된 복을 얻어 글로리아의 광채를 받음으로써〔영광스런 복의 광채는 사람의 아니마가 하늘에 오른 뒤에 천주께서 내리는 것이다. 이 영광스런 복의 광채는 아니마를 견고하게 하고 위로하여 천주를 볼 수 있게 한다. 만일 영광스런 복의 광채가 없다면 결코 천주를 볼 수 없다. 그러므로 아니마가 영광스런 복의 광채를 얻는 것을 시력이 나빠져서 안경을 쓰는 것에 비유할 수 있다.〕인식하고 사랑하는 것에 조금의 오류도 없이 천주를 볼 수 있기 때문이다. 이처럼 조금의 오류도 없이 천주를 보게 되어 참된 행복을 향하게 되려면 오로지 천상天上의 신성함을 지니고 있어야 한다. 그래서 역시 천주의 모상을 지니고 있는 것이다."[16]

又曰: "亞尼瑪, 爲天主之像, 有三. 依其性, 依其額辣濟亞, 依其榮福.〔榮福, 西言我樂利亞.〕依其性者, 亞尼瑪本性, 能明能愛天主, 此能明能愛之

---

16 아우구스티누스, 『삼위일체론』, lib.9, 10, 15 참조. 토마스 아퀴나스 역시 자신의 모상론을 전개하면서 이 부분을 여러 차례에 걸쳐 인용한다(『신학대전』, I, q.93, a.7, ad 1). 따라서 스콜라철학에서 이 부분은 하느님과 인간의 유사성, 인간의 존엄성을 설명하는 결정적인 것으로 볼 수 있으며, 삼비아시 역시 이를 간과하지 않고 있다.

性, 人人所有, 則皆有天主之像. 依其額辣濟亞者, 人有額辣濟亞, 卽能行明行愛於天主, 特未全耳. 此行明愛之功, 惟義者有之, 亦皆有天主之像. 依其我樂利亞者, 凡獲眞福之神聖, 賴我樂利亞之光,〔榮福之光者, 人之亞尼瑪升天後, 天主賜之. 榮福之光, 以堅固慰藉之, 乃可見天主也. 如無榮福之光, 必不能見天主. 亞尼瑪, 得榮福之光, 比之目衰者得眼鏡也.〕無所間隔其明愛, 得見天主. 如此無間隔得見天主而向眞福, 惟天上之神聖有之, 亦皆有天主之像.”

[68] 둘째, 그라시아를 번역하면 은총恩寵이라고 한다. 천주께서 사람에게 주어 아니마로 하여금 아름다움을 더하게 하고, 다시 그것을 총애하시니, 실상 모든 선善의 근본이요, 하늘에 오를 수 있는 근거가 된다. 그라시아의 본성을 따져보면, 그 존귀함이 아니마와 여러 안젤리우스(諳若, angelius, 天使)보다 훨씬 뛰어나며 천주의 본성과도 비슷하다. 그러므로 아니마가 그라시아를 받게 되면, 욕구할 것인지 여부에 대한 생각이 천주의 명령과 합치하게 된다. 마치 그라시아가 아니마를 변화시켜 통찰하고 욕구하는 행위를 하게 한 것과 같고, 천주께서 그러시는 것과 서로 비슷하다.[17]

模二, 額辣濟亞者, 譯言寵恩. 乃天主賜人, 以增美乎亞尼瑪而寵愛之, 實爲萬善之根, 升天之憑. 論額辣濟亞之性, 其尊, 超越於亞尼瑪與諸諳若, 而似天主之性. 故亞尼瑪得額辣濟亞時, 其欲愛與否之意, 轉合天主之命. 若額辣濟亞, 有以變亞尼瑪與其明悟愛欲之行, 而相肖於天主然.

[69] 셋째, 천주께서 모든 사물에 관여하여 사물에 작용(爲)하는 것은 자

---

17 인간이 무상한 세상에서 좋은 것, 즉 선을 발견하는 것은 의지에 의한 것이며, 의지는 곧 하느님의 은총이다. 따라서 삼비아시는 은총을 모든 선의 근본이라고 말하는 것이다.

유로이 행위(行)하는 것으로서, 마치 장인이 기계를 사용하는 것처럼 한다. 아니마도 자신의 영적인 능력(神能)으로 육체의 형상을 온전히 하고(模), 아울러 각 부분의 형상도 만듦으로써 사람에게 작용하기를 역시 자유로이 하는데, 마치 기계를 사용하는 것처럼 한다.[18]

模三, 天主與萬物爲物, 任意行之, 如用械器然. 亞尼瑪以其神能全模肉軀, 并模各分而爲人, 亦任意行之, 如用械器然.

[70] 넷째, 천주께서 이미 만드신 사물과 아직 만들지 않았지만 만들 수 있는 사물들은 모두 그 사물의 이데아(意得亞, Idea)를 지니게 되는데,〔이데아는 사물의 초상肖像을 만드는 규범적 형상이라고 할 수 있다.〕이것은 천주께서 몸소 갖추고 있는 것이다.

  사람의 아니마도 외적 능력의 다섯 기관에서 감각해 받아들인 사물을 이성(明悟)으로 인식(明)하는데, 이성이 자신이 인식한 사물을 인식할 때 그것들은 한곳으로 모이게 된다. 그래서 아니마가 사물을 인식하게 되면 곧 그 사물의 초상이 마음에 갖추어지게 되는데, 이것이 아니마가 천주와 비슷한 점이다.

模四, 天主所已造之物, 與所未造而能造之物, 盡有其物之意得亞,〔意得亞, 譯言物像制作規模.〕具有於己. 人之亞尼瑪, 因外五司所司之物, 以明悟者明之, 而明悟者明其所明之物時, 翕然歸一. 故亞尼瑪所明之物, 則有其物之像, 具存於心, 而亞尼瑪與天主相似.

[71] 다섯째, 성경聖經에 이르기를, "거룩한 사랑에 머무는 자는 천주와

---

18 토마스 아퀴나스, 『신학대전』, I, q.93, a.7, c.a. 참조.

함께 있는 것이요, 천주께서도 또한 그와 함께 계신다"고 하였고,[19] 또 "천주께 가까이 있는 사람은 온전히 천주를 본받게 된다"고 하였으니, 대개 천주께서 사랑하시는 사람에게는 천주께서 그 사람과 함께 계신다.

  속담에도 "아니마가 욕구하는 것을 그것의 형상形相과 비교해보면 서로 매우 가깝다"고 하였으니,[20] 대개 아니마가 욕구하는 사물에는 아니마가 그 사물과 함께 있는 것이다. 그래서 천주와 비슷하다.

模五, 經曰: "居於聖愛者, 則與天主偕, 而天主亦與之偕焉." 又曰: "親附於天主者, 則切體於天主焉." 蓋天主所愛之人, 則與其人偕焉. 諺曰: "亞尼瑪所愛者, 比其所模者, 相居更爲親切." 蓋亞尼瑪所愛之物, 則與其物偕焉. 故與天主相似.

[72] 여섯째, 천주의 본성(性)과 실체(體)는 하늘 위와 하늘 아래에 두루 충만해 있지만, 하늘 위와 하늘 아래에서는 천주를 다 받아들이지 못한다. 사람의 아니마도 육체 전체에 두루 충만해 있지만, 육체 전체가 아니마의 여러 가지 작용(行)을 다 받아들일 수는 없다.

模六, 天主性體, 充徧於天上天下, 而天上天下, 不能界容於天主. 人之亞尼瑪, 充徧於全軀, 而全軀不能界圍於亞尼瑪之諸行.

[73] 일곱째, 천주는 우주 전체에 온전히 존재하고, 또한 우주의 각 부분에도 온전히 존재한다. 그래서 우주의 각 부분들 안의 어떤 한 부분이 훼손되어 사라져도 천주는 어떤 한 부분도 훼손되어 사라지는 일이 전혀 없다.

19 『신약성서』, 「고린도 전서」, 8장 3절 참조.
20 이는 속담이라기보다는 아리스토텔레스-토마스 아퀴나스 인식론의 기본적 노선에 해당한다.

사람의 아니마도 사람의 육체 전체에 온전히 존재하고, 또한 육체의 각 부분에도 존재한다. 비록 육체는 부분으로 나눌 수 있어도 아니마는 부분으로 나눌 수 없으며, 육체는 더러 사라지는 일이 있어도 아니마는 조금도 사라지는 일이 없다.[21]

模七, 天主全在全宇宙, 亦全在宇宙之各分. 卽各分內有一分毁壞, 而天主全無一分毁壞. 人之亞尼瑪全在人之全軀, 亦全在全軀之各分. 雖軀有或分, 而亞尼瑪不可得分, 軀或有壞, 而亞尼瑪無一毫得壞.

3. 작용이 비슷함을 논함〔論行相似〕

[74] 첫째, 천주는 만물의 시작(始)이요,〔만물이 모두 천주로부터 만들어지기 때문이다.〕 또 만물들의 작용(行)의 시작이다.〔대개 사물이 작용하려고 할 때, 반드시 천주의 도움을 받아야 작용할 수 있다.〕[22]

사람의 아니마도 자기 육체의 내적 · 외적 능력을 맡은 여러 기관의 시작이요,〔사람에게는 내적 능력의 기관과 외적 능력의 기관이 있다. 내적 능력으로는 이성, 욕구, 기억 등이 있고, 외적 능력으로는 시각, 청각, 미각, 후각, 촉각 등이 있다. 이들은 모두 아니마로 말미암아 각자의 기능을 이루게 된다.〕 아울러

---

21 토마스 아퀴나스는 『신학대전』, I, q.93, a.3, c.a.에서 어떤 점에서 인간이 하느님의 모상인가를 설명하면서, 삼비아시가 설명한 것과 같은 내용을 전하고 있다. "하느님으로부터 하느님이 나오듯이 인간으로부터 인간이 나온다는 점에서, 나아가 하느님이 세계와 관계하는 바와 같이 인간의 영혼은 육체 전체에 걸쳐 온전히 존재하는 동시에 육체의 각 부분에도 온전히 존재한다는 점에서 인간은 하느님을 모방하고 있다."

22 토마스 아퀴나스의 신존재증명에 등장하는 운동의 법칙에 의한 첫 번째 증명과 작용인에 의한 두 번째 증명을 참조하라(토마스 아퀴나스, 『신학대전』, I, q.2, a.3, c.a.).

육체의 자연스런 작용의 시작이며, 또 개입介入된 작용의 시작이다.〔자연
스런 작용이란 그 본성을 따라 작용하는 것으로, 불은 타오르고 물은 적시며 새는
날고 물고기가 뛰는 것과 같다.²³ 사람의 시각, 청각, 미각, 후각 등도 모두 자연스
럽게 작용하기 때문에 선도 없고 악도 없으며 공로나 죄도 없다. 개입된 작용이란
사람의 의지에 관련되어 있기 때문에 선행도 있고 악행도 있으며, 공로도 있고 죄
도 있다. 키울 만한 것과 억눌러야 할 것, 상줄 것과 벌줄 것, 이 두 갈래의 의지에
개입하는 것이다. 이상과 같은 두 가지의 작용은 모두 아니마로부터 비롯된다.〕

行一, 天主是萬物之始,〔萬物, 皆由天主造成故也.〕又萬物行之始.〔凡物將有
所行, 必得天主扶祐之, 乃可行也.〕人之亞尼瑪, 是本軀內外諸司之始,〔人有
內司外司, 內有明悟愛欲記含等, 外有視聽啖嗅覺觸等. 皆由亞尼瑪而成其所司
也.〕及其自然行之始, 又其介然行之始.〔自然之行者, 順其本性行之, 如火燥
水潤鳥飛魚躍. 人之視聽啖嗅等, 皆行乎自然, 無善無惡無功罪者也. 介然之行者,
係於人意. 故或善或惡或功或罪. 可揚可抑可賞可罰, 介有兩端之意者也. 若此兩
行, 皆由亞尼瑪爲之始也.〕

[75] 둘째, 천주는 만물의 궁극목적(終, finis ultimus)이요,〔만물은 모두 천
주를 작용인(爲者, causa efficiens)의 원인(所以然, causa)으로 삼는다. 궁극목
적이란 그쳐 멈추는 것이요, 최종적으로 지향하는 것이다.〕만물의 완성(成)이
며, 만물이 지향(所向)하고 있는 행복이다.²⁴

---

23 인간의 외적 감각과 내적 감각에 대해서는 토마스 아퀴나스, 『신학대전』, I, q.78,
  a.3; a.4를 참조하라.
24 하느님이 만물의 궁극목적이라는 말은 곧 하느님이 만물로 하여금 생성하고 변화
  하게 하는 원리요, 원천이라는 말이다. 토마스 아퀴나스 역시 『신학대전』의 제2부
  (II)를 인간의 궁극목적이라는 주제로 시작하며, 궁극목적에 대해 8개의 물음을 던지
  고 있다(토마스 아퀴나스, 『신학대전』, I~II, q.1, aa.1~8). 여기서 다루는 내용을
  극도로 요약한 것이 바로 〔75〕단락이다.

行二, 天主, 是萬物之終,〔萬物, 皆以天主爲爲者之所以然, 終, 終止也, 終向也.〕
是萬物之成, 是萬物所向之福.

사람의 아니마도 자기 육체의 목적이요,〔자기 육체는 아니마가 사용하는 기계라고 하겠는데, 기계는 스스로 작용하지 못하고, 반드시 장인匠人의 작용을 빌려야 한다. 그래서 아니마는 자기 육체의 목적이 되며, 자기 육체가 행하는 모든 작용의 원인이다.〕또한 천하 만물의 목적이다.〔천주께서 사람을 만물보다 귀하게 만든 것은 세상에 있을 때는 천주를 공경하여 섬기고, 죽어서는 천주의 행복을 누리게 하기 위해서이다. 그래서 이미 사람에게 이성능력(靈才, intellectus)을 준 다음 하늘과 땅을 만들어 마치 방과 같이 편안히 그 안에 머물게 하였고, 초목과 금수를 만들어 마치 돈이나 곡식과 같이 사람의 필요에 충족되도록 하셨다. 그리고 사람의 아니마로 하여금 태연히 자신이 비롯되어 나온 곳을 그리워하며 향하도록 하고, 마침내 천주께서 주는 행복을 얻어 누리게 하셨다. 그래서 사람의 아니마는 자기 육체와 천하 만물의 목적이라고 한다.〕[25]

人之亞尼瑪, 是本軀之終,〔本軀, 爲亞尼瑪所用器械, 器械, 非能自爲用, 必用於匠作. 故亞尼瑪, 爲本軀之終, 本軀萬行之所以然.〕亦天下萬物之終.〔天主, 造人貴於萬物, 爲其在世能敬事天主, 而世後得享天主之福. 旣畀人此靈才, 乃造成天地, 如房舍然令居處其中, 造成草木禽獸等物, 如錢穀然待人隨取隨足. 令人之亞尼瑪, 得以泰然慕嚮其所自, 而終得享天主之福. 故人之亞尼瑪, 爲本軀天下萬物之終.〕

[76] 셋째, 천주는 만물을 통달하고 명백히 터득하고 계시는데, 그 통달하는 힘이 천사와 사람이 통달하는 것보다 엄청난 배수로 뛰어나다.〔천사

---

25 토마스 아퀴나스, 『신학대전』, I~II, q.1, a.8 참조.

와 사람이 통달하는 것이 비록 정밀하고 세밀하지만, 그래도 미진한 바가 있다. 오로지 천주께서 통달하는 것이야말로 각 사물의 깊고 미묘한 본성本性을 두루 터득할 수 있고, 그윽하고 오묘한 의리義理를 모두 다 살펴, 그 원인 중의 원인에 대해서도 조금도 놓치는 것이 없다. 그러므로 천사와 사람이 통달하는 것보다 엄청난 배수로 뛰어나다.〕

行三, 天主通達明徹萬物, 而其通達之勢, 超越於神人所通達者, 無量倍數.〔神人之通達, 雖精雖細, 尙有未盡. 惟天主之通達, 能洞徹各物本性之淵微, 窮盡其義理之幽眇, 至其所以然之所以然, 而毫髮無遺. 故超越於神人所通達, 無量倍數.〕

사람의 아니마 역시 창조된 사물(屬造成之物)과 창조되지 않은 사물(不屬造成之物)을 명백히 이해할 수 있고,〔창조된 사물과 창조되지 않은 사물은 만물과 천주로 구별된다. 만물은 모두 천주에게서 생명을 받았지만, 천주는 시작도 없고 근원도 없으니 어떻게 창조될 수 있겠는가?〕 질료에 속하거나 질료에 속하지 않는 사물도 통달할 수 있다.〔질료에 속하는 사물(屬質)과 질료에 속하지 않는 사물(不屬質)은 형상形像이 있는 것과 형상이 없는 것으로 구별된다. 천사·영혼·도리道理·덕업德業 등은 모두 질료에 속하지 않는 사물이지만 아니마는 모두 통달할 수 있다.〕 그중 질료에 속하는 사물은 아니마가 통달하는 순간 '정신적 사물(神物)'로 변하게 된다.〔아니마가 여러 사물들을 통달할 때, 질료에 속하는 사물은 형상과 질료가 없는 아니마에 들어갈 수 없다. 그래서 먼저 그 질료로부터 벗어나게 되면 단지 이성적 원상(靈像, species intelligibilis)과 사물의 이치(物理)만 남게 되는데, 이것이 아니마에 새겨져 통달하게 된다. 이렇게 통달될 때 질료에 속하는 사물들은 모두 정신적 사물로 변하게 된다.〕 그래서 비슷하다는 것이다.

人之亞尼瑪, 亦能明達屬造成之物·不屬造成之物,〔屬造成之物·不屬造成

之物者, 分別天主與萬物也. 萬物, 皆稟生於天主, 惟天主無始無原, 豈屬造成?〕能
通達屬質不屬質之物〔屬質不屬質之物, 分別有形有像與無形無像者也. 如天神
靈魂道理德業等, 皆不屬質之物, 而亞尼瑪, 悉能通達之.〕其屬質之物, 通達之
際. 變爲神物,〔亞尼瑪, 通達諸物, 其物屬質者, 不能入於無形質之亞尼瑪. 必先
脫其質, 惟留靈像與物理, 而後印入亞尼瑪, 而通達之. 通達之際, 故質物, 皆變爲
神物.〕故相似.

[77] 넷째, 아니마가 사물을 통달할 때, 바로 그 사물에 대한 내적 언어(內
言, verbum immanens)를 발생(生, processio)시킨다. 〔내적 언어는 외적 언어
가 되어 입으로부터 나와 바로 귀로 전달되는데, 만약 아니마가 먼저 이 내적 언어
를 발생시키지 않으면 또한 사물의 본성(性, nature)과 관념(理, ousia)을 이해할
수 없게 된다.〕[26]

行四, 亞尼瑪通達物之際, 卽生其物之內言.〔內言者, 是外言方出於口, 卽通
於耳, 倘亞尼瑪不先生內言, 亦無以遽通物之性與理.〕

천주께서도 자신의 본성을 통달하고 있어, 역시 내적 언어를 발생시킨다.
〔천주는 자신의 본성을 훤히 터득하고 있으므로 자신의 내재적 모상模像을 발생
시켜 제이第二 위격位格으로 삼았다. **필리우스**(費略, Filius, 성자)는 **파테르**(罷德
肋, Pater, 성부)의 내적 언어이다.〕

天主通達自己之性, 亦生內言.〔天主通徹己之性, 則生自己內像, 爲第二位. 費

---

26 내적 언어와 외적 언어에 대한 구분은 아우구스티누스에 이르러 본격화된다. 외적
언어란 소리로 나는 언어를 일컬으며, 내적 언어는 소리로 나기 위한 전제로서 영혼
에 내재하는 언어를 일컫는다. 예를 들어 한 개념에 대한 외적 언어는 여러 가지 외
국어로 서로 다르게 소리날 수 있지만, 그 개념의 내적 언어는 오직 하나일 뿐이다.

略是爲罷德肋之內言.〕

[78] 다섯째, 만물들은 스스로 살아가지 못하고, 모두 천주에게서 생명을 받는다. 그러나 천주는 스스로 살아가지, 만물에게서 생명을 받지 않는다. 사람의 육신도 스스로 살아가지 못하고, 모두 아니마에게서 생명을 받는다. 그러나 아니마는 스스로 살아가지, 사람의 육신에게서 생명을 받지 않는다.[27]

行五, 萬物不自活, 皆受活於天主. 天主自活, 而不受活於萬物. 人之肉軀不自活, 皆受活於亞尼瑪. 而亞尼瑪自活, 不受活於肉軀.

[79] 여섯째, 천주는 세상에 고루 은혜를 베풀지만, 은혜를 받는 것들 가운데서도 특별한 은택恩澤을 받는 것이 있다.〔만물은 아주 큰 것이든 아주 작은 것이든 천주의 고른 은혜를 받음으로써 각자 자기의 본분을 얻게 된다. 그중 하늘이 드러내고 있는 형상을 보면 맑고 투명하게 늘어서 있는데, 그것은 천주의 고른 은혜 가운데 매우 정교하고 순수한 것을 받았기 때문이다.〕

行六, 天主公潤天下, 所潤之中, 又有得潤之膏澤者焉.〔萬物, 至洪至纖, 受天主之公潤, 各得其分. 至觀天之垂象, 晶瑩森羅, 尤爲天主公潤中之極精極粹者焉.〕

아니마도 육신에 고루 은혜를 베풀지만, 은혜를 받는 것들 가운데서도 특

---

27 혼 또는 영혼으로 번역되는 라틴어 아니마anima는 스콜라철학에서 그 자체로 생명이라는 의미로 정의된다. 토마스 아퀴나스는 아리스토텔레스의 정의를 수용하여, "영혼이란 우리 안에 살아 있는 생명의 제일원리이다"(『신학대전』, I, q.75, a.1, c.a.)라고 규정한다. 여기서 원리란 어떤 사태나 과정의 출발점을 뜻하므로, 영혼이란 생명의 출발점이요, 생명과 존재론적으로 동질의 것이라는 결론이 나온다.

별한 은택을 받는 것이 있다.〔육신은 사지四肢를 비롯한 모든 신체 부위들이 아니마의 고른 은혜를 받음으로써 각자 자기의 역량을 채운다. 그중 머리가 깨닫는 것을 보면 총명한 지혜로 살펴가는데, 그것은 아니마의 고른 은혜 가운데 가장 아름답고 가장 좋은 것을 받았기 때문이다.〕

亞尼瑪公潤肉軀, 所潤之中, 又有得潤之膏澤者焉.〔肉軀, 四肢百體, 受亞尼瑪之公潤, 各充其量. 至觀首之統貫, 聰明從審, 尤爲受亞尼瑪公潤中之至美至好者焉.〕

[80] 일곱째, 만물들은 스스로 운동하지 못하고, 천주로부터 받아 운동한다. 그러므로 천주는 모든 운동의 원인이지만, 항상 스스로는 운동하지 않는 평안한 상태로 있다.
　사람의 육신도 전체나 각 부분들은 스스로 운동하지 못하고, 아니마로부터 받아 운동한다. 그러므로 아니마는 육신의 모든 운동의 원인이지만, 항상 스스로는 운동하지 않는 평안한 상태로 있다.

行七, 萬物自不能動, 而受動於天主. 天主爲萬動之原, 而常自安然不動. 人之肉軀, 全體與各分, 自不能動, 受動於亞尼瑪. 亞尼瑪爲肉軀萬動之原, 而常自安然不動.

[81] 여덟째, 천주께서 세상의 만물을 다스리지만, 크게 수용할 수 있는 것〔천사나 사람과 같이 이성(靈)을 지니고 있는 사물〕에게는 조명照明해주고 깨우쳐주지만, 작게 수용할 수 있는 것〔초목이나 금수와 같이 이성이 없는 사물〕에게는 보호하고 이끌어주고 온전케 해줌으로써 각자 자신의 본분을 얻도록 한다.

行八, 天主治天下萬物, 於可大受者,〔若天神與人有靈之物.〕照之教之, 於可小受者,〔如草木禽獸等無靈之物.〕護之引之全之, 令各得其分.

사람의 아니마도 육신의 전체를 다스리지만, 각 부분들에 대해서는 여러 감각기관들로 하여금 모두 자신들의 기능(職)을 지니도록 하고, 여러 감정들로 하여금 모두 올바른 것을 갖도록 하여, 이성을 인도하고, 욕구를 바로잡고, 기억을 풍성히 함으로써 마음을 청결하게 한다. 이것은 자기 한 사람만을 인도하고 바로잡고 풍성히 하고 청결하게 하는 것이 아니라, 미루어 나가 다른 사람들도 인도하고 바로잡고 풍성히 하고 청결하게 하여 세상을 다스리게 된다. 또한 짐승도 길들여 사나운 본성을 버리고 순순히 복종토록 한다. 대개 아니마는 본성적인 능력에 천주께서 부여해준 거룩한 은총에 힘입어 거의 천주의 능력을 방불케 한다. 그래서 천주와 비슷하다.

人之亞尼瑪, 治肉體之全軀, 乃及各分, 令諸司皆得其職, 諸情咸得其正, 牖其明悟, 正其愛欲, 富其記含, 而潔清其心. 不惟牖正富潔其一己, 且可推而牖正富潔其人羣, 以治天下. 亦可馴狎禽獸, 脫其猛性而柔伏焉. 夫亞尼瑪, 以本性之力, 又賴天主賦之聖祐, 庶乎彷彿天主之能. 故與天主相似.

[82] 아홉째, 천주는 우주와 온 천하의 만물을 다스리시는 주재자主宰者이다. 그 권한은 더 높을 수 없으며, 천하의 만물도 모두 그에게 돌아가고 그의 명령을 듣지 않는 것이 없다.

  사람의 아니마도 육체라는 작은 천하를 다스리는 주재자이다. 그 권한은 자유롭게 선택(自專, liberum arbitrium)할 수 있으며, 육신의 전체와 각 부분들은 모두 그에게 돌아간다. 또한 천주의 도우심에 힘입어 자신의 칠정七情의 감정과 욕심 등을 다스릴 수 있고, 세상의 금수와 만물들은 어떤 것도 우리 인간의 아니마의 이성적 의지(靈意)를 벗어날 수 없다. 대개 아니마의 이성적 의지는 견줄 데 없이 강인하여, 세상의 온갖 능력과 온갖 힘

도 이 의지보다 강할 수 없다. 그래서 천주와 비슷하다.[28]

行九, 天主是宇宙大天下萬物之主宰. 其權, 無以尙之, 天下萬物, 悉歸嚮
之, 無不聽其命者. 人之亞尼瑪, 是肉體小天下之主宰. 其權, 能自專, 而
肉體之全軀與各分, 悉皆歸嚮之. 又賴天主之祐, 能主制其七情及願欲等,
而天下禽獸萬物, 無一能外乎吾人亞尼瑪之靈意. 夫亞尼瑪之靈意, 强果
無比, 天下萬能萬力, 莫有得强其意者. 故與天主相似.

[83] 열째, 사람의 재능이 비록 뛰어나 좋고, 천사의 재능이 비록 훌륭하
고 민첩해도 스스로 자신의 본능적 능력에 의지한 것이므로 똑같이 아니
마의 존엄성을 온전히 인식하지는 못한다. 어째서일까? 아니마에게는 천
주의 형상이 있기 때문이다.〔만일 어떤 형상이 사물을 닮았는지를 알려고 한
다면, 반드시 먼저 그 초상이 되는 사물을 인식해야 한다. 사람과 천사는 재능에
한계가 있기 때문에 모두 천주의 무한히 뛰어난 점을 꿰뚫는 것처럼 이해하지 못
한다. 아니마는 이미 천주의 형상이다. 만약 아니마를 온전히 인식하려 한다면, 먼
저 천주를 명백히 인식해야 한다. 그러나 사람과 천사는 천주를 인식하지도 못하
는데, 또한 그 형상을 인식할 수 있겠는가?〕

行十, 人之才, 雖妙好, 天神之才, 雖峻捷, 若自憑其本能之力, 均不能全識

---

28 이 단락은 토마스 아퀴나스가 『신학대전』의 윤리학 부분에 해당하는 제2부(II)를
시작하면서 인간을 하느님의 모상으로 선언하는 서언 부분을 단적으로 해명하는 것
에 해당된다. 즉 토마스 아퀴나스는 인간적 행위에 대한 윤리적 책임의 근거를 세우
기 위해 원형인 하느님이 창조 업적의 주인이요, 권리자인 것처럼 그 모상인 인간도
이성과 의지를 통해 자기 행위와 자기 과업의 주인이요, 권리자라는 것을 명백히 한
다. 여기서 권리는 곧 책임을 동반하므로, 인간은 자기 행위에 대한 자유와 권리를
가지는 동시에 자기 과업에 대한 의무와 책임을 지게 되는 것이다. 이것이 바로 토마
스 아퀴나스 윤리학의 근거요, 출발점이다. 삼비아시는 이러한 사실을 보다 명백히
밝히고 있는 셈이다.

亞尼瑪之尊. 何也? 亞尼瑪, 有天主之像焉.〔如欲識像之肖物與否, 必先識其肖像之物. 人與天神, 才旣有限, 皆不足以透徹天主無量之妙. 亞尼瑪, 旣是天主之像. 若欲全識亞尼瑪, 先當明識天主. 人與天神, 不足識天主, 又足識其像乎?〕

그러나 추측을 통해 인식할 수 있는 한 가지 방법이 있으니, 아니마가 소원하는 것을 통해 그 존엄성을 추론할 수 있다.〔아니마가 소원하는 것은 천지만물들 가운데서 지극히 존엄하고 지극히 귀하며 지극히 값지고 지극히 빼어난 것이다. 대개 천주 아래에 속한 것들은 아무도 그 소원을 채워줄 수 없고, 오직 천주만이 채워줄 수 있다. 이로써 우리는 아니마가 존엄하다는 것을 알 수 있다.〕[29]

然有一道可推測而識, 因其願, 推其尊也.〔亞尼瑪之願, 極天地萬物之至尊至貴至珍至奇. 凡屬於天主之下者, 皆不足以充其願, 獨天主爾. 由是可知亞尼瑪之尊也.〕

옛날 솔로몬撒羅滿〔옛날 어진 왕이다〕은 아니마로 하여금 자신의 존엄성을 스스로 인식하게 하기 위해 다음과 같이 말했다. "만물 가운데 가장 아름다운 것이여!〔이는 아니마를 지칭하는 말이다.〕 네가 너의 존엄함을 알고 싶거든 나와서 너의 양 떼의 자취를 따라 가보라.〔양 떼란 사람의 이목구비와 같은 다섯 감각기관을 가리키고, 자취란 천하 만물을 가리킨다.〕 너의 어린 양을 몰아〔어린 양이란 사람의 감정과 욕심이다〕목자牧者의 우리에 가까이 가서야〔목자란 세상의 욕심을 쫓는 무리이고, 목자의 우리란 세상 사람들이 유희

---

29 여기서 삼비아시는 인간 존엄성의 근거를 역설적으로 피력하고 있다. 일반적으로 인간은 하느님의 모상이기 때문에 하느님의 존엄성을 닮아서 존엄하다고들 한다. 그러나 삼비아시는 이를 넘어서서, 하느님의 모상인 바의 영혼이 최고선이요, 궁극목적을 추구하기 때문에 궁극목적의 존엄성으로 인해 궁극목적을 지향하는 바 인간의 존엄성이 확립된다고 한다.

를 좋아하고 이익되는 것을 즐기고, 여색과 공명과 부귀영달에 빠지는 것과 같은 잠시 즐거운 장소이다〕 비로소 너의 존엄함을 깨닫고 편안해지리라."[30]〔솔로몬이 말한 것은 다음과 같은 뜻이다. 아니마, 너는 너의 다섯 감각기관과 감정과 욕구를 쫓아 여러 사물들의 정황을 경험하게 된다. 이렇게 너의 감정을 따르고 너의 욕구를 쫓아 여러 가지 상황들을 두루 경험할 때, 장차 세간의 수많은 아름답고 좋고 보배롭고 진귀한 것들과 영예로운 복과 부귀며 장수까지도 모두 자신의 소원을 채워주지 못한다는 것을 알게 된다. 이렇게 많은 수고와 어려움을 겪은 다음에야 근원으로 돌아갈 것을 생각하며 천주께 귀의하게 되고, 마음이 편안해지고 소원도 이루어짐으로써 자신의 존엄성을 인식하게 된다.〕

故撒羅滿,〔古賢王也.〕欲令亞尼瑪自識其尊而言曰:"萬物最美者!〔此稱亞尼瑪之詞也.〕爾欲識爾尊, 爾出隨爾羊羣之踪跡.〔羊羣者, 指人之五司耳目口鼻等, 踪跡者, 指天下萬物也.〕牧爾之羔羊,〔羔羊者, 人之情·人之欲也.〕近牧者之牢.〔牧者, 世間狗欲之徒, 牧者之牢, 是世人嬉遊戲·樂逐利·溺色功名榮貴等暫歡之所也.〕乃得識爾尊而可安也."〔撒羅滿之云, 若謂亞尼瑪, 爾出隨爾之五司情欲, 歷諸事物之景況. 以隨爾情, 以從爾欲, 迨歷徧諸境時, 將見世間之萬美

---

30 「아가서」1장 8절(솔로몬의 아가)의 구절을 삼비아시가 나름대로 의역한 것으로 보인다. 「아가서」1장 7절과 8절을 인용하면 다음과 같다.

　사랑하는 내 님아 알려를 다오.
　양떼를 치는 곳이 어디인가를
　한낮이면 어디서 쉬게 하는가
　어찌하여 이 몸은 뜨내기처럼
　그대의 친구들의 양떼를 따라
　이리저리 헤매야 한단 말인가.(1장 7절)
　뭇 여성 가운데 뛰어난 미인이여
　어딘지 모르거든 양떼의 뒤를 밟아
　양치는 목자들의 천막 곁에서
　당신의 어린 양들 길러 보구려?(1장 8절)
　(최민순 옮김 『시편과 아가』, 가톨릭출판사, 1968)

萬好萬寶萬珍榮祿富壽, 皆不能充其願. 而且隨以多多勞苦殆辱, 然後一意復原, 歸於天主, 心安願足, 識己之尊焉.〕

　　천주를 알지 못하면, 아니마의 존엄성을 인식할 수 없으니, 이로써 아니마와 천주가 서로 비슷하다는 것을 알 수 있다.[31]

旣不知天主, 卽不能識亞尼瑪之尊, 可知亞尼瑪與天主相似.

[84] 누가 말하기를, "모든 사물 가운데 서로 비슷한 것들은 반드시 서로를 지향하고, 반드시 서로 사랑한다"고 하였다.[32] 그러므로 아니마가 이미 천주와 비슷하다고 하였으니, 아니마가 지향하는 것과 사랑하는 것은 바

---

31 인간은 왜 존엄한가? 여기에 대한 답을 삼비아시는 부정법을 통해 강조하고 있다. 즉 인간의 존엄성은 하느님의 존엄성에 유비적인 것이며, 그것도 인간의 영혼이 하느님을 최고선으로 추구하는 바의 지향성 자체로 인하여 인간의 존엄성이 드러난다. 따라서 하느님의 존엄성을 인식하지 못하면 인간의 존엄성도 인식할 수 없다는 뜻이다.

32 『신학대전』, I, q.93, a.8에서 토마스 아퀴나스는 인간이야말로 신의 모상이기 때문에, 인간은 신을 사랑하고 지향한다는 것을 피력한다. 이는 토마스 아퀴나스가 하느님의 모상인 인간이 원형인 하느님을 지향한다는 것을 논증하기 위해 아리스토텔레스의 철학적 명제를 인용하면서 제시하는 것이다. 이를 자세히 살펴보면 다음과 같다. 아리스토텔레스는 "유사성은 일종의 통일성을 의미하는데, 속성 속의 통일성이 결국 유사성을 낳기 때문이다"고 말한다(Aristoteles, *Metaphysica*, lib.4, cap.15, 1021a, 11 이하). 토마스 아퀴나스는 자신의 모상설을 위해 이를 인용한다. 결국 통일성이 초범주적 개념에 속하기 때문에, 모든 것에 공통적인 동시에 개별자에 연계된다고 본다. 이에 따라 "모상은 어떤 방식으로든 그 형상의 재연을 지향하는 유사성을 요구한다."(토마스 아퀴나스, 『신학대전』, I, q.93, a.8, c.a) 따라서 모상은 하느님과의 유사성(비슷함) 그 자체의 힘으로 인해 하느님을 모방하여 그 원형을 재현하려는 역동성을 가진다는 것이다. 여기서 모상으로서의 영혼이 가장 극명하게 모방하고자 하는 것은 다름 아닌 善이며, 모상이 추구하는 선은 최고선을 지향한다. 삼비아시는 이러한 토마스 아퀴나스의 모상설을 이 책 네 번째 장의 실천론을 이끌어 가기 위한 효과적이고 적절한 출발점으로 삼는다.

로 천주이다. 그러나 지금 사람들이 지향하는 것과 사랑하는 것을 살펴보면, 대부분 세상의 이익과 쾌락에 있다. 아니마는 육신에 붙어 있기 때문에 육신이 지향하는 것을 따라서 지향하고, 육신이 사랑하는 것을 따라서 사랑하는데, 매우 순종적이고 쉽게 이루어진다.

만약 아니마가 육신이 편하게 여기는 것을 거역하여 세상의 이익과 세상의 쾌락을 초월하고, 육신에 끌려다니지 않고 육신이 이끄는 것을 따라가지 않으며, 오로지 아니마가 근본적으로 지향하는 것(本向)을 생각하여 최고선(至美好, summum bonum)이 지닌 무궁한 묘미를 생각하며, 최고선이 지닌 무궁한 참된 이익과 참된 낙을 생각하고, 최고선이 포함하고 있는 무수한 선善(美好, bonum)을 생각한다면, 세상의 이익과 세상의 쾌락 모두를 누리지 않고 멀리할 것이며, 담담히 여겨 좋아하지 않게 될 것이다.[33] 이에 최고선을 알려고 하는 본성에 관해 아래에 대략 거론하였다.

或言: "凡物, 兩相似者, 必兩相向, 必兩相愛." 亞尼瑪旣與天主相似, 卽亞尼瑪之所向所愛. 應是天主. 今觀人之所向所愛, 多在世間之利與樂. 爲是亞尼瑪寄在肉體, 故隨肉體所向而向之, 所愛而愛之, 甚順甚易也. 若亞尼瑪能違肉體之所便, 能超出於世利世樂, 不爲所牽, 不隨所引, 而專務想亞尼瑪之本向, 想至美好無窮之妙, 想至美好無窮之眞利眞樂, 想至美好中包含無數美好, 卽世利世樂, 都可漠然無營, 淡然無好矣. 欲知至美好之情, 下文略言之.

---

33 삼비아시는 실천론에 이르러서는 성서의 말씀에 따라 우리의 영혼이 하느님을 향하여 나아가는 과정을 그리고 있다. 「베드로 I서」, 2장 11절, "사랑하는 형제들, 낯선 땅에서 나그네 생활을 하고 있는 여러분에게 권고합니다. 영혼을 거슬러 싸움을 벌이는 육체적인 욕정을 멀리 하십시오."

이와 같이 영혼과 육체의 욕구는 서로 상반되어 항상 갈등을 일으키며, 영혼의 욕구는 육체의 정욕과는 달리 항상 천주를 지향하여 선에 이르고자 한다. 이는 그리스도교의 중요한 실천적 교리이다.

아니마가 최고선을 지향하는 본성에 관해 논함 〔論亞尼瑪所向至美好之情〕

[85] 최고선(至美好)이란 선의 원천(原美好)이므로, 다른 선성이 그보다
앞에 놓일 수 없다.[34]

---

34 여기서 선성으로 번역되고 있는 '美好'는 철학용어로 말하자면 '선善(bonum)'을
지칭하며, '至美好'는 '최고선bonum ultimum'을 지칭한다. 이미 최고선과 선이라
는 언어적 구분에서부터 선에 대한 철학적 긴장이 시작되며, 삼비아시는 이 긴장의
지평에서 이 네 번째 장을 고찰하고 있다.
　먼저 선이란 인간의 의지에 대한 긍정적 술어를 나타낸다. 선은 인간의 추구와 노
력을 시간과 공간 속에서 충족시킬 수 있는 것을 서술한다. 그런데 이러한 선은 인간
의 의지가 착하다는 '윤리적 선'과 어떤 사물이 좋다는 '존재적 선'으로 나뉜다. 그
러나 이들은 다같이 존재자 전체를 '선'으로 규정하는 존재론에 바탕을 둔다. 즉 존
재하는 모든 것은 스스로의 본질에 일치하는 그만큼 '선'하며, 인간의 의지가 추구
하는 그만큼 '가치'를 지닌다. 이러한 의지를 선으로 결정하는 것은 결국 형이상학
적 활동이며, 이러한 활동은 모든 존재하는 것들의 참된 질서를 인정하는 동시에 이
질서를 현실적으로 실현시키려 한다. 따라서 이러한 형이상학적 활동은 궁극적으로
최고선에 바탕을 둘 수밖에 없다. 그러나 인간의 현실적 세계질서와 사회질서는 다
원적이므로, 모든 인간의 행위를 최고선에 직접 연결시킬 수는 없다.
　여기서 선의 다의미성이 대두되며, 선에 해당하는 라틴어 'bonum'은 이미 언어적

그 선함에는 또한 원인도 없다. 원인이 없는 것은 다른 누가 만든 것도 아니고, 다른 누가 변화시킨 것도 아니며, 다른 누가 완성시킨 것도 아니기 때문이다. 또 전수받았기 때문도 아니며, 익혀 습관이 되었기 때문도 아니고, 공로로 얻었기 때문도 아니다. 다만 지극히 순수하고 한결같은 본성(性)으로 자연스럽게 그렇게 된 것이어서, 그 선善은 본질(體)과 함께 있고, 그 본질은 또 그 선과 함께 있으니, 이들은 하나요 둘이 아니다.[35]

至美好者, 原美好也, 無他美好在其先. 其爲美好也, 幷無所以然. 無所以然者, 非由他造, 非由他化, 非由他成. 不因傳授, 不因積習, 不因功勛也. 但至純至一之性, 自然而然, 其善與體, 其體與其善, 是一非二.

으로 정관사도 부정관사도 허락하지 않는다. 따라서 'bonum'은 단일화의 어법에 따라 형이상학적 '절대선', '최고선'으로 해석할 수 있으며, 동시에 다양화의 어법에 따라 다양한 선들 가운데 '어떤 선', '하나의 선'으로도 해석할 수도 있다. 현대까지의 모든 윤리학은 이러한 선bonum이 가지는 이중적 의미의 긴장 속에서 전개되고 있다.

삼비아시 역시 네 번째 장에서 끊임없이 '최고선'과 '선성들', 원인의 선과 결과의 선들, 총체적 선성과 다른 선성들, 최고선과 온갖 선성들, 주인과 백성, '최고선'과 '선행들'이라는 대비되는 언어를 구사하면서, 형이상학적 '절대선'과 '개별적 선들' 사이의 긴장을 통하여 논술을 전개하고 있다. 어쩌면 네 번째 장은 '개별적 선'에 속하는 인간이 '최고선'을 향하여 나아가는 과정을 설명한다고도 볼 수 있으므로, 독자들 역시 이러한 긴장을 염두에 두어야 할 것이다.

35 선이 하느님 안에 있다는 것은 만물의 제일원인으로서의 하느님 안에 있는 것이기 때문에, 선은 하느님 안에서 가장 우월한 모습으로 존재해야 한다. 따라서 하느님은 최고선이라고 불린다. 또한 각 사물의 완전성perfectio은 하느님 안에서 가장 완전한 모습으로 발견된다. 그러므로 하느님만이 홀로 본질에 의해 선하다(토마스 아퀴나스, 『신학대전』, I, q.6 a.2 참조). 나아가 하느님은 본질적 선이다. 첫째, 하느님은 그 본질이 존재이므로 존재의 충만성을 가지고 있기 때문이다. 둘째, 하느님은 불변적 존재여서 더 나은(善) 것을 생각할 수 없기 때문이다. 셋째, 하느님은 그야말로 만물의 궁극목적이므로 하느님이 수단으로 사용될 만한 보다 더 큰 선이 존재할 수 없기 때문이다(앞의 책, I, q.6, a.3 참조).

[86] 이 최고선은 거대한 선성(大美好)이어서, 사람들이 지닌 억만 가지나 되는 선성들을 모두 포함하고 있다.[36]

此美好, 爲大美好, 能包人萬億美好.

또 총체적인 선성(總美好)이어서, 다른 선성들이 이것을 통해 선해질 수 있다. 그것은 다른 선성을 통해서는 선해질 수가 없기 때문이다.

爲總美好, 他美好, 由此而美好. 此不因他美好而美好.

이는 최고의 선성(最美好)이어서, 다른 선성들은 이것처럼 선해질 수는 없다. 또한 이것이 다른 선성들보다 몇 배나 뛰어난지 따져 말할 수도 없다.

爲最美好, 他美好, 不能如其美好. 其勝於他美好, 無倍數可論.

이는 항구한 선성(恒美好)이며, 안정된 선성(定美好)이어서, 언제든 선하지 않은 때가 없으며, 어떤 사물이든 선하지 않은 대상이 없고, 어느 곳이든 선하지 않은 장소가 없다.

---

36 아우구스티누스 역시 그의 『자유의지론』 2권 2부 46쪽 및 『삼위일체론』 8권에서 모든 사물은 모두 선 자체인 하느님으로 말미암아 선한 것이라고 말하고 있다. 토마스 아퀴나스는 이를 『신학대전』에서 보다 자세하게 설명한다. 즉 모든 존재자는 하느님의 선성으로 인하여 선하다. 모든 존재자는 하느님의 존재에 참여함으로써 존재하므로, 존재하는 한 선하다. 존재자와 선은 일치하기 때문이다. "하느님이 모든 존재자의 원형exemplum이요, 제일원인이요, 모든 선들의 궁극목적인 한에 있어서, 모든 존재자는 하느님의 선성으로 인하여 선하다고 말해진다." 또한 모든 존재자는 자신 안에 내재하는 하느님과의 유사성으로 인하여 선하다고 말해진다. "모든 존재자들은 유일한 선을 통하여 선하다고 말해지는 한편, 그 자체로도 선하다고 말해진다."(토마스 아퀴나스, 『신학대전』, I, q.6, a.4 참조) 결국 토마스 아퀴나스에 따르면 모든 선들의 원천으로서의 선성은 유일무이하지만, 그 선성에 참여하는 다양한 선들이 존재한다는 것이다.

爲恒美好, 定美好, 無時不爲美好, 無物不爲美好, 無處不爲美好.

[87] 최고선의 본성本性은 존귀하다고 할 수 있다. 그것은 가없이 무궁하게 위대하기 때문이다.

論至美好之性情, 其尊貴也, 爲無窮際之大.

최고선의 품위는 우뚝 빼어나다고 할 수 있다. 그것은 가없이 무궁하게 높기 때문이다.

論至美好之品位, 其峻絶也, 爲無窮際之高.

최고선이 포함하고 있는 것은 넉넉하다고 할 수 있다. 그것은 가없이 무궁하게 넓고 크기 때문이다.

論至美好之包涵, 其富有也, 爲無窮際之廣博.

최고선의 존재는 시작도 없고 마침도 없다고 할 수 있다. 그것은 가없이 무궁하게 오래되었기 때문이다.[37]

論至美好之存駐, 其無始無終也, 爲無窮際之久遠.

---

37 시간tempus 개념은 '이전'과 '이후'를 가늠하는 운동이나 변화의 척도를 나타낸다. 그러나 영원성의 개념은 동시적이고 완전하며 시작도 끝도 없는 것을 나타낸다. 따라서 영원성은 모든 것이 동시에 함께 존재하는 것을 말하므로 시간 개념과는 다르다. 그리고 이 영원성은 하느님의 존재 자체에 속하기 때문에 하느님의 고유한 본질이다(토마스 아퀴나스, 『신학대전』, I, q.10, aa.1~3 참조).

최고선의 정밀함은 깊이와 무게를 재기 어렵다고 할 수 있다. 그것은 가없이 무궁하게 깊기 때문이다.

論至美好之精微, 其難測難量也, 爲無窮際之幽深.

[88] 최고선의 선성은 그 실체가 다른 선성으로 인해 생겨나는 것이 아니며, 그 작용(功用)도 다른 선성으로 인해 이루어지는 것이 아니다. 오히려 다른 선성들의 실체가 이것으로 인해 생겨나고, 또 다른 선성들의 작용이 이것으로 인해 이루어진다.[38]

至美好之美好, 其體, 不因他美好而有, 其功用, 不因他美好而成. 他美好之體, 則因此而有, 他美好之功用, 則因此而成.

[89] 다른 선성을 지닌 사물들은 반드시 네 가지 단서를 갖고 있다. 첫째는 존재(有, ens)요,[39] 그 다음은 존속(存駐)이요, 그 다음은 작용(作用)이요,[40] 마지막은 작용의 인지(知作用)이다.[41]

---

38 플라톤은 『국가』, 507a~b에서 선 그 자체는 다른 선으로 인해 선한 것이 아니라, 그 스스로 선하다고 한다. 그리고 토마스 아퀴나스 역시 『신학대전』, I, q.103, a.2에서 선 그 자체는 이 세상이 그리로 향하는 것이며, 이 세상은 그에 참여함으로써 선할 뿐이라고 한다. 그러나 최고선과 다양한 선들의 관계에 대한 설명에서 토마스 아퀴나스는 자신의 존재론을 따른다.
39 변화motus와 달리 생성이란 그 이전에 존재하지 않던 것이 존재의 지평으로 등장하는 것을 말한다. 모든 사물의 실재는 신에 의해 비롯되므로, 창조란 하느님이 무ex nihilo로부터 사물들을 존재로 산출해낸다는 것은 필연적이다(토마스 아퀴나스, 『신학대전』, I, q.44, a.2: 45, a.2 참조).
40 선은 근원적으로 또 그 자체로서는 완전성 안에 그리고 현실태 안에 성립된다. 그리고 현실태에는 두 가지가 있는데, 제1현실태는 사물의 형상과 온전성이고, 제2현실태는 작용이다(토마스 아퀴나스, 『신학대전』, I, q.48, a.5 참조).
41 선과 목적은 개념적으로 동일하다. 즉 선은 모든 것이 욕구하는 대상이므로, 목적

他美好之物, 必具四端. 其一有, 其次存駐, 其次作用, 其次知作用.

온갖 선성들은 이 최고선에 힘입어 존재하는 것이며, 다른 선성에 힘입어 존재하지는 않는다.[42]

萬美好之有, 藉此至美好而有, 此美好不藉他美好而有.

온갖 선성들은 최고선에 힘입어 존속하는 것이며, 다른 것에 힘입어 존속하지는 않는다.

萬美好藉此而存駐, 此不藉他而存駐.

온갖 선성들은 최고선에 힘입어 작용하는 것이며 다른 것에 힘입어 작용하지는 않는다.

萬美好因此而作用, 此不藉他而作用.

온갖 선성들은 최고선에 힘입어 작용을 인지하며 다른 것에 힘입어 작용을 인지하지는 않는다.

萬美好藉此而知作用, 此不藉他而知作用.

인의 의미와 개념을 가지게 된다. 따라서 선한 것은 선으로 인식되지 않는 한 욕구될 수 없다(토마스 아퀴나스, 『신학대전』, I, q.5, a.4 참조).

42 하느님은 모든 사물의 능동인, 형상인, 목적인이며 제일질료도 하느님으로부터 있는 것이기 때문에, 모든 사물의 제일근원은 실재적으로 유일하다는 결론이 나온다(토마스 아퀴나스, 『신학대전』, I, q.44, a.4 참조).

[90] 이 최고선은 완전히 만족스럽다. 완전히 만족스러운 것은 취하지 않는 것도 없지만 부족한 것도 없다. 자신에 대해 완전히 만족하기 때문에 역시 만물에 대해서도 완전히 만족하고, 무궁한 세상의 만물에 대해서도 만족한다. 그래서 만물과 만세萬世에 두 배가 되고 또 두 배가 되어 셀 수 없이 무수해져 부족한 것이 없으니, 이것을 두고 완전히 만족스럽다고 말한다.

此美好, 爲公至足. 公至足者, 無所不取資, 無所不足. 至足於己, 亦至足於萬物, 亦至足於無窮世之萬物. 乃至萬物萬世, 更倍之倍之, 以至無數可論, 亦無不足, 是謂公至足.

[91] 다른 여러 가지 길한 것과 선한 것, 흉한 것과 악한 것들의 수많은 단서들에 대해 이 최고선은 선한 것과 길한 것에는 이익을 주고, 흉한 것과 악한 것은 치료를 해준다. 또한 높고 낮거나 크고 작거나 귀하고 천한 경영되고 있는 여러 기능과 일들을 모두 취하여 좌우에 충족케 하니, 텅 비어 모자라는 일이 없다.

他諸吉者善者凶者惡者萬端, 此至美好, 悉能利益於善者吉者, 悉能治療於凶者惡者. 於諸上下大小貴賤所營職業, 悉皆取資, 左右隨足, 無有匱乏.

[92] 이 최고선은 오늘날 눈으로 볼 수도 없고, 귀로 들을 수도 없다. 오직 믿어야 하고, 오직 소망해야 하며, 오로지 그리워해야 한다. 나의 이 믿음과 소망과 그리움은 곧 은혜로우신 교훈이요, 베푸시는 위로요, 그저 주시는 기쁨이요, 내려주시는 도움이다. 뒷날 명백히 깨닫게 되는 때가 오면 저절로 정신이 아득하고 마음은 두려워지지만, 마치 내 마음을 붙잡은 듯, 내 몸을 잃어버린 듯, 내 눈이 아찔한 듯, 내 감정이 흐뭇해지는 듯하면서

기꺼이 옳은 자리를 찾아 아주 편안해짐으로써 나를 복되고 영원케 하여 길이 살도록 한다.

此至美好, 其在今也, 目不可見, 耳不可聞. 惟當信之, 惟當望之, 惟當存想之. 我此信此望此想, 卽是所惠教訓, 所施慰勉, 所予欣悅, 所垂祐助. 至後來明見之日, 自當茫然慺然, 若攝我心, 若失我身, 若眩我睛, 若擥足我中情, 怡然得所而大寧, 福我永我, 乃以常生.

[93] 이 최고선은 내 스스로 얻을 수 있는 것이 아니다. 오직 그라시아를 통해 얻을 수 있다.[43] 이것을 얻게 되면 곧 선善을 갖추게 되어, 내가 천사와 비슷하해지고, 성인과 비슷해지며, 천주와 비슷해진다. 또 나의 모든 행위가 천주와 비슷해진다. 차이가 있다면, 천주는 자연스럽게 그렇게 되지만, 나는 그라시아를 통해 그렇게 된다는 점이다.[44]

---

43 최고선, 궁극목적, 진복은 개념적으로 동일하다. 이러한 의미에서 삼비아시가 말하는 최고선의 획득은 토마스 아퀴나스가 『신학대전』 도입부에 해당하는 I∼II, qq.1∼5에서 다루는 행복론에 상응하는 내용이다. 따라서 토마스 아퀴나스가 말하듯이 인간은 오직 하느님의 도우심을 통해서만 참된 행복에 도달할 수 있다. 인간 스스로의 선행과 자유의지만으로는 최고선이나 참된 행복을 얻는 것이 불가능하다. 왜냐하면 최고선이나 참된 행복은 인간의 자연적 능력을 초월하는 것이기 때문이다(토마스 아퀴나스, 『신학대전』, I∼II, q.5, a.5 참조). 따라서 인간은 오직 은총을 통해서만 최고선에 이를 수 있다. 나아가 실천론의 실례에 따르면 인간은 선행과 자유의지만 가지고서는 정의를 얻을 자격이 없으며, 오직 영생을 위한 합당함convenientia만을 얻을 수 있다. 그러나 어떤 의미에서 그를 신과 동등한 처지로 끌어올리는 성화 은총의 효과를 통해서 정의를 얻을 자격을 지닐 수 있다(앞의 책, I∼II, q.114 a.3). 또한 궁극적인 인내는 오직 신의 이끎에 있다. 따라서 아무도 자신의 은총의 상태의 효과로서 그것을 추구할 수 없다(앞의 책, I∼II, q.114, a.9 참조).
44 은총의 도움이 없었더라면 인간은 원죄 이전 상태에서조차도 영원한 생명을 누릴 자격(공로)을 갖추지 못했을 것이다(토마스 아퀴나스, 『신학대전』, Ia∼IIae, q.114, a.2). G.달 사쏘, R.꼬지 공편, 이재룡·이동익·조규만 옮김, 『신학대전 요약』, 가톨릭대학교출판부, 1993, 214쪽.

此至美好, 非我可得. 惟依額辣濟亞而可得之. 得之者, 便爲成善, 使我擬於天神, 使我擬於聖人, 使我擬於天主. 使我衆行百爲, 皆似天主. 所差別者, 天主自然而然, 我依額辣濟亞而然.

[94] 이 최고선이 나의 아니마와 함께 어울리게 되면, 천주께서는 나를 거두어주시고, 천사와 성인들은 나를 아껴주며, 대중들은 우러러 본받게 되고, 마귀들은 두려워하며, 현명한 사람들은 나를 기리며 이야기한다. 또 나를 용감하게 만들고, 나를 귀하게 만들며, 나를 즐겁게 하고, 나를 부유하게 하며, 내가 공로를 쌓을 수 있게 하며, 나로 하여금 모든 선과 갖은 덕행을 골고루 갖추도록 한다.[45]

此至美好, 而與我亞尼瑪偕焉, 則天主收之. 天神聖人愛之, 衆人仰之儀之, 邪魔懼之, 賢者讚之述之. 令我勇, 令我貴, 令我樂, 令我富, 令我有功, 令我於萬善衆德, 種種備足.

[95] 이 최고선은 내가 만약 그것을 얻었다 하더라도, 질투하지 않으며 방해하여 막지도 않는다. 장차 나에게 부여하려고 하면 부여하지 않을 것이 없으며, 부여하지 않으려는 것도 없다. 그것의 본성이 본래 그렇기 때문이다.

此至美好, 我若得者, 莫能妬之, 莫能沮之. 其與諸我也, 無不與之, 無不願

---

45 물론 인간은 오직 은총을 통해서 그리고 피안에서만 최고선에 도달할 수 있다. 그러나 이 현실에서의 다양한 선들도 결국 최고선에서 비롯되고 최고선에 참여하는 것이므로 현실에서 최고선을 추구하고 최고선을 닮아가는 과정에서도 현실적인 유익함이 발견된다. 삼비아시는 여기서 이러한 최고선을 추구하는 자의 현실적 유익함을 강조하고 있다.

與之. 其情性自然如此故.

[96] 이 최고선은 항상 사람을 함께 참여(與偕, participatio)시키는데, 이에는 네 가지 근거가 있다.

此至美好, 常與人偕, 有四端焉.

　첫째, 사람을 창조함으로써 사람을 함께 참여시킨다. 사람을 함께 참여시키는 것은 창조한 만물 가운데 유독 사람만이 그것의 초상肖像이기 때문이다. 사람이 초상이 된다는 것은 사람의 형체가 그렇다는 말이 아니다. 인간만이 그것을 인식하고, 그것을 사랑하며, 그 복을 주고받을 수 있다는 것이다. 그러므로 사람이 초상이 되기 때문에 사람을 창조함으로써 사람을 함께 참여시킨다.[46]

其一, 以造成人與人偕. 與人偕者爲造成萬類, 獨人爲其肖像也. 人爲肖像者, 非形體之謂. 爲獨人類能識之, 能愛之, 能與受其福. 故人爲肖像, 以造成人與人偕也.

[97] 둘째, 필요한 것을 마련해줌으로써 사람을 함께 참여시킨다. 필요한 것을 마련해준다는 것은 사람마다 그들의 마음에 흡족하도록 무언가를 마련해주는 것인데, 여기에는 두 가지가 있다.
　하나는 육신에 필요한 양식인 의복·음식·기구와 같은 것인데, 온갖 사물을 종류별로 마련해준다. 가령 부모가 자식을 기르면서 또 한편 자식

---

46 토마스 아퀴나스가 인간이 하느님의 모상이라고 할 때, 그 모상이란(이 책의 본문에서 肖像이라고 한다) 육체라기보다는 영혼에서 특별히 그렇다고 하며, 나아가 영혼과 육체의 통일성에서 더욱 그러하다고 한다(토마스 아퀴나스, 『신학대전』, I, q.93, a.6 참조).

으로 하여금 다른 사람들에게 필요한 것도 마련하도록 시켰다고 하자. 이에 맏아들이 부모가 남긴 양식을 물려받아 두루 집안 사람들을 보살핀다면, 이는 모두 그 부모가 양육하는 것이다.

다음으로 영혼에 필요한 양식인, 그라시아로부터 받은 도덕·인의仁義 같은 것으로, 모든 선善을 모두 마련해준다. 가령 부모가 자식을 가르치면서 또 한편 자식으로 하여금 다른 사람도 깨우쳐주도록 시켰다고 하자. 이에 부모님의 가훈을 받들어 두루 집안 사람들을 가르친다면, 이는 모두 그 부모가 가르친 것이다.

그러므로 필요한 것을 마련해줌으로써 사람을 함께 참여시킨다고 하였다.

其二, 以備所須與人偕. 備所須者, 人人屬其顧念也, 有二端. 肉身所須日用糧, 如衣服飲食器用等, 萬事萬物種種具足. 如父母育子, 又令我備具他人所須. 若家督上承父母資糧, 徧育家衆, 皆父母所養也. 又靈魂所須日用糧者, 如額辣濟亞以及道德仁義等, 萬善具足. 如父母敎子, 又令我訓誨他人. 若承父母家訓, 徧敎家衆, 皆父母敎也. 故曰以備所須與人偕也.

[98] 셋째, 사람을 보존(conservatio)함으로써 사람을 함께 참여시킨다.[47]

보존한다는 것은 보호해주고, 존속시키며, 흩어져 사라지는 것을 면하도록 하는 것인데, 여기에도 여러 층위가 있다. 가령 물·불·공기·땅과

---

47 이는 스콜라철학에서 제작자와 제작물의 관계를 통하여 고찰되는 존재의 존속성을 말한다. 인간은 존재 자체인 신에게 모든 존재와 그 보존을 빚지고 있다. 인간은 진정한 존재이신 하느님의 존재에 참여함으로써 비로소 존재하기 시작하는 참여적 존재이기 때문이다. 모든 사물은 하느님의 존재에 참여하는 한 존재하기 때문에, 하느님이 사물로 하여금 지속적으로 존재하도록 하는 한 사물은 지속적으로 존재한다. 따라서 사물들의 보존conservatio이란 하나의 지속적 창조creatio continua를 의미한다(토마스 아퀴나스, 『신학대전』, I, q.104, a.1 참조).

같은 성장(生)·감각(覺)·이성(靈)이 없는 것들은 존재(有)하게 함으로써 보존해주니, 곧 존재케 함으로써 참여시킨다. 사람을 보존하는 것 역시 물·불·공기·땅을 보존하는 것과 같다.

또 초목과 같이 감각과 이성은 없되 성장만 하는 것이 있는데, 이것들도 존재케 함으로써 보존해주고, 또한 성장하게 하고 발육하게 하고 양육시킴으로써 보존해준다. 사람을 보존하는 것도 역시 이와 같다.

또 동물과 같이 성장·발육·양육은 똑같이 하되, 이성은 없고 감각만 있는 것이 있는데, 이것은 존재케 하고 성장하게 함으로써 보존하고, 다시 내적·외적 여러 기관을 통해 지각하게 함으로써 보존해주고, 내적·외적 여러 동인動因을 통해 운동하게 함으로써 보존해준다. 사람을 보존하는 것도 역시 이와 같다.

또 성장·발육·양육도 똑같이 하고, 지각과 운동도 똑같이 하지만 다른 사람에 대해서는 이런 것 외에 기억(記含)과 이성(明悟)과 욕구(愛欲)와 통치(主宰)의 능력으로 보존하게 한다. 이러한 능력은 물·불·공기·땅이나 초목과 동물들에게는 없고 오직 사람에게만 있는 것이다.

그러므로 사람을 보존함으로써 사람을 함께 참여시킨다고 했다.

其三, 以保存人與人偕. 保存者, 護衛之, 留駐之, 使免散壞也, 而有數種. 如四行等無生覺靈者, 保存之以有, 卽偕焉以有. 其保存人也, 亦與四行等同. 有如草木等無覺靈而有生者, 保存之以有. 又以生以養以長, 其保存人也, 亦與同. 有同是生長養如禽獸等, 無靈而有覺者, 保存之以有以生, 又以內外諸司, 令彼知覺, 以內外諸動, 令彼運用. 其保存人也, 亦與同. 有同是生長養, 同是知覺運用, 諸種之外, 其於人也, 又保存以記含以明悟以愛欲以主宰. 是則四行草木禽獸等所無也, 而於人獨也. 故曰以保存人與人偕也.

[99] 넷째, 모든 것 속에 있음(無不在)으로써 사람을 함께 참여시킨다.

모든 것 속에 있다는 것은 본질(體)상 모든 것 속에 있는 것이요, 현존(見)상 모든 것 속에 있는 것이며, 능력(能)상 모든 것 속에 있는 것이다. 모든 것 속에 있지만 사람에게 가장 절친切親한데, 사람들은 그것을 깨닫지 못한다.

비유하자면 영혼이 사람에게 머물면서 사람을 성장시키며, 사람을 행동하게도 하고, 바깥의 사물들을 훤히 이해하게 하며, 또한 내면의 본성과 감정도 이해하게 하지만, 사람은 영혼이 그렇게 만든 것인 줄은 모르는 것과 같다.

또 비유하자면, 태양은 하늘에 머물면서 만물을 성장하게 하고 양육하지만, 우리가 볼 수 있는 것은 온통 밝은 빛일 뿐이어서, 우리를 성장하게 하고 양육하기 위해 비치는 것인 줄 모른다. 이처럼 그 절친함의 정도는 수만 배에 그치지 않는다.

그러므로 모든 것 속에 있음으로써 사람을 함께 참여시킨다고 했다.[48]

---

48 삼비아시는 "최고선이 존재하지 않는 곳이 없다(無不在)"는 명제를 토마스 아퀴나스의 『신학대전』, I, q.8, a.1, "하느님은 모든 사물에 존재하는가?"에서 실례까지 그대로 옮겨오고 있다. 이는 삼비아시가 토마스 아퀴나스의 하느님에 대한 고찰을 최고선에 대한 고찰로 옮기고 있다는 사실과 함께 최고선과 하느님이 개념적으로 동일하다는 것을 극명하게 보여주고 있다. 본문에 해당하는 토마스 아퀴나스의 신론을 요약하면 다음과 같다. 즉 하느님은 모든 사물 속에 존재한다. 그러나 하느님은 사물의 한 본질적 부분이나 사물의 속성으로서가 아니라, 마치 원인이 결과 속에 존재하는 바와 같이 존재한다. 그런데 하느님은 자신의 본질적 힘을 통해 자신의 존재 자체이므로, 모든 창조된 존재자는 필연적으로 하느님의 고유하고 예외 없는 작용의 결과여야만 한다. 그리고 이러한 하느님의 작용은 사물 속에 순간적으로 미치는 것이 아니라 그 사물이 존재하는 한 지속된다. 그래서 공기 속에 있는 빛은, 그 빛이 밝게 비추고 있는 한 태양이 불타고 있는 결과이다. 그러므로 사물이 존재하는 만큼 하느님은 그 사물 속에 현존하며, 그것도 모든 사물 개개의 존재 방식에 상응하여 존재해야만 한다(토마스 아퀴나스, 『신학대전』, I, q.8, a.1, c.a. 참조).

其四, 以無不在與人偕. 無不在者, 體無不在, 見無不在, 能無不在. 其無不在於人, 至親至切, 而人不能覺. 比於靈魂在人, 使我生, 使我行, 使我通達外來事物, 又通達內心情性, 而我不覺是靈魂所使. 比於日在天, 生養萬物, 所可見者, 皆承大光, 而我不覺爲所生養照臨. 其爲親切, 皆倍萬不啻也. 故曰以無不在與人偕也.

[100] 이 최고선은 내가 현존하는 곳에 따라서 그 대상에 의존하지 못하는 것이 없고, 받아들일 수 없는 일이 없으며, 즐기지 못하는 것이 없고, 머물지 못하는 곳도 없다. 그리워 흠모하지 못하는 것이 없고, 풀이해서 밝히지 못하는 것이 없으며, 볼 수 없는 것도 없고, 듣지 못하는 것이 없으며, 맛보지 못하는 것도 없다.

此至美好, 任我所在, 無處不可依向之, 無處不可得之, 無處不可饗之, 無處不可留之. 無處不可想慕之, 無處不可講說之, 無處不可見之, 無處不可聞之, 無處不可嘗之.

사람에게는 두 가지의 빛이 있다.

하나는 자연적인 본래의 빛이다. 이치를 추론하여 깨닫듯이 사람의 능력으로 이를 수 있는 것이 그것이다.

다른 하나는 초자연적인 참된 빛이다. 자연의 이치보다 위에 위치하고 있고, 오직 하느님이 내려주시는 것으로, 사람의 지혜와 안목으로는 이를 수 없는 것이 그것이다.

人有二光. 其一自然之本光. 推理致知, 人力可及者是. 其一超於自然者之眞光. 在理之上, 惟天主賜與, 非人知見所及者是.

[101] 이 최고선은 현재에는 나로 하여금 자연적인 본래의 빛에 의존하여 차츰 인식할 수 있게 하지만, 미래에는 초자연적인 참된 빛에 의존하여 결국 볼 수 있게 한다.[49] 그러나 이렇게 인식하고 보게 되는 것도 바닷물을 한 방울 마시는 정도에 불과하고, 틈새로 비치는 햇빛을 보는 것과 같아서 모두 다 인식하고 보기가 어렵다. 그럼에도 유독 스스로 따져서 살필 수 있고, 스스로 온전히 깨달을 수 있으며, 스스로 온전히 욕구할 수 있다. 이렇게 온전히 깨닫고 온전하게 욕구하는 것을 무궁한 참된 행복(眞福, beatitudo)이라고 한다.

此至美好者, 在我今日, 依我本光, 稍亦識之, 其在他日, 依藉眞光, 果得見之. 而此識者見者, 如飮海滴水, 見日隙明, 悉難罄盡. 惟獨自能窮究, 自能全通, 自能全愛. 此全通者, 全愛者, 是名無窮眞福.

[102] 이 최고선이 이 세상에 있을 때는 내가 자연적인 본래의 빛으로 인식할 수 있는 것에 의존하기 때문에 아주 적고 미세하다. 그러나 비록 미세하다 하더라도 세상의 학문들과 비교해보면, 몇 만 배나 진실되고 확고하며, 몇 만 배나 유익하고 적합하며, 몇 만 배나 만족스럽고 귀하며 즐거운 것이다.[50]

---

49 자연적인 본래의 빛, 즉 토마스 아퀴나스가 자연의 빛이라고 한 것은 지성intellectus의 힘을 말하고, 초자연적 빛이란 은총의 힘을 말한다. 그런데 토마스 아퀴나스에 따르면, 자연은 은총으로 인해 완성되고, 자연적 빛은 초자연적 빛으로 인해 완성되는 것이라고 한다. 토마스 아퀴나스는 이를 단적으로 "은총은 본성을 파괴하는 것이 아니라, 오히려 완성하기 때문이다cum gratia non tollat, nuturam, sed perficiat"라고 한다(토마스 아퀴나스, 『신학대전』, I, q.1, a.8, ad 2).

50 삼비아시는 토마스 아퀴나스의 하느님에 대한 고찰을 최고선에 대한 고찰의 근거로 삼고 있다. 따라서 삼비아시가 『영언여작』에서 완전한 선성에 대한 학문이라고 부르는 것은 토마스 아퀴나스가 『신학대전』에서 "성스런 가르침Doctrina divina" (『신학대전』, I, q.1, aa.1~2 참조)이라고 명명하는 신학을 말한다. 여기서 토마스

此至美好, 在此世間, 依我本光所能識者, 極爲微細. 雖則微細, 以視世間學問, 倍萬爲眞, 倍萬爲確, 倍萬爲益, 倍萬爲宜, 倍萬爲足, 倍萬爲貴, 倍萬爲樂.

[103] 이 최고선을 내가 이 세상에 있는 동안 인식해보려고 하지만, 연구나 사색을 통해 깨달을 수 있는 것이 아니다. 오로지 충정 어린 마음으로 사랑하고 사모하며, 또한 심지心地가 맑고 깨끗해야 비로소 깨달을 수 있다.[51]

此至美好, 我此世間而欲識之. 非因講究思惟, 便可必得. 惟是衷情慕愛, 心地躅潔, 方可得也.

[104] 이 최고선은 내가 통찰할 수 있고, 또 내가 사랑할 수 있지만, 변함없이 항구해야 영원한 생명(常生)이 되고, 참된 행복이 된다. 그러나 이러한 복을 얻어 비록 세상의 선善 중 어느 한 곳에 병합시킨다 할지라도 끝내 최고선에는 미칠 수 없다. 서로의 거리가 몇 배나 되는지 수치로 측정할 수도 없다.

此至美好, 我能明悟, 我能愛慕, 而有恒者, 即是常生, 即是眞福. 得此福者, 雖以世間美好倂合一處, 終莫及之. 相去倍數, 非復計量所及.

아퀴나스는 인간의 구원은 인간의 이성적 영역에 머무르는 일반적 철학(학문) 이외에도 하느님의 계시에 기초하는 가르침을 요구한다고 한다. 따라서 토마스 아퀴나스는 성스런 가르침이야말로 다른 학문에 비해 가장 고상한 학문이라고 한다. 마찬가지로 삼비아시도 『영언여작』에서 이를 가장 진실하고 참된 학문이라고 말하는 것이다.

51 여기서 삼비아시는 최고선이 사변학문을 넘어서서 실천학문의 대상임을 드러내고 있다. 「마태복음」, 5장 8절에서도 "마음이 깨끗한 사람은 행복하다. 그들이 하느님을 뵙게 될 것이다"라고 했다.

[105] 이 최고선은 순수한 선성이어서 잡스러운 면이 있는 다른 선성들과는 다르다. 또한 만족스런 선성이어서 모자라는 면이 있는 다른 선성들과도 다르다.

此至美好, 爲純美好, 非如他美好尙有雜者. 爲足美好, 非如他美好尙有闕者.

[106] 이 최고선에는 다른 선성이 그 위에 있는 일도 없고, 또한 다른 선성이 나란히 동등한 경우도 없다. 이뿐만 아니다. 아울러 다른 선성이 그 아래에 있는 일도 없다.

　만약 그 아래에 있다고 말한다면, 그것은 곧 서로를 비교하는 것이다. 그러나 이 완전한 선성에는 비교할 만한 대상이 없다. 가령 세상에 있는 일체의 선성을 모아 합치면 지극히 크고 많지만, 이 최고선과 서로 비교해 볼라치면 그 비례되는 것이 마치 유한한 것을 무한한 것에 비기는 것과 같다. 그렇게 보지 않더라도 또한 그림자에 비길 수 있다. 그림자는 형체와 서로 비교해볼 수 없다. 그것은 결국 없는 것일 뿐이기 때문이다.

此至美好, 無有他美好在其上者, 亦無他美好與之等者. 非獨此耳. 並亦無他美好在其下者. 若云或在其下, 便屬比方. 此至美好, 無比方者. 縱令幷合世間一切美好, 至大至多, 求與之比, 其爲比例, 若有之與無. 不然, 亦其影也. 影之與形, 不爲比例, 終屬無耳.

[107] 높은 하늘과 두터운 대지와 수많은 만물을 이 선성 앞에 둔다면, 마치 한 방울 이슬과 같은 존재일 뿐이다. 많고 적은지 가볍고 무거운지도 따질 것이 못 된다. 선성은 다시 천지天地보다 배가 되고, 만물보다 배가 되며, 또 배가 되고 배가 되어 이루 헤아릴 수 없는 지경에 이르렀다. 많고 적으며 가볍고 무거운 것도 역시 이와 같다.

天之高, 地之厚, 萬物之贖, 置此美好之前, 猶露華一點耳, 不足論於多寡
輕重. 更復倍此天地, 倍此萬物, 倍之又倍, 至於無算. 其爲多寡輕重, 亦
復如是.

[108] 이 최고선은 다른 억만 가지 선성들의 모범이 되는데, 그것은 이
선성이 다른 여러 가지 선성들의 기준이 되기 때문이다.

다른 선성들은 그 본질을 따져보면, 본래 선성이란 없었다. 그러나 완
전한 것과 서로 가까워지면서 선성이라 불리게 되었고, 더 가까워지면서
더욱 선해졌다. 그러므로 이들을 분별하여 차등을 둘 때 완전한 것을 그
모범으로 삼는다.

그것은 마치 순금이 가장 귀하고, 그 다음으로 은, 동, 주석인 것과 같
다. 순수한 것에 가까울수록 귀한데, 이들을 분별하여 차등을 둘 때 금을
기준으로 삼는다. 그래서 최고선은 선성들의 모범이라고 말했다.

此至美好, 爲他諸萬億美好之準則, 爲此美好, 能節度於他諸美好. 彼諸美
好, 論其本體, 自無美好. 爲與至者相近, 稱爲美好, 愈切近, 愈美好. 其分
別差等, 皆以至者爲其法式. 如精金至貴, 下至銀銅錫. 近者愈貴, 分別差
等, 以金準之. 是名準則.

[109] 이 최고선을 따르게 되면 다른 많은 선성들을 버릴 수 있게 된다.
다른 선성들을 따르게 되면 나를 가로막고 억누르게 되어, 나로 하여금 이
최고선을 얻어 누리지 못하게 한다.[52] 그래서 그 일체를 버려두어 마치 떨
어진 빗자루 보듯이 해야 한다. 이 같은 일을 세상 사람들은 어리석다고
여기지만, 그 어리석음이야말로 도저히 도달할 수 없는 경지이다.

52 네 번째 장 [86]의 최고선에 대한 각주 36(154쪽) 참조.

爲此美好, 而能遺棄他諸美好. 爲他美好, 能阻我抑我, 令我不得此至美
好. 故須一切棄置, 視若敝帚. 如是者, 世或目以爲愚, 其愚不可及也.

[110] 이 최고선을 내가 얻어 누리는 것은 그저 얻은 것이니, 나에게 주
는 자도 그저 주는 것이다. 어째서인가? 나에게는 아무런 공로도 없기 때
문이다.[53] 설령 공로가 있다 하더라도 이 공적은 또한 어디에서 얻은 것이
겠는가? 나는 본래 아무런 공로도 없는데, 어떤 이유로 얻어 누릴 수 있겠
는가? 그러므로 나에게 주는 자도 그저 주었다고 말하는 것이다. 그러나
또한 반드시 나도 똑같이 행동해야 한다. 그러지 않으면 그저 주려고 해도
받아들일 수 없게 된다.[54]

此至美好, 而我得者, 是徒得之, 其與我者, 是徒與之. 何者? 我無功故. 就
令有功, 而此功績, 從何得之? 我本無功, 何由可得? 故與我者, 是名徒與.
雖然, 亦須我與同行. 不然者, 雖欲徒與, 而莫或受之.

[111] 이 최고선을 인식할 수 있는 방법으로 일곱 가지 단서가 있다.
    자연적인 본래의 빛을 통하는 것이 첫 번째요,[55] 초자연적인 참된 빛을

---

53 토마스 아퀴나스의 『신학대전』에 따르면, 공로meritum란 정의로운 보상 또는 대
   가라는 의미에서 존재론적으로 동등한 자들 간에 이루어지는 것이다. 그러나 하느
   님과 인간은 대등한 관계를 맺지 않는다. 하느님의 도움으로 보상받을 만한 행위를
   추구하도록 했다는 점에서 공로는 오직 하느님에게 있다고 말할 수 있다(토마스 아
   퀴나스, 『신학대전』, I~II, q.114 a.1, c.a. 참조).
54 토마스 아퀴나스의 말을 따르더라도 인간의 의지는 하느님에 의해 움직여지지 않
   는 한 선을 향해 나아갈 수 없다. 이것이 작용은총gratia operans이다. 그리고 이미
   선을 향해 움직였다 하더라도 하느님이 의욕하고 있는 기능들을 지탱해주지 않는 한
   그 기능들을 명령해서 선을 성취할 수 없다. 이것이 조력은총gratia cooperans이다
   (토마스 아퀴나스, 『신학대전』, I~II q.111 a.2, c.a. 참조).
55 이 단락은 신학적으로 토마스 아퀴나스의 『신학대전』, I, q.12의 주제, "우리는 어

통하는 것이 두 번째요,[56] 맑고 깨끗한 마음을 통하는 것이 세 번째요, 그 맛을 보는 것을 통하는 것이 네 번째요,[57] 항상 서로의 은밀한 친교를 통하는 것이 다섯 번째요,[58] 다섯 감각기관을 고요히 안정시킴을 통하는 것이 여섯 번째요,[59] 성경聖經의 깊은 뜻을 묵상하여 명백히 깨달음을 통하는 것이 일곱 번째이다.[60]

떻게 하느님을 인식할 수 있는가?"에 나오는 논증을 기초로 한다. 그러나 삼비아시가 하느님의 본질을 보기 위해 창조된 빛이 필요하고 한 것은 그 빛으로 말미암아 비로소 하느님의 본질이 보일 수 있다는 단순한 의미는 아니다. 인간은 본성적으로 이성을 갖추고 있는 한편, 하느님은 단순한 존재 그 자체이기 때문에 근본적으로 인간의 이성에 인식될 수 있다. 오히려 하느님은 최고 존재이고 가장 단순하기 때문에 지성을 통해 인식할 수 있다. 그러나 하느님은 이렇게 이성적 기능의 원리이면서 이성적 직관의 대상이기는 하지만, 하느님 자신의 무한한 존재성으로 인하여 어떤 초상으로 환원될 수 없다. 그렇다면 어떻게 하느님을 직관하는 것이 가능한가? 인간의 이성이 하느님을 직관하기 위해서는 무엇보다도 하느님과 유사해질 필요가 있다. 그러기 위해서는 인간의 인식 능력이 영광의 빛을 통해 증폭되어야 한다(토마스 아퀴나스,『신학대전』, I, q.12, aa.1~5 참조).

56 『신약성서』,「요한 I서」, 1장 5절, "우리가 그분에게서 듣고 그대들에게 전하는 말씀은 이것입니다. 곧 하느님은 빛이시고 하느님께는 어둠이 전혀 없다는 것입니다."

57 『신약성서』,「마태복음」, 5장 8절, "마음이 깨끗한 사람은 행복하다. 그들은 하느님을 뵙게 될 것이다."

58 『신약성서』,「마태복음」, 6장 6절, "너는 기도할 때에 골방에 들어가 문을 닫고 보이지 않는 네 아버지께 기도하여라. 그러면 숨은 일도 보시는 아버지께서 다 들어주실 것이다."

59 『구약성서』,「시편」, 46장 10절, "너희는 멈추고 내가 하느님인 줄 알아라. 세상 만민이 나를 높이 받들어 섬기리라."

60 『구약성서』,「시편」, 119장 96~99절, "아무리 완전한 것도 끝이 있는 줄 나 아오나, 당신의 계명들은 한없이 넓사옵니다. 당신의 법이 너무나도 사랑스러워 자나 깨나 나는 그 말씀을 되새깁니다. 계명을 주심으로 당신은 내 것이 되어, 원수들보다 더 지혜롭게 나를 만드십니다. 당신의 언약을 되새기어서 나의 모든 스승보다도 더 현명해지리이다."

나아가 성 이그나티우스 로욜라St. Ignatius de Loyola의 『영성수련The Spiritual Exercises』을 전체적으로 참조하라.

能識此至美好之緣有七端. 因於自然之本光一, 因於超自然之眞光二, 因於心之潔淸三, 因嘗其味四, 因於恒相密交五, 因於謐靜五司六, 因於默想透達經典深意七.

[112] 이 선성이 바로 최고선인가를 알고자 한다면, 예로부터 지금까지 위대한 재능과 완전한 지혜를 지닌 무수한 성인들이 이것을 위해 목숨을 바치고 끝없는 고통을 겪었던 사실을 살펴보아야 한다. 성녀聖女들도 역시 그랬다. 그들이 고난을 겪을 때, 다른 사람들은 보기에 고통스러웠지만, 저들은 꿀물처럼 달콤해했고 갈증난 듯이 즐겼다.

欲知此美好爲至美好, 當觀古今無數聖人大才至智, 而爲此致命, 受無窮之苦. 聖女亦然. 其受苦難也, 他人視之若苦, 而彼甘之若飴, 嗜之若渴.

예로부터 지금까지 무수한 주교主教와 현자賢者들은 늘 탄식하고 늘 우러러 사모하며, 늘 기도하고 늘 많은 계획을 실행하여 공로를 세웠다. 남들이 하기 어려워하는 일을 했으며, 강론으로 풀어 이야기를 전하여 말과 행적이 세상에 두루 퍼졌다. 한편 일체 자신의 삶을 버렸으며, 극기를 통해 힘든 일을 익히고 모욕과 고통을 참고 견뎠다. 그들이 종신토록 이처럼 할 수 있었던 것은 어떤 연유에서 그랬던가? 이것이 최고선의 징표가 되기에 충분하지 않겠는가?

古今無數主教賢人, 恒嘆息, 恒仰慕, 恒祈求, 恒行百計, 建立功勞. 行人所難行, 講解傳說, 言語踪跡徧天下. 又屛棄一切身世, 所有克己習勞, 忍辱耐苦. 終身如是, 是何所爲乎? 此不足爲至美好之徵乎?

[113] 예로부터 지금까지의 성현들을 살펴보면, 그들이 강론으로 풀어

이야기한 것과 정밀하고 깊이 있게 재능을 다하여 지은 무수한 경전과 서적들이 한우충동汗牛充棟일 뿐만 아닌데, 오히려 이들 성현들은 모두 자기들이 설명한 것은 아주 적은 것이며, 설명해야 하는데 설명 못한 것과 설명할 수 없는 것이 또한 매우 많고 많아 수로 헤아릴 수 없다고 말한다. 그것은 마치 유한한 것을 무한한 것과 비교하는 것과 같다. 이는 또한 어째서인가?

試觀古今聖賢, 所爲講解稱說, 覃精竭才, 造作無數經典書籍, 不啻汗牛充棟, 而此輩聖賢, 皆言彼等所說甚少, 所當說所未說所不能說者, 至多至多, 無有數量. 其比例若有與無也. 此又何也?

[114] 이렇게 최고선이 됨을 찬미하고자 해도 이루 다 형용할 수 없고, 이루 다 표현할 수 없다. 바닷물로 먹을 갈아도 오히려 그 양이 부족하고, 넓은 하늘을 종이로 써도 오히려 좁으며,[61] 천사들의 총명한 지혜도 오히려 둔하고, 억만 년의 무궁한 세월도 오히려 짧을 지경이다. 먼 옛날로부터 세상 끝날 때까지 무수한 성현들과 무수한 천사들이 자신들의 지혜와 사고思考를 모아서 한없고 무량한 지혜와 사고에 대해 깊이 있게 헤아리고 생각해봐도 그러한 지혜와 사고로는 만분의 일도 따라갈 수 없다.

欲讚嘆此爲至美好, 不能形容, 不能窮盡. 即以海水磨墨, 尚恨其少, 以諸天爲楮, 尚恨其狹. 以天神之聰明才智, 尚恨其鈍, 以億萬萬無窮極之年,

---

61 이는 1096년 랍비 마이어Mayer가 쓴 「하다무트Hadamut」라는 유대시에 근거를 두고 있는 것으로 보이며 널리 사용되는 비유이다. "하늘 같은 양피지가 펼쳐 있고, 세상의 모든 갈대와 나뭇가지가 펜이며, 바다를 모두 잉크로 채우고, 모든 사람들이 능숙한 서기관이라 할지라도, 하느님의 크신 영광에 대한 기이한 이야기를 다 적을 수 없으리라. 지극히 높으신 그분은 옛적에 홀로 땅과 하늘을 만드셨도다."(김경선 지음, 『찬송가 해설』, 여운사, 1983)

尙恨其短. 窮古終天, 無數聖賢, 無數天神, 幷合其才智心思, 窮慮極想於
無涯無量之才智心思, 而此才智心思, 猶不足摹擬萬分之一也.

[115] 조정朝廷의 존엄함을 알고자 한다면, 조정에 죄를 진 사람을 보면
되는데, 그에게 내리는 벌이 매우 무겁다면 그 존엄함을 알 수 있다.

이 최고선의 존엄함을 알고자 한다면, 시험 삼아 죄를 지은 자에게 내
리는 벌을 보면 된다. 끝없는 시간 동안 온갖 고통이 가해지고, 그것에서
풀어주거나 구해줄 수 있는 방법이 없다면, 그 벌은 매우 무거운 것이다.
그렇다면 이 벌을 내리는 자는 우뚝하게 높아 그 존엄하기가 더 높을 수
없다는 것을 알 수 있다.

欲知朝廷之尊, 觀得罪於朝廷者, 其罰甚重, 則可知之. 欲知此至美好者之
尊, 試觀罪者之罰. 無窮盡時, 爲萬苦聚, 又無法可以解之, 可以救之, 如此
其罰至重. 卽知施此罰者, 巍巍隆高, 其尊無上也.

사람에게는 세 가지의 존재(在)가 있다. 하나는 실체(본질)상의 존재(體在)
이다.[62] 그러나 사람의 실체는 머무는 장소가 한정되므로 머무는 장소 외
에는 실체가 없다. 또 하나는 현존상의 존재(見在)이다.[63] 그러나 사람의

---

62 인간 육체의 실체적 형상forma substantialis은 이성적 작용과 그 원리인 인간의
영혼이다. 이처럼 이성(영혼)은 육체(질료)에 직접적이고 내밀하게 결합되어 있다.
육체의 실체적 형상이 이성이라는 것은 인간 본성으로부터 알 수 있다. 우리에게
'인식한다intelligere'는 것은 種에 특징적인 것이고, 형상은 종을 구성하는 것이기
때문이다(토마스 아퀴나스, 『신학대전』, I, q.76 a.1 참조).
63 토마스 아퀴나스는 『신학대전』의 영혼과 육체의 결합에 관한 주제를 다루면서 인
간의 육체는 이성적 영혼을 실체적 형상으로 받아들일 수 있도록 적절하게 조직되어
있다는 것을 명백히 하고 있다. 따라서 영혼의 관점에서 보면, 인간의 육체는 다른
동물의 육체와 장기와 기관의 작용에서 비슷하다 할지라도 영혼과의 관계를 통해 전
혀 다른 방식으로 현존한다(토마스 아퀴나스, 『신학대전』, I, q.76, a.5 참조).

현존은 눈으로 볼 수 있는 것에 한정되므로 눈으로 보는 것 외에는 현존하는 것이 없다. 다른 하나는 능력상의 존재(能在)이다. 그러나 사람의 능력은 운영하는 일에 한정되므로 하는 일 외에는 능력을 발휘할 수 없다.[64]

人有三在. 其一體在. 體則居之所能限之, 所外無體. 其一見在. 見則目所接能限之, 接外無見. 其一能在. 能則事所營能限之, 事外無能.

[116] 그러나 이 최고선은 본질(體, per essentiam)상 존재하지 않는 곳이 없고, 현존(見, per praesentiam)상 존재하지 않는 곳이 없으며, 능력(能, per potentiam)상 존재하지 않는 곳이 없다. 그의 본질과 현존과 능력은 있지 않는 곳이 없으며, 있지 않는 때가 없고, 작용(行)하지 않는 행위가 없다.[65] 또한 인류와 만물을 묵묵히 보살펴 흩어져 사라지지 않게 하고, 더불어 함께 행위하고 움직이도록 하니, 모든 행동의 원인(所以然, causa)이다.[66]

---

64 삼비아시는 인간의 능력이 항상 활동하지 않는다는 것을 말하고 있다. 즉 인간의 영혼은 육체와의 관계 속에서 활동한다. 따라서 잠을 잘 때처럼 외적 감각들이 묶여버리게 되면 외계와의 접촉면에 해당하는 감각적 실재가 중단되므로, 판단도 저지당해서 완전한 활동을 할 수 없다. 따라서 수면 상태에서 하게 되는 행동들은 죄가 되지 않는 것이다(토마스 아퀴나스, 『신학대전』, I, q.84, a.8 참조).

65 아무것도 하느님으로 말미암지 않고서는 있을 수 없기 때문에, 제일의적으로 그리고 즉자적으로 어디든지 존재한다는 것은 하느님께 적합하며 하느님께 고유한 것이다. 그것은 아무리 많은 장소가 전제된다 할지라도 하느님은 그 모든 장소에 한 부분으로 인해서가 아니라 자기 자신으로 인해 존재하기 때문이다(토마스 아퀴나스, 『신학대전』, I, q.8, a.4 참조)

66 선이 모든 것의 원인이라는 것은 아리스토텔레스의 『니코마코스윤리학』 1권 1장 1094a에서도 볼 수 있다. 이는 토마스 아퀴나스가 신존재증명을 제시하는 변화 또는 운동에 관한 명제이다. 토마스 아퀴나스는 이 명제를 통해 신존재증명을 위한 첫 번째 길로 삼는다. 즉 "움직여지는 모든 것은 다른 것에 의해서 움직여진다omne autem quod movetur ab alio movetur." 움직인다는 것은 어떤 것을 가능태에서 현실태로 이행시키는 것 외의 다른 것이 아니다. 그런데 가능태에서 현실태로 이끌어가는 것은 현실태에 있는 어떤 존재자에 의하지 않으면 불가능하다. 예컨대 뜨거

此至美好者, 體無不在, 見無不在, 能無不在. 其體其見其能, 無處不在, 無時不在, 無行不在. 又於人類萬物, 默爲存收, 使免傾散, 而與之同行, 與之偕動, 爲萬行萬動之所以然.

[117] 이 최고선은 가장 신묘하고 미미해서 도저히 본떠 형상할 수 없다. 본뜨지 못할 뿐만 아니라, 아울러 사유해내기도 어렵다. 비록 세상에서 가장 빼어난 총명한 사람도 그것의 터럭 끝만큼도 형용해낼 수 없다.[67]

此至美好, 最玄最微, 不可以形像摹擬. 非但不可摹擬, 兼亦難可思惟. 雖復聰明絶世, 不能形容其毫末.

[118] 이 최고선은 명백하게 지각할 수 있는 것이 아니며, 명백하게 볼 수 있는 것도 아니다. 만약 사유를 통해 헤아려서 자기 스스로 지각하고 볼 수 있다고 생각한다면, 이는 정말로 지각도 식견도 없는 것이다.

만약 더욱 궁구하고 사고와 생각을 다하지만, 아득히 깨달은 것이라고는 없어서 스스로 매우 어리석다고 여기게 되면, 내가 상상한 것과 내가 익힌 것과 내가 인식한 것이 상상해야 할 것, 익혀야 할 것, 인식해야 할 것과 전혀 터럭 끝만큼도 차이가 없게 된다. 이것이야말로 지각한 것이 있고 본 것도 있는 것이다.

워질 가능성이 있는 나무를 현실적으로 뜨거운 것으로 만드는 것은 불인데, 그것도 뜨거워질 가능성을 가진 것이 아니라 현실적으로 뜨거운 것이다. 불은 현실적으로 뜨거운 것으로서 나무가 가진 뜨거울 가능성을 뜨거운 현실로 변화시킨다. 이러한 움직임의 원인을 찾아가면 다른 어떤 것에 의해서도 움직여지지 않는 어떤 제일의 원동자aliquod primum movens에 필연적으로 도달하게 된다. 그리고 사람들은 이러한 존재를 하느님이라 부른다(토마스 아퀴나스, 『신학대전』, I, q.2, a.3 참조).

67 『신약성서』, 「고린도 전서」, 1장 20절, "그러니 이제 지혜로운 자가 어디 있고 학자가 어디 있습니까? 또 이 세상의 이론가가 어디 있습니까? 하느님께서 이 세상의 지혜가 어리석다는 것을 보여주시지 않았습니까?"

此至美好, 不能明知, 不能明見. 若有思惟擬議, 以爲己能知見, 此正極無知見. 若更加窮究, 盡思極慮, 至於昏無所得, 自視爲至愚至懵, 我所想, 我所講, 我所識, 與所當想, 所當講, 所當識者, 全然未有分毫入處. 此正爲有所知, 有所見矣.

[119] 완벽한 향이 있다고 하자. 그 본질이 되는 향은 향기를 내지 않는다. 그러나 무수한 더러운 것들이 가까이 오면, 그것을 모두 향기롭게 변화시켜 본래 향기와 비슷하게 만든다. 이렇게 해서 완벽한 향이 된다.

　이 최고선은 세상의 무수한 악인들이 저지른 무수한 악행이 가까이 오게 되면, 이 많은 악행들을 모두 변화시켜 많은 덕행을 갖추게 하여 성역聖域으로 들어가게 하고, 모두 선을 이루게 한다. 그러니 어찌 최고선이 아니겠는가?[68]

有至香者. 其本體香, 不足爲香. 有無數穢惡, 移與相近, 悉化爲香, 與本香相類. 是爲至香. 此至美好者, 擧天下無數惡人, 嘗造無量惡跡, 若與相近, 悉化諸惡而備諸德, 入於聖域, 都成美好. 豈非至美好?

[120] 세상의 모든 성인들과 천상의 모든 천사들은 서로 함께 이 최고선의 선함을 찬미하는데, 시시각각 찬미하기를 셀 수 없을 때까지 그치지 않는다면 시시각각으로 색다르게 될 것이다. 또한 시시각각 찬미하기를 셀 수 없을 때까지 그치지 않는다면 시시각각으로 기쁘고 즐거워질 것이요, 시시각각 찬미하기를 셀 수 없을 때까지 그치지 않는다면 시시각각으로 사라짐 없이 새롭고 또 새로워져 끝나는 때가 없을 것이다.

68 『구약성서』, 「창세기」, 50장 20절, "요셉은 이렇게 말하였다. '나에게 못할 짓을 꾸민 것은 틀림없이 형들이오. 하지만 하느님께서는 도리어 그것을 좋게 꾸미시어 오늘날 이렇게 뭇 백성을 살리시지 않았습니까?'"

盡天下聖人, 盡天上天神, 相與讚嘆此至美好之爲美好, 時時讚嘆, 窮無量時, 時時以爲奇異, 時時讚嘆, 窮無量時, 時時以爲喜樂, 時時讚嘆, 窮無量時, 時時不竭, 新之又新, 無有盡際.

[121] 인간의 정신에는 세 가지 기관이 있는데, 하나는 기억(記含, memoria)이요, 또 하나는 이성(明悟, intellectus)이요, 나머지 하나는 욕구(愛欲, appetitus)이다.[69]

　기억이 이 선성을 기억하게 될 때 비로소 아주 풍부해지고, 이성이 이 선성을 통찰하게 될 때 비로소 아주 밝아지고 매우 고귀해진다. 또 욕구가 이 선성을 욕구하게 될 때 비로소 매우 바르고 아주 존엄해진다. 그리하여 일체의 사람과 일체의 시간과 일체의 글과 말들이 단지 한 번 이 선성에 젖게 되면, 모두 지극히 존귀해져 비할 바 없이 높아진다.

神有三司, 一司記含, 一司明悟, 一司愛欲. 記含者記含此美好時, 卽爲至富, 明悟者明悟此美好時, 卽爲至光明至高貴. 愛欲者愛欲此美好時, 卽爲至正爲至尊. 而一切人一切時一切楮黑語言等, 但一沾此美好, 皆悉成爲至尊至貴, 隆崇無比.

[122] 어떤 사람이 있다고 하자. 그가 사람들에게 선을 베풀려고 하지만 시간이 부족하였다. 그래서 그는 다방면으로 지혜와 방편을 짜내어 사람을 변화시키고 애써 권면하려 하였다. 이 같은 사람은 매우 선하다고 말할 수 있다.

---

69 아우구스티누스는 『삼위일체론』 14권 8절과 11절에서 삼위일체를 설명하면서, 마음은 그 자체를 기억하고 이해하며 사랑한다고 했다. 『영언여작』에서는 이를 기억, 이해, 사랑이라고 하지 않고 기억, 이성, 욕구라고 한다.

이 최고선도 만물이 창조되던 처음부터 항상 헤아릴 수 없고 셀 수 없을 만큼 사람을 사랑하는 지혜와 방안을 내어 사람을 선으로 인도하며 악으로부터 구해내고자 한다. 시시각각 마음의 문을 두드려 독려하기를 곡진曲盡하게 하고, 기회만 있으면 곧장 뛰어들어 잠시도 놓아두는 적이 없다. 그는 기필코 사람을 도와 모두 선을 이루기를 바라고 있다.[70] 그러므로 그 선성은 최고선인 것이다.

有人於此. 與人爲善, 惟日不足. 多出智巧方便, 化誘於人, 彊勉於人. 如是人者, 可名甚善. 而此至美好者, 從造物初時, 恒出無量無數仁愛人之智計方略, 牖人於善, 敎人於惡. 時時扣我心門, 督趣爾見縷, 有會卽投, 無時肯釋. 必欲相將人類, 悉成美好. 此其美好, 爲至美好.

[123] 천지개벽 이래로 무수한 성인들이 실행하고 일구었던 공덕功德이 셀 수 없이 많은데, 그 원인(所以然)은 모두 이 최고선으로부터 말미암은 것이다. 지금으로부터 세상이 끝날 때까지 무수한 성인들이 실행하고 일궈나갈 공덕 또한 셀 수 없이 많을 것인데, 그 원인 역시 이 최고선으로부터 말미암을 것이다.

그러므로 전후前後의 무수한 성인들은 다만 화공의 그림판이나 장인의 연장과 다름없다.[71] 그리고 이 그림판과 연장을 쥐고 있는 자가 바로 최고선이다.

---

70 『신약성서』, 「요한묵시록」, 3장 20절, "들어라. 내가 문밖에 서서 문을 두드리고 있다. 누구든지 내 음성을 듣고 문을 열면 나는 그 집에 들어가서 그와 함께 먹고, 그도 나와 함께 먹게 될 것이다."
71 『신약성서』 「로마서」, 6장 13절, "또 여러분의 지체를 죄에 내맡기어 악의 도구가 되게 하는 일은 없어야 합니다. 오히려 여러분은 죽었다가 다시 살아난 사람으로서 여러분 자신을 하느님께 바치고 여러분의 지체가 하느님을 위한 정의의 도구로 쓰이게 하십시오."

開闢以來, 無量數聖人, 所行所作, 功德無數, 其所以然, 皆繇此至美好而出. 自今以後, 至於世盡, 無量數聖人, 所行所作, 公德無數, 其所以然, 亦皆繇此. 而前後無數聖人, 特如繪師之鉛槧, 工匠之斧斤, 其握鉛槧操斧斤者, 此至美好也.

화공들이 그림을 그려가는데, 솜씨 없는 화공이 붓을 잘못 놀려 망치게 되더라도, 뛰어난 화공이 그 잘못 그린 것에다 수정을 하게 되면 오히려 더욱 빼어나 절묘해진다. 봉제공이 옷을 마름질하는데, 솜씨 없는 봉제공이 잘못 잘라 망치게 되더라도, 뛰어난 봉제공이 그 잘못 자른 것을 고쳐 꿰매게 되면 더욱 멋있어진다. 이것이야말로 잘 그리는 것이요, 잘 꿰매는 것이다.

繪者方繪次, 拙工攙筆壞之, 良工就彼拙筆增修焉, 更加巧妙. 縫者裁剪次, 拙工誤剪壞之, 良工就其壞處縫補焉, 倍益佳麗. 此爲善繪善縫矣.

[124] 최고선은 항상 사람들이 저지르는 악행을 살피다가 적당한 기회가 닿으면 곧장 악행을 선행으로 바꾸어 놓는다.[72] 악을 선으로 바꾼다는 것은 종전의 많은 죄과들을 모두 공로를 세우고 덕행을 쌓는 도구가 되게 하는 것이다. 바로 의사가 독약을 다스리는 것과 같은데, 그것에서 독성을 제거할 뿐만 아니라 나아가 그 독성을 빌려 특이한 효험을 얻는다. 이는 선하지 못한 것을 선하게 만들어 선을 알고 선에 능하게 하는 것이다. 항상 선을 알고 항상 선에 능하기 때문에 이것은 최고선이 된다.

至美好者, 恒聽人爲惡, 及至當機, 卽取惡爲善. 取惡爲善者, 令彼從前百千罪過, 皆爲立功累德之材具也. 正如醫師製度毒藥, 匪但令其無毒, 且借

72 〔119〕의 각주 68(177쪽) 참조.

其毒性以取奇效. 是取彼不美好以爲美好, 知此能此. 恒知此, 恒能此, 是
爲至美好.

[125] 최고선은 스스로 선하지 못한 존재가 될 수 없으며, 또한 다른 것
들을 선하지 못한 것이 되게 할 수도 없다. 이 두 가지 할 수 없는 것(不能)
을 갖추고 있기 때문에 전능(全能, omnipotentia)하다고 한다.[73]

至美好者, 不能自爲不美好, 亦不能令他爲不美好. 具此兩不能, 是爲全能.

[126] 누구든 그의 명령을 따르는데, 단지 행위하라고 명령하는 것은 곧
완전한 선(至善)이다. 누구든 그가 금지하는 것을 따르는데, 단지 행위하
지 말라고 금하는 것은 곧 완전한 악(至惡)이다.[74]

---

73 F.C.코플스턴 지음, 박영도 옮김, 『중세철학사』, 서광사, 1988, 473쪽 참조. 하느님
이 자기모순적인 것을 의지할 수 있다고 가정한다면, 하느님은 자기 자신의 본성으
로부터 떠날 수 있을 것이요, 또한 하느님은 자기 자신과의 유사성이 전혀 없는 것,
오직 허무인 것, 전혀 생각되어질 수 없는 것까지도 사랑할 수 있게 될 것이다. 그런
데 만일 하느님이 그와 같이 행할 수 있다면, 그는 이미 하느님이 아닐 것이다. 하느
님이 모순율을 따르는 것이 아니라 오히려 모순율이 하느님의 본성에 근거하고 있
다. 성 페트루스 다미아누스St. Petrus Damianus(또는 레오 셰스토프Leo Chestov)
처럼 하느님이 자기모순적인 것을 할 수 있다는 의미에서 하느님이 모순율을 능가한
다고 가정하는 것은, 하느님이 자기 자신의 본성과 일치하지 않는 모순된 방법으로
행할 수 있다고 가정하는 것이나 마찬가지가 될 것이다. 그러나 이는 불합리한 가정
이다. 이를 토마스 아퀴나스는 신의 능동적 권능이라고 말하며, '전능omnipoten-
tia'이라 부른다(토마스 아퀴나스, 『신학대전』, I, q.25, a.3 참조).
74 이 단락은 아주 난해한 문구로, 행위가 가지는 근본적 윤리성에 대해 말하고 있다.
토마스 아퀴나스에 따르면, 모든 행위는 존재하는 한 근본적으로 선하다. 곧 행위 자
체는 일어나는 한 선한 類(genus)에 속한다(토마스 아퀴나스, 『신학대전』, I~II,
q.18, a.1). 그러나 그 행위의 대상에 따라 행위의 種(species)이 결정되며(앞의 책, I
~II, q.18, a.2), 행위의 상황에 따라 우유적 선이 결정되며(앞의 책, I~II, q.18,
a.3), 행위의 목적에 따라 원인적 선이 결정된다(앞의 책, I~II, q.18, a.4). 따라서

隨其所命, 但所命爲者, 卽是至善. 隨其所禁, 但所禁不爲者, 卽是至惡.

[127] 힘들고 괴로운 처지에 있을 때 이 최고선은 묵묵히 격려해주고, 묵묵히 돌보아주며, 묵묵히 위로해주니, 이것은 크나큰 은총이다.[75] 단지 그 기미라도 누군가에게 베풀어지면, 그는 매우 힘든 일도 매우 쉽게 여기고, 매우 괴로운 것도 매우 달게 여긴다.

　만약 이 같은 묵묵한 도움이 없다면, 매우 쉬운 일도 아주 어려워지고, 매우 즐거운 일도 아주 괴로워진다. 그러므로 이러한 도움을 받은 사람은 마침내 좋은 복을 이루게 되고, 이러한 도움을 잃은 사람은 마침내 흉악해지고 만다.[76]

有在艱難苦毒中, 而此至美好者, 默爲勉勵, 默爲照護, 默爲安慰, 是此大恩. 但得幾微施及於彼, 彼卽以甚難爲甚易, 以甚苦爲甚甘. 若無此默佑, 卽甚易事, 亦成甚難, 卽甚樂事, 亦爲甚苦. 故得此佑者, 要其至竟, 不得不成吉福, 失此佑者, 要其至竟, 不得不成凶惡.

[128] 이 최고선은 묵묵히 만물을 다스릴 수 있어, 저 만물들로 하여금 어

토마스 아퀴나스에 의하면 인간이 근본적으로 원해야 하는 것은 신이 원하는 것이 아니라, 신이 인간으로 하여금 어떤 것을 원하기를 바라는 바로 그 '근거ratio'를 원해야 한다는 것이다(신창석, 「토마스 아퀴나스의 행위 분석」, 『철학논총』 제24집, 새한철학회, 2001, 180쪽 이하 참조).

75 『신약성서』「고린도 후서」, 1장 3～4절, "우리 주 예수 그리스도의 아버지 하느님을 찬양합시다. 그분은 인자하신 아버지이시며 모든 위로의 근원이 되시는 하느님으로서 우리가 어떤 환난을 당하더라도 위로해주시는 분이십니다. 따라서 그와 같이 하느님의 위로를 받는 우리는 온갖 환난을 당하는 다른 사람들을 또한 위로해줄 수가 있습니다."

76 『구약성서』, 「시편」, 94장 17절, "야훼께서 도와주지 않으신다면 이 몸은 하릴없이 적막한 무덤에 떨어지리라."

쩔 수 없이 자신들을 지향하게 하고, 그들로 하여금 가만히 살피고 가만히 깨달을 수 있도록 한다. 그러면 그들은 당장 눈물로 탄식하고 뉘우치기를, 종전에는 이 최고선을 지향하지 못했고 인식하지도 못했기 때문에 자신들이 작용(作)하고 목적(爲)한 것들은 공연히 시간만 허비한 것이었다고 한다.

此至美好者, 默能係攝萬物, 使彼萬物, 不得不於彼趨向, 使得微見之, 微識之. 卽自歎泣痛悔, 從前未向於此, 未識於此, 所作所爲, 空費時日.

어제까지 얽매여 사모했던 다른 여러 가지 좋은 것들은 매우 악한 것으로, 모두 버려도 될 것들이다. 그동안 살피지 못했고 깨닫지 못했던 것들과 비교해보면, 다른 여러 가지 좋은 것들에 얽매여 사모하고 내버리지 못했던 것은 매우 어리석고 무지했던 탓이다.

  그것은 어째서일까? 이 최고선을 얻으면 비록 다른 것은 하나도 가지지 않았더라도 이미 매우 부유하고 매우 풍족하기 때문이다. 그러나 이것을 잃으면 비록 다른 것은 없는 것이 하나 없더라도 매우 군색窘塞하고 매우 빈곤한 것이다.

他諸美好, 夙昔係戀者, 皆是至惡, 盡可棄捐. 視彼未見未識, 係戀於他諸美好, 不能舍置者, 以爲至愚無知也. 此何以故? 爲得此者, 雖他無一有, 已爲至富, 已爲至足. 失此者, 雖他無一無, 亦是至窘, 亦是至貧.

[129] 이 최고선은 만물을 통해 살펴보면 실로 공통으로 존재(公有)하는데, 그것은 보편적이기 때문이다. 또한 사물 하나하나를 통해 살펴보면 독자적으로 존재(獨有)하는 듯도 한데, 그것은 각 사물마다 가득 차 있기 때문이다.[77]

77 토마스 아퀴나스에 따르면 완전한 선인 하느님은 모든 것 가운데 그리고 어디에나

此至美好, 自萬物視之, 實公有之, 爲普徧故. 自物物視之, 皆若獨有之, 爲滿足故.

[130] 이 선성을 인식하고 못하는 것은 오로지 자신에게 달려 있다. 사람이 스스로 선성으로 나아가게 되면, 당장 이 선성을 인식할 수 있게 되고, 나아가면 갈수록 더욱 밝아진다. 그러나 사람이 스스로 선성에서 멀어지면 이 선성을 인식할 수 없게 되고, 멀어지면 멀어질수록 더욱 가려져버린다.

能識此美好與否, 只在當人. 人能自進於美好, 卽能識此美好, 愈進則愈明. 人自遠於美好, 卽不能識此美好, 愈遠亦愈蔽.

[131] 이 선성을 보고자 하면 먼저 장님이 되어야 하고, 이 선성을 듣고자 하면 먼저 귀머거리가 되어야 하며, 이 선성을 말하려고 하면 먼저 벙어리가 되어야 한다. 또 이 선성을 얻으려고 한다면 먼저 다른 것을 제거해야 하고, 이 선성의 맛을 보려고 한다면 먼저 다른 맛을 몰라야 한다.[78]

있으며, 하느님만이 그러하다고 한다(토마스 아퀴나스, 『신학대전』, I, q.8, a.4 참조). 즉 『영언여작』에서는 하느님이라 말하지 않고 '완전한 선'이라고 하지만, 하느님, 궁극목적, 최고선, 완전한 선은 동의어에 속하므로 공통적으로 어디에나 있다는 점에서 같다.

78 우리는 이 세상에서 하느님의 본질을 직관할 수 없다. 우리의 인식은 감각적 지각에 의존하고, 우리가 형성하는 관념은 피조물에 대한 우리의 경험에서 생겨나기 때문이다. 언어도 이러한 관념을 나타내기 위해 형성되어 있기 때문에 언어는 본래 우리의 경험에 관련되고 우리의 경험 영역 안에서만 객관적인 의미를 지닌다. 그러나 하느님 안에는 유형성, 합성, 한정, 불완전성, 시간 등은 있을 수 없으므로 토마스 아퀴나스는 신플라톤주의의 영향을 강하게 받은 위디오니시우스와 다른 그리스도교 저서의 저자들에게 중요하고 유명한 '제거의 길via remotionis' 또는 '부정의 길via negativa'을 통해 하느님의 본질에 접근하고자 노력한다(F.C.코플스턴, 박영도 옮김, 『중세철학사』, 서광사, 1988, 444쪽 참조).

어째서인가? 속세에서 본 것을 끊어버리지 않으면 이것을 볼 수 없고, 속세에서 들은 것을 끊어버리지 않으면 이것을 들을 수 없으며, 속세의 논리를 끊어버리지 않으면 이것을 말할 수 없기 때문이다. 또한 속세의 소유를 버리지 않으면 이것을 얻을 수 없고, 속세의 맛을 버리지 않으면 이것을 맛볼 수 없기 때문이다.

欲見此美好, 先宜瞽, 欲聞此美好, 先宜聾, 欲論此美好, 先宜瘖. 欲得此美好, 先宜去, 欲嘗此美好之味, 先宜不知味. 何以故? 不絕世見, 不能見此, 不絕世聞, 不能聞此, 不絕世論, 不能論此. 不絕世有, 不能得此, 不絕世味, 不能嘗此.

[132] 이 최고선에게로 돌이켜 지향하는(歸向) 자라야 반드시 선을 이루게 된다.[79] 그러지 않으면 반드시 스스로 선하지 못한 것들을 대거 제거해야만 한다. 마치 보물 창고에 들어갔다 나와야 반드시 부자가 되는데, 그러지 않으면 반드시 스스로 빈곤한 요인들을 대거 소멸시켜야 하는 것과 같다. 또 유능한 의사에게 갔다 와야 반드시 몸이 편안해지는데, 그러지 않으면 반드시 스스로 질병을 대거 줄여나가야 하는 것과도 같다.

此至美好, 但歸向之者, 必將爲美好. 不然, 亦必大去其不美好. 如入寶藏而出, 必富, 不然, 必大消其貧. 如造良醫而還, 必安, 不然, 必大減其疾矣.

---

79 선 그 자체를 지향해야 선한 것이 된다는 것이다. 이를 토마스 아퀴나스는 신, 즉 최고선이 개별적인 선의 원인이라고 한다. 그리고 개별적인 선은 최고선인 신에 의해 가능한 것이라고 한다(토마스 아퀴나스, 『신학대전』, Ia, q.6, a.1). 그러므로 하느님께로 회귀하는 것이 곧 최고선을 향하는 것이다.

『신약성서』, 「사도행전」, 3장 19~20절, "그러니 여러분은 회개하고 하느님께 돌아오시오. 그러면 하느님께서 여러분의 죄를 깨끗이 씻어주실 것이며 여러분은 주께서 마련하신 위로의 때를 맞이하게 될 것입니다. 그때 주께서는 여러분을 위하여 미리 정하신 그리스도를 보내주실 것입니다. 예수가 곧 그분이십니다."

[133] 이 최고선을 목적으로 행동하는 것이면 비록 작은 선행이라도 반드시 무궁한 보답을 받을 것이다.[80] 베푸는 것이 아주 작아도 얻는 것은 매우 큰 법이다.

이것을 뒤집어 생각해보면, 누군가 도리에 벗어나고 어기게 되어 비록 행동한 것이 단지 작은 죄일 뿐이라 하더라도 결코 그렇게 해서는 안 되는 것이다. 어째서인가? 죄가 되는 행동을 하면 죄이기 때문이다. 또 작은 죄를 저지르는 것이 결코 작은 죄가 아니다. 지금은 작은 죄를 저지르는 것이지만, 앞날을 따져보면 반드시 끝없는 악행을 저지르게 된다.[81]

爲此至美好而作者, 雖微善, 必得無窮盡之報. 其施甚小, 其獲甚大. 如此旋念, 有人悖之違之, 雖所作者特是微罪, 萬萬不可. 何以故? 爲彼是彼故. 且所犯微罪, 非微罪也. 今爲微罪, 究其將來, 必造於無窮之惡.

[134] 흉악한 경우로 두 가지 종류가 있다. 하나는 죄에 빠지는 것이고, 하나는 환난患難에 처하는 것이다. 이 최고선은 환난의 원인이기는 하지만, 죄의 원인은 아니다. 왜냐하면 나를 환난에 처하게 하는 것이 나를 어렵게 만드는 것은 아니기 때문이다. 이는 바로 이 기회를 통해 나를 구원하여 선으로 나아가게 하고, 선성에 접근하도록 하려는 것이다.

凶惡有二種. 其一罪愆, 其一患難. 此至美好者, 患難之所以然, 非罪愆之所以然. 所以患難我者, 非患難我也. 正欲用此救我, 使進於善, 使近於美

---

80 이는 예수님께서 직접 말씀하신 하느님의 나라에 대한 비유 가운데 하나이다. 『신약성서』, 「루가복음」, 19장 17절, "주인은 '잘했다. 너는 착한 종이로구나. 네가 지극히 작은 일에 충성을 다했으니 나는 너에게 열 고을을 다스리게 하겠다' 하며 칭찬하였다."
81 『신약성서』, 「루가복음」, 16장 10절, "지극히 작은 일에 충실한 사람은 큰일에도 충실하며 지극히 작은 일에 부정직한 사람은 큰일에도 부정직할 것이다."

好也.

[135] 이 최고선이 나에게 재앙을 내리려고 한다면, 전혀 어려운 일이 아니다. 단지 나를 내버려두기만 해도 그것은 헤아릴 수 없는 고통이 된다.[82] 그러나 반대로 생각해보면, 단지 나를 거두어주기만 해도 선하게 되어 무엇과도 비길 수 없을 것이다.

此至美好而欲禍我, 甚無難也. 但舍置我, 便爲無量數之苦. 已旋思之, 但收受我, 其爲美好, 當復何似.

[136] 이 최고선이 없다면 선행을 시작하는 일이 없을 것이고, 또한 선행을 실행해가는 일도 없을 것이며, 또한 선행을 마무리하는 일도 없을 것이다. 모든 선에 관계된 것들이 모두 이 최고선에 있기 때문이다. 그 관계는 마치 빛이 태양에 관계하고, 열이 불에 관계하는 것과 같지만, 이들보다 수만 배나 절친한 관계이다.

無此美好, 卽無爲善之始, 亦無爲善之中, 亦無爲善之終. 爲萬善所係, 皆在於此. 其係屬也, 如光係日, 如熱係火, 倍萬親切.

[137] 이 최고선은 언제 어디서든 무궁한 은혜와 무궁한 선을 베풀지 않는 일이 없지만, 다 써서 모자라는 경우도 없다. 또한 무엇을 다스리는 일

---

82 『신약성서』, 「로마서」, 1장 28~31절, "인간이 하느님을 알아보려고도 하지 않았기 때문에 하느님께서는 그들이 올바른 판단력을 잃고, 해서는 안 될 일들을 하게 내버려두셨습니다. 그래서 인간은 온갖 부정과 부패와 탐욕과 악독으로 가득 차 있으며 시기와 살의와 분쟁과 사기와 악의에 싸여서 없는 말을 지어내고 서로 헐뜯고 하느님의 미움을 사고 난폭하고 거만하며 제 자랑만 하고 악한 일을 꾀하고 부모를 거역할 뿐더러 분별력도, 신의도, 온정도, 자비도 없습니다."

도 없지만, 그의 다스림에 속하지 않는 것도 없다.

此至美好, 無時無處, 不施無窮之恩, 無窮之善, 無有竭盡. 亦無宰制之者, 而無不屬其宰制者.

[138] 이 최고선 앞에는 도저히 구원될 수 없는 거대한 흉악함은 없으며, 더 이상 베풀 것이 없는 위대한 선성도 없다.

此至美好之前, 無有大凶惡不可救者, 無有大美好不可施者.

[139] 비록 지독히 악한 사람이라 하더라도 최고선 앞에 이르면 스스로 부끄러워 참회하게 되고, 자신이 악하다는 것을 인식하게 된다.[83] 자신이 스스로 지독히 악하다고 생각하게 되면 이것이 이미 위대한 선이다. 또 스스로 겸손해져 자신은 공로가 없다고 여기게 되는데, 자신이 스스로 공로가 없다고 생각하게 되면 이것이 이미 위대한 공로이다.

雖有至惡人, 至於至美好之前, 而能自愧悔, 認己爲惡, 卽彼自謂至惡, 已是大善, 能自謙抑, 謂己無功, 卽彼自謂無功, 已是大功.

[140] 이 최고선은 사람들이 선에 이르도록 하기 위해 다양하게 계획한다. 우리를 선에 이르게 하려는 것이 매우 간절한 나머지 매우 존귀한 자

---

83 『신약성서』, 「히브리서」, 4장 11~12절, "하느님의 말씀은 살아 있고 힘이 있으며 어떤 쌍날칼보다도 더 날카롭습니다. 그래서 사람의 마음을 꿰뚫어 영혼과 정신을 갈라 놓고 관절과 골수를 쪼개어 그 마음속에 품은 생각과 속셈을 드러냅니다. 피조물치고 하느님 앞에 드러나지 않는 것은 없습니다. 하느님의 눈앞에는 모든 것이 다 벌거숭이로 드러나게 마련입니다. 언젠가는 우리도 그분 앞에서 심판을 받아야 합니다."

신을 스스로 꺾어 누르기도 하고, 매우 고통스럽게 굽혀 나아가기도 한다. 또 우리로 하여금 매우 따르기 쉽도록 만들어주니, 종종 사람들의 생각으로는 미치지 못하는 것이다.

此至美好, 爲欲人至於美好, 多用計畫. 令我得至, 甚懇甚切, 所屈抑者甚尊甚貴, 所俯就者甚痛甚苦. 令我從之, 甚近甚易, 種種非人思慮所及.

다만 우리는 그 진실되고 절실한 바를 근본적으로 인식할 수 없어서, 최고선의 행위를 믿지 못하고 더러는 옳지 않다고까지 생각한다. 만약 절친함을 근본적으로 인식한다면 굳게 믿어 의심치 않을 것은 물론이요, 우리 자신의 마음으로 삼고, 또한 스스로 헤아리기를 이것이 참으로 불가능한 것은 아니라고 생각하게 된다.

그러므로 이 최고선은 우리의 주인이며 우리는 그의 백성이다. 이 어찌 크나큰 복이 아니겠으며, 하늘의 은총이 아니겠는가?

但我輩不能體認眞切, 卽彼所爲, 我不能信, 或謂非宜. 若體認親切者, 無論深信不疑, 卽我自心, 亦自計慮, 以爲非此固不可也. 以此至美好而爲我主, 我爲其民. 豈非大福, 豈非天寵哉?

[141] 이상에서 설명한 최고선은 아니마의 창조자요, 만물의 창조자이다. 또한 아니마가 궁극 지향(終向)하는 것이요,[84] 사람들의 모든 행위와 모든 바람이 마땅히 지향(向)해야 하는 것이다.[85]

---

84 삼비아시는 최고선이 지향해야 할 '목적'임을 명백히 하고 있다. 이미 '선'은 '목적'과 같은 의미를 가지기 때문에 최고선은 곧 궁극목적이 된다. 이를 토마스 아퀴나스는 다음과 같이 정의한다. "선하다는 의미는 어떤 것이 다른 것을 목적으로 삼아서 실현되기에 적합하다는 데서 비롯되기 때문에, 목적의 의미를 가지기에 적합한 모든 것은 또한 선의 의미도 가진다."(Thomas Aquinas, *De veritate*, q.21, a.2)

사람이 다행히 이것을 인식한다면, 모든 일에 오류가 없을 것이다. 마치 바다 위의 배가 나침반을 따라 안정되게 항해할 길을 잃지 않는 것과 같다.[86]

右所論至美好, 是亞尼瑪之造者, 是萬物之造者. 是亞尼瑪之終向, 是人之諸行人之諸願所當向之的. 人幸而認此, 凡百無有差謬. 如海舟之得指南, 定不迷其所往也.

이 최고선을 찾으면 만복萬福을 만날 것이요, 이것을 위하다가 죽더라도 영생을 얻는다. 이것을 위해 환난 속에 들어가더라도 이는 크나큰 안락이요, 이것을 위해 비루해지더라도 이는 영광스런 복이다. 이것을 위해 빈곤해지더라도 이는 매우 부유한 것이요, 이것을 위해 춥고 굶주리더라도 이는 매우 배부르고 따뜻한 것이다. 이것을 위해 유배를 가더라도 이는 고향을 찾아가는 것이니, 사람들이 모두 공경해야 할 것이다.[87] 그래서 서양의 모든 학자들이 먼저 스스로 받들어 섬기고, 다른 사람들도 함께 받들어 섬길 것을 전교傳敎하는 것이다.

---

85 여기서 최고선은 다시 한 번 강조되어 피조물, 특히 인간이 창조되어 나오는 출발점인 동시에 인간이 되돌아가야 할 궁극목적으로 설명되고 있다. 이는 토마스 아퀴나스의 『신학대전』 구조에서도 발견되는 것으로서 근래 학계에서는 이를 창출과 회귀의 도식(Exitus-reditus)으로 전문화하고 있다(Shin, Chang-Suk, 'Imago dei und Natura hominis, Die Doppelansatz der thomistischen Handlungstheorie', Würzbur, 1992, p.20 이하 참조).

86 인간은 행위를 위해 목적이 필요하고, 그 궁극적인 목적이 신이다. 즉 하느님을 향하여 나아가는 것이 참된 행복의 길인 것이다(토마스 아퀴나스, 『신학대전』, I~II, q.1, aa4~8 참조).

87 『신약성서』, 「히브리서」, 11장 26절, "모세는 메시아를 위해서 당하는 치욕을 이집트의 제물보다 더 값진 것으로 여겼습니다. 그는 앞으로 받을 상을 바라보고 있었던 것입니다."

求此則遇萬福, 爲此而死, 則得常生. 爲此入患難之中, 則是大安樂, 爲此淪於卑陋, 則是榮福. 爲此貧困, 則是極富厚, 爲此飢寒, 則是極飽暖. 爲此竄流, 卽得鄉其本鄉, 是人類共所當敬. 是泰西諸儒先所自奉事, 所傳教人共相奉事.

그는 만인을 사랑하여 친히 세상에 내려오시어, 가르침의 광채를 세상에 두루 비추시고 천상의 참된 복을 얻어 누리도록 하셨다.[88] 이를 무엇이라고 하는가? 천주天主라고 한다.[89]

是因愛憐萬民, 親來降世, 以其教光普照天下, 令得天上眞福. 是定何謂? 謂之天主.

[142] 이 글을 서술하는 것은 사람들이 이 세상에 있는 동안에 천주를 인식하고 섬기며, 죽은 뒤에는 만나보게 되어 그 복을 누리도록 하기 위해서이다. 다만 여기서 논한 것이 상세하지는 못하다. 그러나 이보다 천 억 배 상세하게 설명하더라도, 결국 그 무궁한 이치를 다 설명할 수는 없다. 마치 물 한 방울이 큰 바다를 다 설명할 수 없고, 티끌 하나가 대지를 다

---

88 『신약성서』, 「로마서」, 16장 25절, "하느님께서는 내가 전하는 복음, 곧 예수 그리스도에 관한 가르침을 통해서 그리고 오랜 세월 동안 감추어두었던 그 심오한 진리를 나타내 보여주심으로써 여러분의 믿음을 굳세게 해주십니다."

89 삼비아시는 지금까지 학문적 방식으로 학술 용어를 통해 설명하던 '최고선'을 '천주'라는 이름으로 장엄하게 전환시킨다. 그럼으로써 이제 영혼은 천주로부터 나와 천주를 인식하고 결국 천주로 되돌아가야 하는 존재라는 것을 명백히 하고 있다. 이는 마치 토마스 아퀴나스가 신존재증명을 위한 다섯 가지 길에서 학술적 논증을 마무리할 때마다 덧붙이는 말을 연상시킨다. 즉 토마스 아퀴나스가 논증마다 "이를 모든 이들이 하느님이라 부른다quam omnes Deum nominant"라고 끝맺었던 것과 같다(토마스 아퀴나스, 『신학대전』, I, q.2, a.3 참조).

설명할 수 없는 것과 같다. 독자들은 이 글을 보다가 혹 빠뜨려진 것을 깨
닫더라도 설명하는 대상이 지극히 무궁한 반면, 설명하는 사람은 지극히
졸렬하다는 것을 염두에 두시어 탓하지 않기를 바랄 뿐이다.

述此書者, 無非令人在此世中, 認此事此, 而身後見之, 用享其福. 第此所
論, 殊未詳盡, 卽令詳盡, 千億倍此, 亦不能罄其無窮, 譬如一滴不盡大海,
譬如一塵不盡大地也. 讀者於此, 識有闕漏, 卽當存念論者至爲無窮, 論之
者至爲譾劣, 庶或無譏焉爾.

부록

『영언여작』에 나타난 영혼론

『영언여작』과 조선 지식계의 수용 양상

●『영언여작』에 나타난 영혼론

신창석

I.『영언여작』의 전체적 구조

『영언여작』은 가톨릭 선교사 프란체스코 삼비아시Francesco Sambiasi가 17세기 중국에서 저술한 서양철학 영혼론이다. 물론 삼비아시 자신은 바다같이 무한한 영혼의 세계를 감히 잔으로 재려 한다는 의미에서 '영언여작靈言蠡勻'이라 부른다. 하지만 17세기 초반의 서양철학이 전개하는 영혼론에 견주어보면『영언여작』은 영혼에 대한 최첨단 전문 서적이라고 볼 수 있다. 특히 당시 가톨릭교회의 수도회가 동양으로 파견할 선교사들을 선발하는 원칙을 보면, 젊고 건강한 교회 학자를 가장 우선시하고 있다. 이를 근거로 볼 때, 마테오 리치Matteo Ricci나 루도비코 불리오 Ludovico Buglio 그리고 수많은 당시 선교사들과 마찬가지로 삼비아시 역시 당시 대학의 교수 요원이요, 학자임에 틀림없다. 그들은 중국에 도착하자마자 한문과 동양학문 그리고 문화를 배우는 가운데 선교의 발판을 마련한다. 이는 일찍이 동양 선교의 초반부터 시도된 토착화inculturation 정신의 발로이다. 따라서 당시 선교사들은 대체로 서양에서는 중국어학자로 알려졌으며, 동양에서는 선교사인 동시에 학문과 관련된 관리이기도 했다. 결국 그들은 가톨릭 신앙과 함께 학문과 문화를 통교시킨 세계화의 선구자들인 셈이다. 그들은 이러한 지향성으로 인하여 신학이나 교리서를 넘어서서 학문과 문화 전반에 걸친 수많은 전문 서적을 남기게 된다. 『영언여작』역시 이러한 토착화와 학문의 교류라는 세계화 정신의 일환으로 저술된 최초의 영혼론이며, 당시 유럽 본토의 대학에 알려져 있던 영혼에 대한 전문적 지식을 총망라하고 있다.

삼비아시 자신의 분류에 따르면 『영언여작』은 상하 2권이며, 각 권은 다시 2개의 장으로 나뉘어 총 4개의 장으로 구성되어 있다. 또한 본문은 총 142개의 단락으로 나뉘어 있다. 각 단락에 대한 번호는 번역과 문헌 이용의 편의상 옮긴이가 붙인 것이다.

상권의 각 단락은 대체로 물음과 대답의 형태로 진행된다. 이는 스콜라철학의 전통적 서술 양식인 질문집이나 토론집의 논항과는 다른 질문 형태이다. 중세의 논항articulus은 "~인가 아닌가utrum~"를 묻고 그 긍정의 근거나 부정의 근거를 밝히기 때문이다. 상권은 물음과 대답의 형태를 띠고 있다는 점에서는 스콜라철학적 방법을 따른다고 볼 수 있다. 그러나 하권은 물음으로 전개하지 않고, 내용의 중요성에 따라 순서대로 나열하고 있다.

상권과 하권이 보여주는 이러한 서술 방식의 차이는 또한 고찰 내용에 따른 것이다. 상권에서 다루는 영혼의 실체와 능력에 대한 논의는 주로 철학적 내용이므로, 논쟁 가능성을 의식해 문답 형태를 취한 것으로 보인다. 한편 하권에서는 하느님과 유사한 영혼의 존엄성과 영혼이 목적으로서의 최고선을 지향한다는 신학적 내용을 고찰하므로, 중요성의 순서에 따르는 서술 방법을 취한 것으로 보인다. 또한 상권은 인간의 자아 인식의 과정을, 하권은 영혼이 최종 목적으로서의 하느님을 지향하는 과정을 보여준다. 결국 상권이 진정한 자아를 이론적으로 인식하는 여정이라면, 하권은 영혼이 하느님을 닮아 영혼의 최고선에 이르는 실천적 여정이다.

『영언여작』은 스콜라철학의 전통적 분류 방식과 논술 방식을 따르고 있으며, 다음과 같은 구조로 진행된다.

서문[1]

상권[2~56]
첫 번째 장 아니마의 실체를 논함[2~19]
두 번째 장 아니마의 능력을 논함
    1. 아니마의 생명능력과 감각능력을 논함[20~23]
    2. 아니마의 이성능력을 논함[24]
        (1) 기억을 논함[25~35]
        (2) 이성을 논함[36~45]
        (3) 욕구를 논함[46~56]

하권
세 번째 장 아니마의 존엄성이 천주와 비슷함을 논함[57]
    1. 본성이 비슷함을 논함[58~65]
    2. 형상이 비슷함을 논함[66~73]
    3. 작용이 비슷함을 논함[74~84]
네 번째 장 아니마가 최고선을 지향하는 본성에 관해 논함[85~142]

이 글은 『영언여작』을 연구하는 시효에 해당하므로, 본문을 요약하여 소개하는 가운데 매우 기본적 해설만을 더하고자 한다. 상권은 영혼에 대한 내적 고찰로 전개된다.

II. 삼비아시의 서문에 대한 해설

어떤 책이든 첫 문장은 대체로 그 책의 특성을 가장 강력하게 드러낸다. 삼비아시는 "아니마에 대한 학문은 필로소피아 가운데 가장 유익하고 가장 존귀하다"라는 말로『영언여작』을 시작한다. 그렇다면 이 문장은 철학사에서 어떤 의미를 가지는가?

일찍이 아리스토텔레스는『형이상학*Metaphysica*』을 "인간은 본성적으로 알기를 원한다"는 문장으로 시작했다. 여기서 형이상학은 후대에 안드로니쿠스Andronicus가 붙인 명칭이지만, 아리스토텔레스 자신은 이러한 학문을 주로 "제일 철학philosophia prima"이라 불렀다. 나아가 철학 가운데서도 영혼에 대한 최초의 조직적 저술 역시 아리스토텔레스가 썼다. 그의『영혼론*De anima*』은 이렇게 시작된다. "지식은 아름답고 가치 있는 것들 가운데 하나이며 …… 영혼에 관한 탐구를 제일 먼저 고려하는 것은 합리적이다."[1] 결국 제일의 필로소피아는 인간의 알고자 하는 본성에서 출발하며, 철학 가운데서도 영혼에 대한 탐구야말로 먼저 고려해야 한다는 것이다.

이러한 맥락에서 볼 때『영언여작』역시 인간의 알고자 하는 본성에 근거하여, 철학 가운데서도 영혼에 대한 탐구야말로 가장 유익하고 존귀하다는 사실을 필두로 삼는다. 이는 자신의 탐구가 서양철학사의 전통에 깊이 뿌리를 두고 있음을 공고히 하면서 영혼론을 시작하려는 의도이다.

그러나 이렇게 서양철학적 전통에서 시작은 하지만, 자신을 안다는 것은 과연 무엇을 의미하며 결국 무엇을 지향하는가? 물론 삼비아시 스스로 밝히는 바와 같이, 서양철학에서 자신이란 영혼을 의미하며, 영혼을 안다는 것은 영혼의 본성과 존엄성을 인식하는 것이다. 따라서 삼비아시는 영혼을 인식하는 것은 곧 자아의 인식이요, 자아의 인식은 다른 모든 이론과 실천의 기초가 된다는 것을 공고히 한다.

여기서 우리는 삼비아시만의 특별한 전개 방식을 몇 가지 감지할 수 있다. 삼비아시는 자아의 인식을 출발점으로 삼지만 그 지향이나 목적은 서

---

1 Aristoteles, *De anima*, I, c.I, 402a 1-5.

양철학과 유교의 전통을 상호 보완하는 동시에 넘어서는 과정을 거치면서 전개된다.

첫째, 삼비아시는 영혼을 탐구하는 목적을 이렇게 밝힌다. "학자가 아니마의 아름다움과 미묘함을 드러내고자 하는 까닭은 자신을 알고자 하기 때문이며, 나아가 집안을 다스리고 나라를 다스리며 천하를 평화롭게 하기 위해서이다."[1] 이는 곧장 유학의 실천적 윤리인 '수신제가치국평천하修身齊家治國平天下'를 연상케 한다. 다만 유학의 실천적 윤리는 자신을 아는 것보다는 자신을 닦는 데서 출발한다는 점이 다르다. 즉 서양철학은 이론적 자아에서 출발하며, 유학은 실천적 자아에서 출발한다. 결국 삼비아시는 자아 인식이라는 서양철학의 이론적 출발점을 기초로 삼는 동시에 평천하平天下라는 유학의 실천적 목적을 지향한다. 여기에는 서양철학이 이론에 치중하고 유학이 실천에 치중하는 점을 상호 보완하여 이론적 출발점을 실천적 목적으로 완결짓고자 하는 상생의 의도가 뚜렷하다. 이는 명백히 유학의 이론적 기초를 보완하는 것이자 서양철학의 실천적 기초를 보완하는 것이다.

둘째, 그리스철학에서 유래하는 서양철학적 자아 탐구는 인간의 영혼까지도 자연의 일부로 간주하고 영혼의 본성을 오직 자연적 본성으로만 고찰하는 한계를 가지고 있다. 그러나 삼비아시는 서문의 시작에서 소크라테스가 즐겨 인용하는 "네 자신을 알라"는 격언을 서두로 삼는 동시에 교부 아우구스티누스의 인용을 통하여 필로소피아의 과제를 정의한다. "필로소피아는 결국 두 가지 큰 단서로 귀결된다. 그 하나는 아니마를 논하는 것이요, 또 하나는 데우스를 논하는 것이다."[1] 결국 철학의 과제는 영혼에 대한 탐구이자 동시에 하느님에 대한 탐구라는 것이다. 그러나 이는 철학이 갖는 두 가지 상이한 과제를 말하는 것이 아니다. 오히려 영혼에 대한 탐구는 모상으로서의 영혼이 그 원형으로 삼고 있는 하느님에 대한 탐구를 통하여 완결될 수 있다는 것을 시사한다. 실제로 삼비아시는 영혼론을 전개하면서 하권 세 번째 장에서는 아니마의 존엄성이 천주와 비슷함을, 네 번째 장에서는 최고선으로서의 하느님을 지향하는 영혼의 본성을 주요 과제로 삼고 있다. 이는 '창조' 개념이 없었던 그리스철학적 전통의 한계를 보완하는 것이요, 그리스철학적 전통을 넘어서는 영혼론을 예견하는 것이다.

이러한 동서양을 아우르는 상생의 영혼론은 결국 나를 알고 하느님을 아는 것이 행복이요, 나를 참으로 알기 위해서는 하느님을 알아야 한다는 것을 기본 입장으로 삼고 있다. 이는 이미 가톨릭교의 기본 입장이자 아우구스티누스의 사상에 단적으로 드러난다. "육체를 살아 움직이게 하는 것이 영혼인 것처럼, 인간의 정신적 삶을 행복하도록 하는 것은 하느님이다."[2]

삼비아시의 저술 의도는 서문의 마지막에 가장 강력하게 드러난다. 그의 영혼론은 사람으로 하여금 자신을 알고 하느님을 앎으로써 진복을 누리게 하는 것으로 귀결된다. 아래에서는 『영언여작』의 주요 구성에 따라 영혼의 실체, 영혼의 능력에 대하여 요약하고 최소한의 해설을 덧붙일 것이다.

III. 상권 첫 번째 장: 영혼의 실체

서양철학사의 수많은 학파들은 결국 인간의 영혼을 근본적으로 무엇으로 보느냐에 따라서 서로 입장을 달리한다고 보아도 과언이 아니다. 나아가 영혼에 대한 정의는 단순히 학파를 결정하는 것을 넘어서서 종교적 이념의 경계가 되기도 한다. 이는 이미 첫 번째 장에서 극명하게 드러난다. 그

---

2 Aristoteles, *De civitate Dei*, xix, PL41, 656.

는 스콜라철학을 총결산하는 태도로 영혼을 다음과 같이 정의한다.

> 아니마는 자립하는 실체이며, 본래 독자적 존재이다. 또한 정신의 부류이
> 며, 죽지 않는 것이다. 아니마는 천주께서 창조하신 것이며, 무에서 만들어진
> 것이다. 그리고 나에게 주어지는 자리에서 나에게 주어지는 때에 만들어지는
> 것이며, 나의 실체적 형상이다. 아니마는 결국 그라시아에 힘입고 사람의 선행
> 에 힘입어 참된 복을 누리게 된다.[4]

아마도 영혼에 대해 이렇게 간략하면서도 폭넓고, 명료하면서도 난해
한 정의는 철학사에서도 매우 드물 것이다. 다음으로 삼비아시는 이 정의
에 대해 던지는 일련의 질문들을 제기하면서 가능한 반론을 해명하고 철
학적이고 신학적인 근거를 마련한다. 나아가 이들 질문에는 이미 그 질문
안에 영혼의 본질과 존재 방식 그리고 원천과 목적이 고스란히 드러난다.
이 글은 그의 질문을 그대로 따라가면서 해설하는 방식을 취할 것이다.

1. 왜 아니마를 자립하는 실체라고 하는가?[5]

영혼은 자립적 실체이다. 스콜라철학에서는 모든 개별적 사물이 실체와
우유偶有로 구성되어 있다고 본다. 당시 아리스토텔레스의 작품으로 알려
졌던 『범주론』에 따르면 실체란 하나의 사물이 존재하기 위한 근간을 말
한다. "가장 본래적이고, 첫째이며 우선적 의미에서 실체란, 어떤 주체에
대해 언명되는 것도 아니요, 어떤 주체에 내재하는 것도 아닌 그런 것이
다."[3] 예를 들어 "그 소나무는(s) 푸르다(p)", "~ 높다", "~ 우아하다" 에
서 술어(p)에 해당하는 "푸르름", "높이", "우아함" 등은 오직 그 소나무
가 존재할 때만 더불어 존재할 수 있는 우유적인 것들이요, 이러한 우연적
사태의 서술을 가능케 하는 바로 "그 소나무"(s)는 실체이다. 그 소나무가

---

3 Aristoteles, *Categoriae*, c.5, 2a 11-4.

있어야만 비로소 소나무에 속하는 모든 속성들이 존재할 수 있기 때문이다. 그러나 여기서 모든 'p'는 감각의 대상이지만, 실체 's'는 감각적으로는 도저히 지각될 수 없는 것이다. 그렇다면 실체라는 개념은 어디에서 유래하는가? 토마스 아퀴나스는 이렇게 대답한다. "인간은 영혼을 소유함으로써 그리고 감성적으로 지각하고 사유하는 자기행위 자체를 지각함으로써 무언가를 지각한다."[4] 여기서 실체-우유의 관계는 인간에 이르러 자아-정신행위의 관계로 성립된다. 자아 편에서 보면 자아는 또다시 다른 어떤 주체와 더불어 있는 것이 아니다. 그러므로 이러한 관계를 가능케 하는 영혼이야말로 실체라는 사실이 경험되지 않는다면, 결국 인간이 지각하는 어떤 우유나 속성도 존재할 수 없다는 것이 밝혀진다. 그러므로 자립적 실체가 존재하지 않는다면 인간이 지각하는 어떤 비자립적이거나 의존적인 것들도 존재할 수 없다는 결론이 나온다.

물론 근세에 오면서 몇몇 철학자들은 자립적 실체를 거부하기도 한다. 예를 들어 크리스티안 볼프는 실체를 '희박한' 것으로,[5] 존 로크는 '실체-우유'의 구조를 경험될 수 없는 것으로,[6] 데이비드 흄은 실체를 '단순한 착상들의 수집'으로,[7] 프리드리히 파울젠 '굳어버린 현실의 나무토막'으로[8] 간주하기도 한다. 그러나 현대물리학의 한계는 또다시 실체-우유의 관계를 새로운 탐구의 계기로 삼고 있는 상황이다.

---

4 Thomas Aquinas, *De veritate*, q.10, a.8.

5 Christian Wolff, *philosophia prima sive ontologia*, Hildesheim, 1962, ∬771.

6 J.Loke, *An Essay concerning human Understanding*(London, 1690), Book 4, chapter 23, ∬2.

7 D.Hume, *A Treaties of human nature*(Phil. Works, London, 1886, vol.1), Book 1, Part 1, Section 6.

8 F.Paulsen, *Einleitung in die Philosophie*, 1909, p.385.

2. 왜 아니마를 본래 독자적 존재라고 하는가?[6]

영혼은 본래 독자적 존재이다. 이는 실체에 대한 아리스토텔레스의 부정법적 정의를 스콜라철학이 긍정법으로 바꾼 것이다. 즉 아리스토텔레스가 실체를 "그 어떤 것에도 내재하지 않는 존재자"라 부르던 것을 스콜라철학은 "그 자체로 또는 자기 속에 근저하는 존재자(ens per se seu in se subsistens)"라 규정한다. 삼비아시는 이러한 긍정문적 정의를 통해 인간의 영혼을 기타의 혼 또는 생명과 구별하기 위한 계기로 삼는다. 즉 서양철학에서 아니마는 혼 또는 생명으로서 인간만이 가진 것이 아니라 모든 생물을 생물이도록 하는 원리다. 그중에서 식물의 생명 원리인 성장혼이나 동물의 생명 원리인 감각혼과 달리 오직 인간의 생명 원리로 고유하게 주어진 영혼은 질료에서 분비된 것도 아니며, 사멸하는 것도 아니다. 결국 자립적 실체가 모든 사물에 공통된 것이라면 본래 독자적 존재란 인간의 영혼에만 고유한 정의로서 영혼의 개별성과 동시에 불멸성을 나타낸다.

3. 왜 아니마를 정신의 일종이라고 하는가?[7]

영혼은 물질과는 전혀 다른 존재 방식을 취하는 정신의 일종이다. 이는 영혼의 본질을 비물질과 구별하는 데서 그치지 않고, 생혼이나 각혼과도 구별된다는 것을 명백히 한다. 즉 인간의 영혼은 물질의 분비물도 아니요, 피와 같은 육체의 일부도 아니며, 기氣와 같은 것도 아닐뿐더러 단순한 성장의 원리나 감각의 원리까지 넘어서는 정신임을 강조한다.

4. 왜 아니마를 죽지 않는 것이라고 하는가?[8]

영혼은 육체가 죽음에 처하더라도 존재 방식을 달리할 뿐 불멸한다. 아리스토텔레스와 스콜라철학의 존재론에 따르면 사물은 질료와 형상으로 결합되어 있다. 여기서 질료는 늘 다른 형상을 받아들일 수 있는 가능성이기에 늘 파괴의 원리로 작용한다. 반면에 형상은 사물의 존재를 중개함으로써 사물의 현실성과 규정성을 부여하는 원리이다. 그래서 "특정 사물에 있어서 질료란 다른 어떤 형상을 향한 가능성 속에 있다."[9] 인간의 경우에도 물질로 구성된 육체는 소멸의 법칙을 벗어날 수 없다. 그러나 영혼은 육체와 결합되어 있는 한에서 생혼과 같이 성장하고 각혼과 같이 지각하지만, 영혼의 사유행위와 의지행위는 질료와 독립되어 있다. 따라서 영혼의 존재 방식은 비질료적이므로, 질료에 기초하는 소멸의 법칙을 벗어나 있다는 결론이 나온다.

5. 왜 아니마를 천주께서 창조하신 것이라고 하는가? [9]

영혼의 존재는 창조의 결과이다. 여기서부터 삼비아시는 아리스토텔레스 영혼론과는 전혀 다른 창조의 관점에서 영혼을 고찰한다. 그리스철학에는 없는 창조 개념을 도입한 것이다.

6. 왜 아니마를 무無에서 만들어진 것이라고 하는가? [10]

영혼은 무에서 창조된 하느님의 피조물이다. 여기서 삼비아시는 하느님과 영혼이 원인과 결과의 관계에 있으며, 원인과 결과 사이에는 어떤 제이원인이나 여타의 재료가 존재할 수 없다는 것을 공고히 한다. 다른 원인이나 재료를 인정하면 무신론, 범신론이나 유물론을 허용할 수 있기 때문이다.

7. 왜 아니마를 나에게 주어지는 자리에서 나에게 주어지는 때에 만들어지는 것이라고 하는가? [11]

영혼은 나에게 주어지는 자리에서 나에게 주어지는 때에 만들어지는 것이다. 이는 현대의 낙태와 관련하여 언제 어디서 한 인격체로서의 인간이 성립되는가 하는 문제와도 관련된다. 여기서도 삼비아시는 시간적 질서와 근원적 질서를 구분함으로써 더 이상 논쟁의 여지를 남기지 않는다. 즉

---

9 Thomas Aquinas, *Summa contra gentiles*, II, c.30, n.3. "quod materia in eis eat in potentia ad alliam formam."

선과 후에는 두 가지 종류가 있다. 인간이 일상적으로 경험할 수 있는 선과 후는 어떤 사태나 발생의 선 단계와 후 단계에 지나지 않는다. 즉 비가 오면(선), 땅이 젖는다(후). 그러나 비는 땅이 젖는 원인이 아니라 전 단계일 뿐이다. 원인과 결과의 관계에서는 이러한 시간적 선과 후는 없고, 다만 근원적 선과 후가 있을 뿐이다. 당연히 아버지가 될 사람이 먼저 존재해야만 아들도 존재하겠지만, 여기서는 아들이 있어야 비로소 아버지가 되는 것이다. 결국 아버지와 아들의 관계는 동시적으로 성립된다.

8. 왜 아니마를 나의 실체적 형상이라고 하는가?[12]

영혼은 나의 실체적 형상이다. 이는 스콜라철학에서 가장 뜨겁게 타올랐던 논쟁 문제이다. 피조물 가운데서 인간은 현실적으로 단순한 물질적 존재자도 아니며, 천사와 같은 순수 정신적 존재자도 아니다. 그러면 어떻게 물질적 육체가 정신적 영혼과 결합하여 존재할 수 있는가? 여기에 대한 해명을 제공하는 명제가 바로 영혼은 실체적 형상이라는 것이다. 일찍이 토마스 아퀴나스는 실체적 형상과 우유적 형상을 구분함으로써 영혼과 육체의 실체적 통일성을 주장하였으며, 삼비아시는 이러한 토마스 아퀴나스의 구분을 그대로 이용하고 있다. 토마스 아퀴나스의 논리에 따르면 우유적 형상이란 우연적 존재를 부여하는 형상이다. 이는 마치 열熱이 타오르는 주체에 열의 존재, 즉 뜨거움을 부여하는 것과 같다.[10] 그리고 영혼이 실체적 형상이라는 것은 결국 영혼과 육체의 실체적 통일성을 천명하는 것이다. 즉 삶, 감성, 사유는 하나이고 동일한 영혼에서 나가며, 영혼과 육체의 통일된 공통의 존재 원리를 통하여 상호 종속적인 동시에 통일적이다.[11]

---

10 토마스 아퀴나스, 『신학대전』, I, q.76, a.4, c.a. 참조.
11 이 명제에 반대한 자들로는 플라톤과 플라톤주의자들 그리고 아베로에스Averroës 와 시제 브라방Siger de Brabant 같은 아베로에스주의자들이 있다.

9. 왜 아니마는 결국 그라시아에 힘입고 사람의 선행에 힘입어 참된 복을 누리
   게 된다고 하는가?[13]

영혼은 은총과 자신의 선행에 힘입어 참된 복을 누리게 된다. 따라서 스콜
라철학에서는 오직 은총만으로 구원될 수 있다는 주장과 인간의 의지에
따른 선행만으로 구원될 수 있다는 주장이 난립해왔다. 이와 나란히 인간
은 오직 신앙만으로 진리에 이른다는 루터파의 주장과 오직 이성만으로
진리에 이를 수 있다는 계몽주의의 주장도 거세었다. 이러한 두 가지 논쟁
은 영혼의 주된 능력이 이성과 의지이기 때문에 벌어진 것이다. 그러나 이
들 논쟁은 13세기에 이르러 토마스 아퀴나스가 제시한 신앙과 이성의 종
합을 통해 해결되었다. 그러나 현실적으로는 오늘에 이르기까지 극단적
주장이나 종파는 계속 이어지고 있다. 삼비아시는 이러한 논쟁을 의식하
여 하느님의 은총과 동시에 인간의 의지를 통한 선행에 힘입어 참된 행복
에 이른다는 것을 공고히 한다. 왜냐하면 인간적 행위는 모든 변화와 활동
의 제일원인으로서의 하느님의 은총과 제이원인으로서 자유로운 의지의
결과이기 때문이다. 따라서 삼비아시는 하느님의 은총과 인간 자신의 선
행을 동시에 복된 삶의 조건으로 삼는 가운데 극단에 치우친 양쪽의 주장
을 모두 논박한다.

IV. 상권 두 번째 장: 영혼의 능력

이제 영혼의 능력을 이해하기 위해서는 먼저 영혼의 존재론적 위치가 해
명되어야 할 것이다. 일반적으로 모든 존재자는 우선 물질과 비물질 그리
고 물질과 비물질의 결합체인 생물로 분류할 수 있을 것이다. 여기서 영혼
의 지위는 어디인가?

1. 아니마의 생명능력과 감각능력

생물, 즉 생명체란 일반적으로 생명력의 원리로 혼魂을 가지고 있는 모든 것을 말한다. 즉 우리는 살아 있는 것에 대해 혼을 가지고 있다고 말한다. 어떤 것이 "살아 있다"는 사실은 그것의 외적 현상을 통해 우리에게 알려지지만, 생명 그 자체가 경험되는 것은 아니다. 그래서 외적 현상은 결국 그 현상의 근원이나 원리로 환원될 수밖에 없다. 근거나 출발점이 없는 사실적 현상이란 있을 수 없기 때문이다. 먼저 살아 있는 것이란 스스로 움직이는 것을 말한다. 스스로 움직이는 것을 자세히 분석해보면, 결국 움직여지는 것과 움직이게 하는 것으로 합성되어 있다. 그리고 오직 이렇게 움직여지는 것과 움직이게 하는 것으로 합성되어 있는 것만이 엄격한 의미에서 살아 있는 것이요, 생명체이다. 여기서 움직여지는 것은 생물의 물질적 부분, 즉 생물의 신체에 해당된다. 생물을 구성하고 있는 물질적 부분은 그 자체로는 살아 있는 생명이 아니라 생명의 지배를 받는 부분이다. 반면에 그 물질적 부분을 움직이게 하는 것, 즉 신체를 살아 있게 하는 것은 최소한 물질적인 것일 수 없다. 물질이란 스스로 움직일 수 없는 것을 말하기 때문이다. 여기서 생명의 원리는 물질적 부분을 그야말로 하나의 그렇게 살아 있는 신체로 규정하게 하는, 즉 인간의 경우 하나의 살아 있는 육체로서 움직이게 현실화한다. 그러므로 생명의 원리는 살아 있는 육체의 현실태이다. 여기서 육체는 "살아 있음(생명존재)"을 현실태로 지향하는 하나의 가능태요, 살아 있을 수 있는 재료요, 기초로 파악된다. 그래서 생물이 가지고 있는 각각의 움직여지는 부분(물질적 부분)은 그 부분을 움직이게 하는 부분의 존재 방식에 따라 다음과 같이 분류된다.

즉 각각의 움직여지는 부분(물질)은 성장혼(식물혼anima vegetabilis)과 합성됨으로써 식물이 되고, 각혼(동물혼anima animalis)과 합성됨으로써 동물이 되고, 영혼anima rationalis과 합성됨으로써 인간이 된다. 성장하는 것에 있어서 성장하게 하는 것이 성장혼이요, 감각하는 것에 있어서 감각하게 하는 것이 각혼이며, 사고하는 것에 있어서 사고하게 하는 것이 영혼이다. 그러므로 최하위 단계에서 물질적인 것을 스스로 움직이게 하는 것이 성장혼이요, 성장혼이 깃들어 있는 것을 움직이게 하는 것이 각혼이요, 각혼이 깃들어 있는 것을 움직이게 하는 것이 영혼이다. 그러므로 인간의 영혼은 육체가 지향하는 현실태이다. 즉 영혼은 가능성으로서의 육체를 규정하는 제일의 실체적 현실성이요, 눈, 귀, 입과 같은 육체의 각 부분들은 영혼을 통해 움직여지는 한 이차적인 것이며, 보고, 듣고, 말하는 작용을 야기시키는 이차적 원리이다.

2. 영혼의 이성능력

(1) 기억

먼저 삼비아시는 기억을 다음과 같이 정의한다.

> 기억이란 말은 세 가지를 지칭하지만 묶어서 하나로 부른다. 기억은 아니마의 능력이요, 사물의 초상을 보관해두었다가 때가 되면 사용하는 것이다. 기억은 유형과 무형의 사물을 기억할 수 있으며, 머무는 장소는 아니마이기도 하고 두뇌이기도 하다. 그 작용에는 두 가지가 있으며, 그 이익은 이루 다 말하기 어렵다.[25]

그리고 삼비아시는 앞에서와 마찬가지로 정의에 사용된 문구 하나하나에 대해 문제를 제시하고 답하는 방식으로 진행해간다. 기억에 대해 제기되는 질문은 다음과 같다.

  1) 왜 기억이란 말은 세 가지를 지칭하지만 묶어서 하나로 부른다고 하는가?[26]

기억이란 기억능력, 기억작용 그리고 습득한 초상을 통틀어 지칭한다. 즉 삼비아시는 기억의 존재론적 지위에 따라 기억을 가능태potentia, 현실태actus 그리고 하비투스habitus(습성)로 나누고 있다. 여기서 기억능력이란 무엇을 기억할 수 있는 가능성 내지는 가능태를 말하며, 기억작용은 무엇을 기억하는 행위 내지는 현실태를 말하며, 습득한 초상이란 기억하여 소유하고 있는 것들을 말한다.

  2) 왜 기억을 아니마의 능력이라고 하는가?[27]

  3) 왜 기억은 사물의 초상을 보관해두었다가 때가 되면 사용한다고 하는가?[28]

  기억은 첫째로 형상과 질료로 구성된 유형의 사물이 오감을 통과해 공통감관과 구상력을 거쳐 저장하는 과정 전체를 말한다. 여기서 저장되어 기회에 따라 불려 나오는 것이 초상이다. 둘째로 무형의 사물이 공통감관과 상상을 거쳐 저장하는 과정을 기억이라 말한다. 삼비아시는 기억의 과정에 대한 설명을 아우구스티누스의 해명에 의존하고 있다.[12]

  4) 왜 유형과 무형의 사물을 기억할 수 있다고 하는가?[29]

  유형의 사물에 대한 기억은 동물도 가지고 있다. 그러나 무형의 사물에 대한 기억은 초상 없이 이루어지는 인간의 영혼만이 갖고 있는 능력이다. 삼비아시는 이를 이성적 기억이라고도 한다. 이 역시 아우구스티누스의 기억론을 따른 것이다. 아우구스티누스는 신플라톤주의적 전통에 따라 인식의 대상을 감각적 대상과 이성적 대상으로 구분한다. 그는 감각적 지각에 대해서는 토마스 아퀴나스의 전통적 이해와 마찬가지로 초상을 인정하지만, 이성적 인식에 대해서는 초상의 필요성을 부정한다. 아우구스티누스의 인식론에서 초상으로 인한 감각적 지각과 초상 없이 이루어지는 이성적 인식이 양립하는 것과 같이, 삼비아시도 이를 받아들여 감각적 기억과 이성적 기억을 구분한다.[13]

  5) 왜 기억이 머무는 장소는 아니마이기도 하고, 두뇌이기도 하다고 하

---

12 아우구스티누스, 최민순 옮김, 『고백록』, 성바오로출판사, 1988, 261쪽 참조.
13 Augustinus, *De trinitate*, 9, 3 참조.

는가?[30]

앞의 구분에 따라 이성적 기억은 영혼에 머물고, 감각적 기억 내지는 초상은 두뇌에 머문다. 즉 유형의 초상은 유형의 기관인 두뇌에, 무형의 기억은 무형의 장소인 영혼에 머문다.

6) 그 작용에는 두 가지가 있다고 하는 것은 무슨 말인가?[31]

삼비아시는 기억의 작용을 구상적 기억과 추상적 기억으로 구분한다. 구상적 기억이란 이미 저장된 내용을 있는 그대로 회상하는 작용을 말한다. 그러나 추상적 기억이란 하나의 사물을 근거로 다른 사물을 연상해나가는 것을 말한다.

7) 왜 사후에 구상적 기억은 남지만 추상적 기억은 없어지는가?[32]

이는 기억의 작용에 근거하여 추상적 기억 작용은 육체적 삶의 이후에는 더 이상의 현실적 작용이 불가능하다는 설명으로 보인다.

8) 왜 동물의 경우에는 구상적 기억만 있고, 추상적 기억은 없는가?[33]

추상적 기억은 이성적 능력으로 인한 것이므로 이성이 없는 여타의 동물에게는 불가능하다. 그러므로 동물의 기억력이 추상적 기억처럼 보이는 것은 본능으로 인한 것이지 이성으로 인한 것이 아니다.

9) 어째서 기억의 이익은 이루 다 말하기 어렵다고 하는가?[34]

끝으로 삼비아시는 기억의 효용성을 강조하면서 특히 하느님의 은혜에 대한 기억을 강조한다. 즉 하느님이 인간에게 기억능력을 부여한 것은 영혼의 창조에 근거하는 하느님에 대한 기억을 위한 것이라고 매듭짓는다.

(2) 이성

삼비아시는 여기서도 마찬가지로 이성을 정의하고 정의에 대해 질문을 던지고 답하면서 이성적 능력을 설명한다.

이성은 둘로 나뉘지만, 합쳐서 하나가 된다. 이성은 아니마의 능력이며, 이로써 유형과 무형의 여러 사물을 밝힌다. 또한 다른 사물들만 밝히는 것이 아니라 스스로를 밝히기도 하는데, 그렇다고 항상 밝히는 것은 아니다. 그리고 사물을 밝힐 수 있으려면 항상 사물의 초상을 필요로 한다. 이성은 본래 질료가 없으며, 그 장소도 질료가 있는 육체에 있지 않기 때문에 대상으로 인해 무너지는 일은 없고, 또한 죽어 없어지지도 않는다. 또한 감각기관과 서로 비슷하다. 그리고 그 작용에는 세 가지가 있다.[36]

1) 어째서 이성은 둘로 나뉘지만, 합쳐서 하나가 된다고 하는가?[37]

이성은 여럿인가 하나인가? 능동이성과 수동이성, 상위이성과 하위이성, 이성과 지성, 이론이성과 실천이성, 이성과 기억 등의 구분은 여러 철학자들이 다양하게 제기했으며, 스콜라철학의 형성과 더불어 수많은 논쟁의 핵심에 자리잡고 있다. 아마도 삼비아시는 이러한 스콜라철학의 논쟁을 염두에 두고 이성의 두 가지 능력과 함께 이성의 통일성을 천명하는 것으로 보인다. 삼비아시는 이성적 능력의 구분에서는 다시 토마스 아퀴나스의 구분을 중심으로 삼아 설명한다.

이성의 능동적 작용은 인식 대상을 통해 드러난다. 질료 속에 있는 형상은 현실적으로 그대로 인식될 수 없기 때문에 이성은 자연사물이나 감각적 사물의 형상을 있는 그대로 파악할 수 없다. 우리가 못을 이해할 때, 그 못이 현실적으로 머리에 들어온다면 어떻게 되겠는가? 그래서 우리가 인식하는 모든 것은 어떻게든 인식될 수 있는 가능성에서 현실적으로 인식되도록 전환되어야 한다. 감각에 들어오는 현실적인 소리나 빛을 통해 청각이나 시각이 현실적으로 지각하는 상태가 되는 것처럼, 이성의 인식에도 사물을 현실적으로 인식하게 만드는 어떤 힘을 가정해야 한다. 즉 사물의 물질적 조건으로부터 종적種的 형상이나 인식의 기초를 만들어내는 정신적 능력을 전제할 수밖에 없다. 이것이 바로 능동이성이다.[14] 수동이

---

14 토마스 아퀴나스, 『신학대전』, I, q.79, a.3, c.a. 참조.

성은 이렇게 인식할 수 있도록 만들어진 것을 기초로 인식과 추론을 전개한다. 여기서 삼비아시가 능동이성과 수동이성을 원인 개념으로 설명하는 것은 그리스철학적 용어에서 제일 능동인 개념으로 이해되는 하느님을 염두에 둔 것이다.

그러나 능동이성과 수동이성은 별개의 기관이 아니라 상호작용을 통해 하나의 이성적 작용을 수행한다. 삼비아시는 절묘하게 물시계의 역할을 통해 능동이성과 수동이성의 통일성을 설명한다. "물시계에 비유해보면, 위와 아래에 각각 한 말들이 물통이 있는데, 하나는 물을 내리는 역할을 하고, 하나는 물을 받는 역할을 한다. 이 둘 중 하나라도 없으면 물시계가 될 수 없다. 그러므로 이 둘을 합해야 비로소 누각漏刻의 기능을 하게 되고, 아울러 물시계라고 이름하게 되는 것이다."[37]

2) 어째서 이성을 아니마의 능력이라고 하는가?[38]

여기서는 간단히 다뤄지고 있지만, 이성이 사유하는 자체 본질이 아니라 영혼의 능력이라는 것은 철학사에서 중요한 위치를 차지한다. 즉 이성은 본질이 아니라 능력이며, 오직 하느님 안에서만 이성 그 자체가 본질일 뿐이다.[15] 이는 가톨릭 신학과 관련해서도 대단히 중요한 문제이다.

3) 어째서 이성은 유형과 무형의 여러 사물을 밝힌다고 하는가?[39]

---

15 토마스 아퀴나스 역시 이 문제를 아주 상세히 다루고 있다. 예를 들면 다음과 같이 말한다. "이성은 영혼의 능력이다. 왜냐하면 오직 활동 그 자체가 그 사물의 존재일 경우에만, 어떤 활동의 직접적 근거는 활동하는 사물의 본질이기 때문이다. 어떤 능력이 자신의 활동과 맺는 관계는 본질이 그 존재와 맺는 관계와 같다. 그런데 오직 하느님 안에서만 인식 그 자체가 바로 그의 존재일 뿐이다. 이 때문에 오직 하느님에게서만 이성이 곧 그의 본질이다. 이와는 반대로 인식하는 피조물 안에 있는 이성은 인식하는 것의 능력에 지나지 않는다."(토마스 아퀴나스, 『신학대전』, I, q.79, a.1, c.a.) 그러나 플라톤과 아우구스티누스 그리고 위디오니시우스의 인식론에서와 같이 이성을 능력으로 보지 않고 본질로 보는 경우, 인간의 이성을 신격화하거나 하느님의 이성과 동일시하는 신학적 오류를 낳게 된다. 삼비아시는 이러한 주장을 논박하면서 이성이 영혼의 능력임을 피력한다.

이성적 인식의 대상은 개별적인 것이 아니라 보편적인 것이다. 그래서 형상과 질료로 구성된 유형의 사물은 개별적 질료를 벗어나야만 보편적이 될 수 있으며, 무형의 사물은 이미 그 자체로 이성적 원상이므로 보편적이다. 이렇게 보편적인 것을 파악하는 "영혼은 곧 만물이다."[16] 아리스토텔레스의 이 명제는 서양의 실재론적 인식론의 출발점이며, 삼비아시도 이 명제를 이성적 인식의 근거로 삼고 있다.

4) 어째서 이성은 다른 사물들만 밝히는 것이 아니라 스스로를 밝히기도 하며, 그렇다고 항상 밝히는 것은 아니라고 하는가?[40]

이성은 그 자체로 형상과 질료가 없는 능력이므로 따로 개별적 질료를 벗어날 필요도 없이 그 스스로를 파악한다. 그래서 인간은 자신의 사유뿐만 아니라 이성적 영혼도 자신의 본성에 속하는 고유한 것이라는 사실을 그 스스로 경험한다.[17]

5) 어째서 이성이 사물을 밝힐 수 있으려면, 항상 사물의 초상을 필요로 한다고 하는가?[41]

능동이성이 초상으로부터 이성적 인식형상(원상)을 추출함으로써 수동이성은 비로소 사물의 본질을 인식하는 동시에 사물과 초상을 구분하기에 이른다. 여기서 삼비아시는 이성의 관점이 아니라 대상의 관점에서 인식의 과정을 고찰하고 있다. 그는 인식의 과정에 동원되는 어떤 형상을 하위의 단계에서 상위의 단계로 올라가면서 '감각적 사물의 초상', '내적 사물의 초상', '이성적 원상(인식형상)' 그리고 '천사의 이성적 원상'이라는 네 가지 등급으로 분류하고 있다. 이는 물론 토마스 아퀴나스의 영혼론에

---

16 Aristoteles, *De anima* III, cap.8, 431b 21: anima est quodammodo omnia.
17 이성의 자기 인식에 대해 토마스 아퀴나스는 다음과 같이 말한다. "이러한 방식을 통하여 인간 이성에 제일 먼저 인식되는 것은 대상이다. 두 번째로는 이러한 대상이 파악되는 방법으로서의 사유 행위 자체가 인식되며, 이러한 사유 행위를 통하여 인간 이성 자체가 인식되며, 이러한 이성의 완성이란 바로 사유한다는 〔현실〕 그 자체이다."(토마스 아퀴나스, 『신학대전』, I, q.87, c.1, c.a.)

등장하는 것을 단지 관점을 바꾸어 정리한 것으로 간주된다.

　6) 어째서 이성은 본래 질료가 없으며, 그 장소도 질료가 있는 육체에 있지 않기 때문에 대상에 의해 무너지는 일이 없고 또한 죽어 없어지지도 않는다고 하는가?[42]

　아리스토텔레스의 인식론적 명제에 따라 이성은 곧 만물이 될 수 있는 것이므로, 그 스스로의 질료를 가진다는 것은 논리적 모순이 된다. 여기서 삼비아시는 이성이 얼마나 질료적 영향권으로부터 벗어나 있는가를 자세히 설명하고 있다. 물론 이성적 인식의 기초가 되는 감각적 사물의 초상이나 내적 사물의 초상은 질료적 영향권에 가까이 있다. 그러나 능동이성을 통해 만들어지는 이성적 원상은 이미 질료적 영향권을 벗어나 있다는 것이다.

　7) 어째서 이성은 또한 감각기관과 서로 비슷하다고 하는가?[43]

　이는 감각기관의 수동성과 능동성 그리고 이성의 수동성과 능동성이 갖는 유사성을 설명하는 것이다.

　8) 어째서 그 작용에는 세 가지가 있다고 하는가?[44]

　삼비아시는 이성의 작용으로 추상, 분리 그리고 추론을 들고 있다. 이성의 작용이란 일반적으로 "나는 이해한다intelligere", "나는 생각한다cogitare", "나는 구분한다distinguere"는 용어로 표현되는 정신적 사태를 말한다. 그리고 이러한 이성의 작용은 인식론적으로 추상, 분리, 추론이라는 전문적 학술용어로 분류되고 있다. 그러나 이들 용어는 토마스 아퀴나스 인식론의 추상과 분리가 명백히 구분되기 전까지는 추상의 1단계, 2단계, 3단계로 분류되었던 것이다. 그런데 토마스 아퀴나스의 추상과 분리가 본격적으로 연구되어 밝혀진 것은 거의 20세기 후반의 일이다. 놀랍게도 삼비아시는 이미 17세기에 토마스 아퀴나스의 추상과 분리를 20세기 유럽의 토마스 아퀴나스 연구자들의 연구 성과 못지않게 정확하게 간파하고 있다. 이러한 사실은 앞으로 좀더 정확하게 연구되어야 할 중요한 과

제이다. 20세기에 토마스 아퀴나스의 추상과 분리 개념이 제대로 밝혀지지 않았다면, 여기서 삼비아시가 쓰는 직통直通(abstractio), 합통合通(separatio), 추통推通(discurtio)이라는 용어마저도 우리에게 생소했을 것이다.

추상이란 현대어로 말하자면 단순한 '파악', '집중', '간파'를 의미한다. 인간의 이성은 어떤 것이 무엇이라는 것을 인식하는 이성의 작용을 통해 그 어떤 것이 다른 것과는 달리 특별히 무엇임을 구분해낸다. 즉 이성은 여타의 생각을 접어두고 오직 어떤 사물이 '무엇'이라는 단순한 개념 내용을 파악해낸다. 이렇게 추상은 이성의 집중력이나 주의력을 통하여 이루어진다. 즉 여러 가지 다양한 사태로 합성되어 있는 것으로부터 다른 것을 염두에 두지 않고 오직 단 하나의 개념 내용을 인식하는 것을 추상 abstractio이라고 한다. 예를 들어 산이 비록 흙, 나무, 바위 등의 수많은 것으로 합성되어 있을지라도 우리는 무엇이 산이고, 산이 무엇이라는 단순한 내용을 추출할 수 있다. 그리고 추상은 너무 단순한 내용에 집중하는 것이기 때문에, 추상에는 어떠한 오류도 불가능하다.

분리란 이성적으로 무엇을 종합하고 분할하는 이성의 작용을 통해 여타의 사실로부터 단 하나의 사실을 구분해내는 작용이다. 이는 특히 알아낸 이 하나의 사실이 다른 것에는 존재하지 않는다는 인식을 통하여 이루어진다. 우리는 한 송이 장미가 처한 수많은 사실을 제쳐두고 '장미는 빨갛다'는 것을 판단해낸다. 즉 '장미'와 '빨강'은 그 장미에서는 단 하나의 동일한 사태이지만, 우리는 마치 '장미'는 무엇이고 '빨강'은 무엇이라는 다른 사태인 것처럼 분할하여 파악한 다음에 다시 결합시켜 '장미는 빨갛다'는 판단을 내린다. '장미는 빨갛다'는 이러한 사태의 구분은 사유하는 자의 판단에 따라 이루어진다. 논리학적으로는 이러한 판단은 명제의 형태를 띠며, 긍정명제나 부정명제로 표현된다. 이렇게 하나의 명제를 끌어내는 분리는 단순한 개념 내용을 파악하는 추상과 근본적으로 다른 정신적 구분 방식(사유 방식)이다. 그러나 분리는 항상 분할하고 종합하는 사이에 여지를 두기 때문에, 항상 오류를 범할 가능성 속에 있다.[18]

추론이란 논리학적으로 추상과 분리를 기초로 새로운 결론에 도달하는 사유 과정을 말한다. 추론의 기본적인 양식은 삼단논법인데, 아리스토텔레스가 『분석론』에서 처음으로 정립한 것이다. 하나의 참된 판단(분리)를 전제로 다른 판단이 참이라는 결과를 이끌어내는 추론적 사고는 인식을 체계적으로 다듬어 보존하는 능력으로서 학문을 가능케 한다. 그러나 분리와 마찬가지로 언제나 오류를 범할 수 있는 가능성 속에 있다.

9) 이성은 사람에게 있음으로써 밝혀주기도 하고 존귀하기도 하다. 그런데 어째서 이성은 존귀하다고 하는가?[45]

이성은 진리 또는 지식을 추구하고, 의지는 선을 추구한다. 그런데 지식에는 하느님을 알아보는 것도 속하기 때문에 이성은 존귀하다.

(3) 욕구

삼비아시가 말하는 욕구는 영혼의 능력으로서의 정신적 욕구이기 때문에 현대의 철학용어로는 의지에 해당한다. 그는 이러한 욕구를 다음과 같이 정의한다.

욕구는 세 가지로 나뉘지만, 합쳐서 하나가 된다. 욕구는 아니마의 능력이요, 여러 사물들을 좋아하고 싫어하는 일을 맡는다. 욕구는 자유롭게 선택하며, 반드시 스스로 밝히는 것은 아니다. 욕구는 억지로 받아들일 수 없고, 그 대상은 이미 지각하고 있던 선성이다. 욕구는 오직 최고선에 대해서만은 자유롭게 선택하지 못할 뿐, 온전히 자유로운 선택을 하며, 우뚝하게 귀하고 높아 내부와 외부를 모두 다스린다.[46]

---

18 신창석, 「토마스 아퀴나스에 있어서 학문론의 철학적 근거: 추상과 분리」, 『중세철학』 창간호, 분도출판사, 1995, 159~204쪽 참조.

삼비아시는 이 정의에 대해서도 문제를 제기하면서 대답하는 형식으로 영혼의 욕구능력인 의지를 고찰한다.

1) 어째서 욕구는 세 가지로 나뉘지만, 합쳐서 하나가 된다고 하는가?

【47】

삼비아시는 욕구를 혼의 존재론적 질서에 따라 본성적 욕구, 감각적 욕구 그리고 이성적 욕구로 나눈다. 즉 욕구는 혼 또는 생명성에 비례하는 선을 추구하는 능력이다. 그래서 식물의 생혼은 본성적 욕구를, 동물의 각혼은 본성적 욕구와 함께 감각적 욕구를 그리고 인간의 영혼은 본성적 욕구, 감각적 욕구와 함께 이성적 욕구를 고유한 것으로 가지고 있다. 스콜라철학에서는 인식을 통해 작용하는 이성적 욕구를 '선택적 욕구appetitus elicitus'라 불렀다. 그러나 이성적 욕구가 모든 선택에서 자유로운 것은 아니다. 이성적 욕구는 궁극목적인 행복에 대해서는 선택의 가능성을 가지지 못한다. 추구하는 최고선이 유일하기 때문이다. 따라서 어떻게 행복에 이를 수 있는가는 선택의 대상이지만 결국 행복을 추구할 수밖에 없다는 것은 아래로 떨어지는 돌의 본성과 같이 본성적 욕구에 속한다. 그러나 본성적 욕구는 외부의 작용으로 인한 강제적인 것이 아니라 그야말로 영혼에 심겨져 있는 본성적인 것이다.

여기서 삼비아시는 감각적 욕구와 이성적 욕구의 차이를 상세히 거론한다. 즉 이성적 욕구는 이성과 의지를 따르지만 감각적 욕구는 구상력을 따른다. 결국 이성적 욕구 역시 영혼의 능력이므로 이성이 보편적으로 파악한 사랑, 자유, 성공, 행복 등과 같은 보편적 개념을 욕구할 수 있지만, 감각적 욕구는 개념이 아니라 구상력이 그려내는 바로 그 사물을 직접적으로 욕구하기 때문이다. 또한 이성적 욕구는 제어할 수 있고 능동적이지만, 감각적 욕구는 수동적이며 본능에 매여 있다. 이러한 삼비아시의 설명은 토마스 아퀴나스의 목적을 지향하는 두 가지 양상을 거의 요약한 것으로 보인다. 즉 목적을 향해 능동적으로 스스로를 움직이는 것과 수동적으

로 움직여지는 것의 구분이다.[19]

  2) 어째서 욕구는 이성과 같이 능동적 욕구와 수동적 욕구로 나누지 않
    는가?[48]

  욕구에서 감각적 욕구는 수동적이며, 이성적 욕구는 이미 능동적이라
고 할 수 있다.

  3) 어째서 욕구를 아니마의 능력이라고 하는가?[49]

  4) 어째서 욕구는 여러 사물들을 좋아하고 싫어하는 일을 맡는다고 하
    는가?[50]

  5) 어째서 욕구는 자유롭게 선택한다고 하는가?[51]

  이성적 욕구의 대상은 개별적 사물이 아니라 이성이 파악하여 제공하
는 보편적 개념이기 때문에 물질을 벗어난 사고의 세계에서는 자유로운
선택이 가능하다. 만약 인간이 이성으로 숙고하고 의지로 자유롭게 선택
하는 것이 차단된 상태에서 행위했다면, 이는 공로도 아니요 죄도 아니다.
즉 이성과 의지가 개입되지 않은 행위는 윤리적 선악이나 법적 상벌의 대
상에서 제외된다.

  6) 어째서 욕구는 반드시 스스로 밝히는 것은 아니라고 하는가?[52]

  이성적 욕구는 자유로운 선택능력이기 때문에 선택의 결과에 대한 책
임도 따른다.

---

19 "따라서 이성을 갖는 것들은 자기 자체를 목적을 향해 움직여간다. 그것은 의지와
  이성의 능력인 자유의지를 통해 자기 행위들에 대한 지배력을 갖기 때문이다. 그러
  나 이성이 없는 것들은 자기 자신을 통해서가 아니라 타자로 인해 움직여지는 것으
  로 자연본성적 경향으로 인해 목적에로 향한다. 이러한 것들은 목적의 의미를 모르
  기 때문이다. 따라서 이러한 것들은 그 어떤 것도 목적을 향해 질서를 취할 수 없으며
  오로지 타자로 인해 목적을 향해 질서 지어질 뿐이다. 그것은 도구와 근원적인 작용
  자의 관계와 같이 무이성적 본성 전체와 하느님의 관계에 비교된다. 이것은 앞에서
  말한 바와 같다. 그러므로 목적에로 자기를 작용시키거나 이끌어가는 식으로 목적을
  향하는 것은 이성적 본성에 고유한 것이다."(토마스 아퀴나스, 『신학대전』, I-II, q.1,
  a.2, c.a.) 그 밖에도 『신학대전』, Ia, q.22, a.2, ad 4 ; q.103, a.1, ad 3를 참조하라.

7) 어째서 욕구는 억지로 받아들일 수 없다고 하는가?[53]

이 역시 행위의 주체성과 의지의 자유를 선언하는 대목이다. 만약 인간에게 의지의 자유를 인정하지 않는다면, 어떤 상과 벌을 묻는 것이나 어떤 도덕적 기준을 세우는 것도 불가능해질 것이다. 결국 인간적 행위는 심사숙고하는 이성 작용과 의지의 자유로운 선택으로 인해 주체적이다.

8) 어째서 욕구의 대상은 이미 지각하고 있던 선성善性(美好)이라고 하는가?[54]

이성적 욕구는 이성적 인식으로부터 나오는 것이다. 따라서 욕구의 대상은 이성을 통하여 파악된 선이다. 모든 욕구가 실재적으로 현존하는 개별 사물을 지향하는 것처럼 이성적 욕구도 개별 사물을 지향하기도 한다. 그렇지만 욕구가 대상을 지향하는 본래적 관점은 선으로서의 선이나 보편적 선이다. 이성적 욕구는 인식된 선을 향한 이성적 성향으로서 이성으로부터 나오기 때문에 내적으로는 이성에 본래적 근거를 둔다. 따라서 이성에 좋은 것으로 파악되는 것은 실재와 상관없이 욕구의 대상이 되지만, 이렇게 보편적 선으로 이해된 것이 현실적이고 개별적 관점에서도 항상 선이 되는 것은 아니다.

9) 어째서 욕구는 오직 최고선에 대해서만은 자유롭게 선택하지 못하고, 온전히 자유로운 선택을 한다고 하는가?[55]

이성적 욕구 자체가 최고선을 향한 본성적 지향성이기 때문에 그 앞에서는 자유가 없다. 물론 최고선이란 궁극목적이나 완전한 행복으로 다양하게 표현된다. 의지의 자유로운 선택이란 어느 것이 더 최고선에 가까운가에 대한 이차적 선택이기 때문이다.

10) 어째서 욕구는 우뚝하게 귀하고 높아 내부와 외부를 모두 다스린다고 하는가?[56]

여기서 삼비아시는 이성이 지향하는 대상과 의지가 지향하는 대상에 따라 그 우위를 정하고 있다. 그래서 아우구티누스와 안셀무스Anselmus

의 주의주의主意主義를 따르고 있다. 결국 의지의 대상인 사랑이 이성의 대상인 지혜보다 더 존귀하다는 것이다. 그러나 이러한 논증에서 삼비아시는 주로 토마스 아퀴나스의 『신학대전』(Ia, q.82, aa.3~4)에 나오는 고찰을 의지의 우위성을 논하기 위한 자료로 사용한다. 즉 제3논항, 의지는 이성보다 더 우위의 능력인가 및 제4논항, 의지가 이성을 움직이게 하는가 등이 그것이다. 그러나 삼비아시는 이러한 물음을 추적하는 토마스 아퀴나스의 고찰방법 가운데서 이성의 우위성을 드러내는 방법을 제외하고 의지의 우위성을 드러내는 부분만을 골라 거의 그대로 요약하고 있는 점이 특이하게 보인다. 물론 토마스 아퀴나스의 입장은 이성과 의지 그 자체를 절대적 관점에서 고찰하면 이성이 우위를 차지하고, 특정한 관점에서 고찰하면 의지가 어느 정도 우위를 차지한다는 것이다.

V. 하권 세 번째 장: 영혼의 존엄성

삼비아시는 하권에 이르러 영혼에 대한 실천적 고찰을 전개한다. 즉 영혼의 존엄성과 지향성을 설명한다. 여기서 삼비아시는 먼저 세 번째 장에서 인간의 영혼이 하느님과 유사하다는 논증을 통하여 영혼의 존엄성을 드러낸다. 다음으로 네 번째 장에서 영혼이 최고선으로서의 하느님을 지향하는 본성을 공고히 하면서 지상에서 추구하는 영혼의 여정이 궁극적으로 최고선을 지향한다는 것을 보여주고 있다. 이는 스콜라철학의 전형적 구조로서 특히 토마스 아퀴나스의 『신학대전』을 연상시킨다.

삼비아시는 먼저 하느님과 인간의 존재론적 차이를 강조하는 가운데서도 인간만이 갖고 있는 하느님과의 비슷함을 드러낸다.

〔만물은〕 천주의 무궁한 선과 지극한 오묘함과는 서로 같을 수 없으며, 또한

헤아릴 수 없이 수많은 것들 중에 한두 가지도 천주와 비슷한 것은 없다. 그런데도 아니마가 천주와 비슷하다고 말한 것은 단지 빌려서 비유한 것으로, 아니마는 천주의 그림자라고 할 수 있을 뿐이다. …… 다음의 여러 비유들은 오로지 천주의 전능하시고 지혜로우시며 지극히 선하신 본성을 현양하기 위한 것이며, 또 사람의 아니마에 무궁한 은혜를 두루 베푸셨음을 찬미하여 말한 것일 뿐이다. 서로 비슷하다고 말한 이유에는 여러 가지 단서가 있지만, 종합하면 세 가지로 정리된다. 하나는 본성이요, 또 하나는 형상이요, 다른 하나는 작용이다.[57]

이와 비슷하게 토마스 아퀴나스는 『신학대전』의 「신론神論」 부분에서 인간론으로, 이론 분야에서 실천 분야로 넘어가면서 다음과 같은 서언을 제시한다.

다마세누스가 말하는 바와 같이, 인간은 하느님의 모상을 향하여 만들어졌으며, 여기서 모상이란 지성적이고 자유로운 결단을 내리며 스스로의 권리를 가진다는 것을 뜻한다. 앞에서 원형이신 하느님에 대해서, 하느님의 의지에 따라 그의 권위로부터 창출된 것에 대해서 말했으므로, 이제 하느님의 모상인 인간에 대해서 고찰하는 것이 남아 있다. 인간 역시 자기 과업의 원리이고, 자유로운 결단을 내리며, 자기 과업에 대한 권리를 갖기 때문이다.[20]

삼비아시는 모상성을 본성, 형상 그리고 작용으로 보지만, 토마스 아퀴

---

20 토마스 아퀴나스, 『신학대전』, Ia-IIae, prolog. "Quia, sicut Damascenus dicit, homo factus ad imaginem Dei dicitur, secundum quod per imaginem significatur intellectuale et arbitrio liberum et per se potestativum; postquam praedictum est de exemplari, scilicet de Deo, et de his quae processerunt ex divina potestate secundum eius voluntatem(cf. I q.2 intro.); restat ut consideramus de eius imagine, idest de homine, secundum quod et ipse est suorum operum principium, qasi liberum arbitrium habens et suorum potestatem."

나스는 지성, 의지의 자유 그리고 권리로 본다. 개념의 차이가 있는 것처럼 보이지만, 하느님의 모상에 대한 삼비아시의 설명 내용은 토마스 아퀴나스의 모상에 대한 정의를 내포하고 있다. 즉 삼비아시는 영혼의 본성 속에서 지성을 논하며, 형상(모상) 속에서 인식과 욕구(의지)를 논하며, 영혼의 작용에서 영혼이 육체를 다스리는 주재자(권리)인 동시에 최고선으로서의 하느님을 지향할 권리를 갖고 있다는 것을 명백히 한다.

결국 삼비아시는 영혼이 하느님을 닮은 모상성에 따라서 하권의 내용을 전개한다. 나아가 하느님의 모상으로서의 영혼이 그 원형인 하느님을, 즉 최고선을 추구하는 과정을 마지막 장으로 삼는다. 이는 스콜라철학에서, 특히 토마스 아퀴나스가 하느님과 인간의 관계를 해명하는 구조를 따르고 있는 것으로 보인다. 이러한 구조에 따르면 하권은 다음과 같이 요약될 수 있다.

1. 본성의 비슷함

삼비아시는 여덟 가지의 측면에서 하느님과 영혼의 유사성을 설파한다.

— 천주의 본성은 본래 스스로 만족하며, 다른 사물이 채워주는 것을 달가워하지 않는다. …… 인간의 영혼 역시 자립하는 실체이므로 천주와 비슷하다.[58]

— 천주의 본성은 아주 단순하여 질료와 형상도 없고, 보편성과 개별성도 없으며, 터럭만큼도 복잡한 것이 없다. 아니마의 본성도 역시 단순하여 질료도 없고 형상도 없으며 부분됨도 없다.[59]

— 천주의 순수한 정신은 만사와 만물을 훤히 볼 수 있으며, 인간의 영혼도 만사와 만물의 이치를 깨달을 수 있다.[60]

— 천주는 완전한 이성이요, 완전한 진리이며, 완전한 정의인 바와 같이 영혼 역시 이성과 진리 그리고 정의를 가지고 있다.[61]

— 천주의 작용이 다양하듯이, 영혼의 작용도 다양하다.[62]

— 천주가 불멸하듯이, 영혼도 불멸한다. 단 천주는 시작이 없으나, 영혼
  은 천주로부터 시작된다.[63]
— 천주가 모든 곳에 현존하듯이, 영혼의 통찰과 욕구도 모든 곳에 머문
  다.[64]
— 천주의 작용이 자신으로부터 나오듯이 영혼의 통찰과 욕구도 다른 사
  물에서 비롯되지 않는다.[65]

2. 형상의 비슷함
— 천주가 자신을 온전히 인식하고 사랑하는 것처럼 영혼도 천주의 은총
  으로 불완전하게나마 인식하고 욕구한다.[66] 또한 영혼은 천주의 모
  상이다. 영혼은 천주를 기억하고, 인식하며, 사랑하기 때문이다.[67]
— 영혼은 천주의 은총을 통해 천주와 비슷하게 선을 욕구하고 통찰한다.
  [68]
— 천주가 사물에 대해 자유로이 행하듯이 영혼도 육체에 대해 자유로이
  행한다.[69]
— 천주가 사물에 대한 이데아를 지니고 있듯이 영혼도 사물에 대한 초상
  을 가진다.[70]
— 천주가 사랑하는 사람과 함께하듯이 영혼도 욕구하는 사물과 함께한
  다.[71]
— 천주가 우주에 충만해 있듯이 영혼은 육체에 충만해 있다.[72]
— 천주가 우주 전체와 부분에 온전히 존재하듯이 영혼은 육체 전체와 각
  부분에도 존재한다.[73]

3. 작용의 비슷함
— 천주가 만물의 시원이며 작용의 시원이듯이 영혼은 육체적 능력과 작
  용의 시원이다.[74]

— 천주가 만물의 궁극목적이며 작용인이듯이 영혼은 육체의 목적이며 작용인이다.[75]
— 천주가 만물을 완전히 통달하고 있듯이 영혼도 만물을 불완전하나마 이해할 수 있다.[76]
— 천주가 자기 본성에 대한 내적 언어를 가지듯이 영혼도 사물에 대한 내적 언어를 가진다.[77]
— 천주가 만물에 생명을 부여하듯이 영혼은 육체적 생명의 원리이다. [78]
— 천주가 세상에 은혜를 베풀 듯이 영혼은 육체에 은혜를 베푼다.[79]
— 천주가 모든 운동의 원인이듯이 영혼은 육체적 운동의 원인이다.[80]
— 천주가 만물을 다스리고 본분을 부여하듯이 영혼은 육체를 다스리며 각 부분에 따라 올바르게 다스린다.[81]
— 천주가 만물의 주재자이듯이 영혼은 육체의 주재자이다.[82]
— 영혼의 존엄성은 영혼이 천주의 모상으로서 소원하는 지극히 존엄한 것을 통해 추론될 수 있다.[83]

삼비아시는 천주와 인간의 영혼이 비슷한 점을 열거하는 가운데 모상으로서의 영혼이 그 원형으로서의 천주를 지향하는 역동적 계기를 마련한다. 그 명제는 '비슷함'에서 비롯된다. "모든 사물 가운데 서로 비슷한 것들은 반드시 서로를 지향하고, 반드시 서로를 사랑한다."[84] 이는 토마스 아퀴나스가 천주의 모상인 인간이 원형인 천주를 지향한다는 것을 논증하기 위해 아리스토텔레스의 명제를 인용하여 주장한 것이다.

즉 아리스토텔레스는 "유사성은 일종의 통일성을 의미하는데, 속성 속의 통일성이 결국 유사성을 낳기 때문이다"라고 한다.[21] 토마스 아퀴나스는 이를 인용하면서, 결국 통일성은 초범주적 개념에 속하기 때문에 모든

---

21 Aristoteles, *Metaphysica*, lib.4, cap.15, 1021a, 11 이하.

것에 공통적인 동시에 개별자에 연계된다고 본다. 이에 따라 "모상은 어떤 방식으로든 그 형상의 재연을 지향하는 유사성을 요구한다."[22] 모상은 천주와의 유사성(비슷함) 그 자체의 힘으로 인해 천주를 모방하여 원형을 재연하려는 역동성을 가진다는 것이다. 여기서 모상으로서의 영혼이 가장 극명하게 모방하고자 하는 것은 다름 아닌 선善이며, 모상이 추구하는 선은 최고선이다. 이것이 바로 삼비아시가 네 번째 장을 이끌어가는 열쇠이다.

VI. 하권 네 번째 장: 영혼이 최고선을 지향하는 본성에 관해 논함

삼비아시는 여기서 최고선을 영혼을 처음으로 낳은 원인이자 영혼이 궁극적으로 지향해야 할 목적으로 설정한다. 즉 최고선은 영혼의 원리이자 목적이라는 중복의 지평을 내세운다. 결국 삼비아시의 영혼론은 다음과 같은 물음을 가지고 드라마틱하게 전개된다. 최고선이란 무엇인가? 인간의 영혼은 어떻게 최고선을 볼 수 있는가?

— 최고선은 모든 선善들의 원천이다.[85]
— 최고선은 인간의 모든 선을 포함한다.[86]
— 최고선의 본성은 존귀하다.[87]
— 최고선의 선성은 다른 모든 선의 실체이다.[88]
— 다른 선성의 단서는 존재, 존속, 작용 그리고 작용의 인지이다.[89]

---

22 토마스 아퀴나스, 『신학대전』, I, q.93, a.8, c.a.: imago importat similitudinem utcumque pertingentem ad speciei repraesentationem.

— 최고선은 완전한 자족이다.[90]

— 최고선은 선을 배양하고 악들을 치료한다.[91]

— 최고선은 믿음과 소망의 대상이다.[92]

— 최고선은 자력이 아니라 오직 은총에 의해서만 얻을 수 있다.[93]

— 최고선이 영혼과 함께 하면 나를 탁월하게 한다.[94]

— 최고선은 초월적이다.[95]

— 최고선은 네 가지 단서를 통하여 인간을 참여시킨다.[96]~[99]

— 최고선은 창조를 통하여 인간을 참여시킨다.[96]

— 최고선은 필요한 것을 줌으로써 인간을 참여시킨다.[97]

— 최고선은 인간을 보존함으로써 참여시킨다.[98]

— 최고선은 모든 것에 존재함으로써 참여시킨다.[99]

— 최고선은 전지전능하다.[100]

— 최고선은 현세에서는 자연적 빛으로 인식되지만, 내세에서는 초자연적 빛을 통해 보인다.[101]

— 최고선은 현세에서는 미세하지만, 다른 선들보다는 위대하다.[102]

— 최고선은 사변이 아니라 사랑(실천)을 통해 깨달을 수 있다.[103]

— 최고선은 항구히 추구할 때 진복이 된다.[104]

— 최고선은 순수하다.[105]

— 최고선은 다른 선들과 존재론적으로 다르다.[106]~[107]

— 최고선은 다른 선들의 모범이요, 기준이다.[108]

— 최고선을 따르면 다른 선들을 버리게 된다.[109]

— 최고선은 자의에 의해서가 아니라 그저 주어지는 것이다.[110]

— 최고선을 인식하는 방법은 일곱 가지이다.[111]

— 어느 선성이 최고선이라고 말할 수 있는가?[112]

— 최고선은 규정될 수도 표현될 수도 없다.[113]~[114]

— 최고선의 존엄성은 무한하다.[115]

— 최고선은 본질과 현존 그리고 능력에 따라서 존재하지 않는 곳이 없다.
[116]

— 최고선은 형용될 수 없다.[117]

— 최고선은 초감각적이다.[118]

— 최고선은 모든 악을 변화시켜 선을 구현한다.[119]

— 최고선은 영원히 새롭다.[120]

— 최고선은 영혼의 기억, 이성 그리고 욕구를 존귀하게 한다.[121]

— 최고선은 인간으로 하여금 선을 지향하도록 한다.[122]

— 최고선은 모든 인간적 공덕의 원인이다.[123]

— 최고선은 인간의 악을 선으로 바꾼다.[124]

— 최고선은 전능하며, 전능하다는 것은 악을 행할 수 없다는 뜻이다.
[125]~[127]

— 최고선은 만물로 하여금 최고선을 지향하고 인식하게 한다.[128]

— 최고선은 만물에 대해 보편적이다.[129]

— 최고선의 인식은 개인의 자유에 달려 있다.[130]

— 최고선은 초월적이므로 현세를 벗어나야 볼 수 있다.[131]

— 선은 최고선을 향한 회귀를 통하여 이루어진다.[132]

— 최고선을 지향하는 선행은 반드시 보답을 받는다.[133]

— 최고선은 환난의 원인은 될 수 있어도 죄의 원인은 될 수 없다.[134]~
[135]

— 최고선은 모든 선행의 시작이요, 실행이며 마무리이다.[136]

— 최고선은 결코 마르지 않는다.[137]

— 최고선이 구원할 수 없는 악은 없으며, 베풀 수 없는 선도 없다.[138]~
[140]

여기서 삼비아시는 네 번째 장의 결론을 영혼론의 결론으로 삼아 단호하게 말한다.

이상에서 설명한 최고선은 아니마의 창조자요, 만물의 창조자이다. 또한 아니마가 궁극 지향하는 것이요, 사람들의 모든 행위와 모든 바람이 마땅히 지향해야 하는 것이다.

사람이 다행히 이것을 인식한다면, 모든 일에 오류가 없을 것이다. 마치 바다 위의 배가 나침반을 따라 안정되게 항해할 길을 잃지 않는 것과 같다.[141]

그리고 마지막으로 최고선이 곧 사람을 위한 진복이라는 것을 설파하면서, 최고선을 이것이라는 대명사를 들어 칭한다. 그리고 마지막 단락에서 돌연히 3인칭 대명사 '그'를 앞세워 최고선 '이것'이 바로 세상에 내려오시고, 가르침의 광채를 두루 비추시어 참된 복을 누리게 하셨다는 것을 장엄하게 밝힌다. 그런 다음 삼비아시는 최고선 '이것'과 인격이신 '그'를 동일시하여 묻고 대답한다. "이를 무엇이라고 하는가? 천주라고 한다."[141]

마지막 단락 [142]는 저자가 독자에게 하는 일상적 인사에 속한다. 여기서도 삼비아시는 설명이 상세하지 못한 점과 동시에 아무리 상세하더라도 천주의 진리를 현세에서 다 깨달을 수 없다는 것을 밝힌다. 나아가 혹시 저자가 빠뜨린 점이나 졸렬한 점을 탓하지 말아달라는 인간적 면모를 보이는 것으로 결론을 맺고 있다.

VII. 맺음말

삼비아시의 주된 목적은 물론 선교를 위한 인간 영혼의 이해이다. 그러나 그는 당시 유럽에서 스콜라철학을 전공한 학자답게 아무런 편견 없이 학창 시절에 배우고 또 계속 연구해온 인간의 영혼에 대한 이해를 간략하면서도 독창적으로 전개하고 있다. 물론 그 당시 상황으로 볼 때, 어떤 저서를 직접 인용하는 것은 불가능하였을 것이다. 그래서 대개의 인용은 유럽에 두고 온 서양철학 고전에 대한 기억에 기초하고 있다. 그럼에도 불구하고 그의 영혼론은 거의 20세기에 이르러 밝혀지는 토마스 아퀴나스의 추상이론을 명쾌하게 논술하고 있다. 결국 삼비아시의 영혼론은 21세기에도 여전히 첨단적이며, 현대 사회에서 경시되고 있는 인간의 정신과 영혼의 연구에 확고한 기초와 방향을 제시할 것으로 보인다.

따라서 『영언여작』에 대한 이 연구와 번역을 기초로 다음과 같은 과제가 우리에게 주어질 것으로 보인다. 중세 후기에 동양과 서양이 어떻게 정신적으로 조우하였는가? 그들은 언어와 개념의 장벽을 어떻게 극복하였는가? 나아가 당시 선교사들의 저술을 통해 서학을 공부한 조선의 실학파들은 서양 선교사들의 사상을 어떻게 이해하고 토착화시켰는가? 이러한 전망과 문제를 맺음말로 대신하고자 한다.

참고문헌

아우구스티누스, 최민순 옮김, 『고백록』, 바오로딸, 1988.
신창석, 「토마스 아퀴나스에 있어서 학문론의 철학적 근거: 추상과 분리」, 『중세철학』 창간호, 분도출판사, 1995, 159~204쪽.
Aristoteles, in: *Aristotelis Opera*, I.Bekker, ed. Berlin, 1960.
_____, *De anima* III.
_____, *Categoriae*.
_____, *Metaphysica*.
Augustinus, *De trinitate*, in: *Opera omnia*, S.Mauri, ed. Paris, 1841.
_____, *De eivitate Dei*.
Christian Wolff, *Ontologia*, Halle, 1720.

D.Hume, *A Treaties of human nature*, Phil. Works, London, 1886, vol.1
  Book 1.

F.Paulsen, *Einleitung in die Philosophie*, 1909, 385.

J.Loke, *An Essay concerning human understanding*, Book 4, London,
  1960.

Thomas Aquinas, *S.Thomae Aquinatis Opera omnia*, ed. P.R.Busa,
  Stuttgart-Bad Cannstadt, 1980.

_____, *De veritate*.

_____, *Summa contra gentiles*.

_____, *Summa theologica*.

『영언여작』과 조선 지식계의 수용 양상

김철범

Ⅰ. 머리말

순금이면 그 산지産地를 따지지 않듯이, 진리도 국경을 가리지 않는다고 했던가? 역사상 새로운 지식이나 문화를 늘 중국에서만 받아들여왔던 조선은 임병양란壬丙兩亂 이후 청淸의 등장을 계기로 중국의 절대 권위로부터 차츰 벗어나게 되었다. 사실 이 시기에 이르러 조선이 중국의 절대 권위에서 벗어나게 된 데에는 주체의 자각이라는 내재적 요인도 있었지만, 한편 중국을 넘어서는 새로운 세계의 지식과 문화에 대한 경험이라는 외재적 요인이 있었음을 결코 무시할 수 없다. 그것은 흔히 서학西學이라 불리는 서구의 학문적 지식과 과학적 문명이었다. 당시 조선의 지식계가 중세적 사고에서 벗어나 새로운 사고를 발판으로 참신한 발상들을 내놓았던 것은 이 서학의 영향이 적지 않았던 때문이다.

서학이 조선 지식계에 미친 영향과 관련해서 그간 학계는 과학적 지식에 관심을 두어왔다. 시헌력時憲曆의 도입에서부터 세계 지리며 과학 기구 등에 이르는 다양한 과학적 지식에 조선의 지식인들이 관심을 가졌고, 또 그것을 일부 받아들였다는 사실을 밝혀냈다. 그러나 당시 우리나라에 수입된 서학 관련 서적들을 보면, 수학이나 기술, 천문과 지리 등 이른바

'서기西器'에 관한 저술뿐만 아니라 종교와 철학 등 이른바 '서도西道'에 해당되는 인문학 관련 서적들도 적지 않게 포함되어 있다. 이는 서구의 철학과 사상이 조선 지식계에 소개되었음을 증명하는데, 그러면 이 '서도'에 대한 조선 지식인들의 반응은 어떠했을까? 단순히 신앙으로 믿어버렸거나 황당한 이야기로 치부하여 배척하고 말았던가? 신유년(1801년) 옥사의 살벌한 정국이 새로운 사조에 대한 지식인들의 입장을 양극단으로 치닫게 만들었지만, 새로운 사상의 영향이 그렇게 단순하게 작용하고 마는 것은 아니라는 것이 세계사상사의 경험이기도 하다.

일찍이 근기실학파近畿實學派의 진보적 지식인들에게서 발견되는 새로운 사고가 서학의 영향과 관련되어 주목받기도 하였지만, 최근 『천주실의天主實義』가 완역되면서 이 책에 소개된 서구 철학사상의 몇 가지 사고들을 바로 이 지식인들이 직·간접으로 받아들였다는 사실이 밝혀지고 있다. 물론 그것은 전면적인 수용은 아니며, 부분적이거나 수정해서 받아들인 것이지만, 그래도 중요한 문제가 아닐 수 없는 것은 서구의 철학사상이 우리의 사상과 하나의 접점을 이루고, 이 접점을 발단으로 새로운 인식을 발전시키고 있다는 사실 때문이다.

이러한 의미에서 당시 조선에 소개된 서학서 가운데 주목할 만한 또 하나의 책이 『영언여작』이다. 사실 신후담愼後聃이 「서학변西學辨」이란 논문을 지어 이 책의 내용을 조목조목 비판함으로써 더 알려졌는데, 신후담의 경우도 그렇지만, 이익의 경우를 보더라도 당시 일부 지식인들이 이 책을 관심 있게 읽었던 흔적이 남아 있다. 이 책은 서양 중세철학 가운데 영혼론, 다시 말하면 인간의 본질과 실존에 관계된 내용을 소개한 것으로, 『천주실의』에 일부 소개된 영혼론을 더 확대하여 본격적으로 논술하였는데, 조선의 지식인들에게 참신한 충격을 주었을 내용이라고 본다. 필자는 이 책을 역주한 것을 계기로 이 책이 동양사상계의 지식인들에게 어떤 영향을 주었을까를 짐작해보고, 그것을 조선 지식인들의 사고에 반영된 흔

적과 아울러 신후담이 『영언여작』에 대해 비판한 내용을 통해 규명해보
고자 한다. 서양 중세철학과 동양사상이 조우한 자취를 더듬는 일이 쉬운
일은 아니지만, 근기실학파 지식인들의 사상 속에 흐르는 새로운 사고들
의 원뿌리가 어디에서 그 자양분을 공급받았는지 발견할 수 있을 것으로
기대한다.

II. 삼비아시와 『영언여작』 저술의 의미

『영언여작』의 저자인 프란체스코 삼비아시Francesco Sambiasi는 이탈리
아 출신의 예수회 선교사였다. 그는 1582년에 칼라브리아Calabria 주의
코센차Cosenza에서 태어나 1602년 10월에 예수회에 입회했다. 아직 사
제가 되지 못한 평수사로서 1609년 3월 23일 인도에서 가까운 피에다데
Piedade에서 배를 타고 출발하여 1610년에 마카오로 들어갔다.[1] 그는 여
느 예수회 선교사들과 마찬가지로 중국 이름을 지어 필방제畢方濟라고 불
렀는데, 필畢은 Sambiasi의 'bia'의 음역이고, 방제方濟는 세례명인
Franciscus를 줄여 음역한 것이다. 또한 동양의 관습에 따라 금량今梁이
라는 자字를 지어 불렀다. 『수경水經』「제수濟水」편에 보면 "양梁은 제
방이다"라고 풀이했는데, 방제方濟라고 이름했기 때문에 그에 따라 '양
梁' 자를 따서 금량今梁이라 한 것으로 본다.[2]

그가 예수회 선교사들의 중국 진출을 위한 거점이었던 마카오에 도착

---

1 Joseph Dehergne, ed. *Répertoire des Jésuites de Chine de 1552 á 1800*,
  Institutum Historicum S. I., Roma 1973, p.238.
2 方豪, 『中國天主敎史人物傳』 第1冊 「畢方濟」, 香港, 公敎眞理學會, 1967.
  삼비아시의 생애에 관한 내용은 방호의 저술과 蕭若瑟의 『天主敎傳行中國考』, 徐宗澤
  의 『明淸間耶蘇會士譯著提要』, 中國學術叢書 11, 上海書店(출간 연도 미상)을 참조하
  였다.

한 1610년은 중국 선교의 발판을 마련한 마테오 리치(利瑪竇)가 북경에서 병으로 죽은 해이다. 당시 마테오 리치와 함께 판토아Didace de Pantoja (龐迪我, 1571~1618), 우르시스Sabbathinus de Ursis(熊三拔, 1575~1620)가 베이징에서 활동하였고, 바냐노Alfonso Vagnone(王豊肅, 1568~1640, 일명 高一志)와 디아즈Emmanuel Diaz(陽瑪諾, 1574~1659)는 난징南京에서 활동하고 있었다. 마테오 리치를 위시한 이들의 활약이 예수회 젊은 선교사들의 선망의 대상이 되어 중국에서 활동하기를 희망하는 선교사들이 점차 늘어나고 있었는데,[3] 삼비아시는 제법 일찍 마카오에 도착한 이들 중의 한 사람이었다. 당시 중국을 향한 선교사들은 대부분 포르투갈 선단의 항해 경로를 이용하였는데, 그러기 위해 그도 이탈리아로부터 포르투갈의 리스본까지 이동하였다. 그리하여 삼비아시는 드디어 1609년 3월 23일 'Nossa Senhora da Piedade' 호를 타고 리스본을 출발하였다. 여기에는 동료 선교사인 줄리오 알레니Julio Aleni(艾儒略, 1582~1649)와 피에레 반 스피에르Piere ban Spier(史惟貞, 1584~1628)가 동행하였다.[4] 리스본을 출발한 그들은 카나리아제도를 거쳐 대서양의 남으로 희망봉을 지나 다시 인도양의 북으로 모잠비크해협의 마다가스카르를 거쳐 봄베이에 닿았고, 그곳에서 다시 예수회의 동양 선교 거점인 고아로 갔는데, 대략 6개월 정도 소요되었을 것으로 보인다.[5] 그들은 인도에 머물면서 마테오 리치의

---

3 1614년 선교사 트리고Nicolas Trigault(金尼閣, 1577~1628)가 로마에 가서 중국 선교의 활약을 소개하고, 특히 마테오 리치가 북경에서 쓴 추억록을 라틴어로 번역, 출간함으로써 젊은 선교사들의 동방 선교 청원을 이끌어낸 일이 그러한 사정을 전하고 있다. Rev. Joseph Motte, S.J., 신의식 옮김, 「중국천주교사」 II, 『부산교회사보』 제 35호, 2002 참고.

4 Bernard Hung-gay Luk, "And Thus the Twain did meet? The Two World of Giulio Aleni", Ph.D. Dissertation, Indiana University, 1977.

5 마테오 리치의 경우, 1578년 3월 24일 리스본을 출발하여 9월 13일에 고아에 도착하였으니 대략 6개월이 소요되었던 것이다. 히라카와 스케히로 지음, 노영희 옮김, 『마테오 리치』, 동아시아, 2002 참고.

요청대로 천문학적 지식을 쌓기 위해 월식을 관찰하는 등 천문학 실험에 열중했던 것으로 전해진다. 그리고 몇 개월 뒤 그들은 바야흐로 실론을 거치고 말라카해협을 통과하여 1610년 말경에 마카오에 닿았던 것이다.[6]

마카오에 도착한 뒤 1613년에 베이징에 입성하기까지의 행적이 상세하지 않은데, 1610년 12월에 월식을 관찰했다고 전하는 것 외에 분명 중국어를 공부했을 것으로 보인다. 리치를 비롯한 선배 선교사들이 마련해 둔 학습 과정을 밟았을 것이다. 물론 처음부터 중국어에 능숙했던 것 같지는 않고, 중국 생활이 익숙해지면서 차츰 말뿐만 아니라 글에도 익숙해졌을 것이다. 『영언여작』(1624년 간행)을 지을 때 자신이 구술하고 서광계가 기록한 것으로 보면, 당시에는 한문에 익숙하지 않았겠지만, 1645년에는 융무제隆武帝에게 「수제치평송修齊治平頌」을 지어 바쳤다고 하니 그 무렵에는 그만큼 한문에도 능숙해졌던 것이다.[7]

1613년 전교 활동을 위해 베이징에 도착하였는데, 베이징은 마테오 리치가 1601년부터 활약하여 제법 교세를 확보하고 있었고, 당시 그곳에는 판토아와 우르시스가 리치의 뒤를 이어 계속 활동하고 있었다. 삼비아시는 일찍이 마테오 리치가 올라간 길을 따라 마카오를 떠나 자오칭肇慶과 광저우廣州를 들러 샤오저우韶州와 난숑南雄과 난안南安을 지나고 난창南昌과 난징, 린칭臨淸을 경유하여 베이징으로 들어갔을 것으로 보인다. 그는 베이징에서 전교 활동과 함께 중국어 학습에 계속 열중하였다. 1616년 5월에 난징에서 예부시랑禮部侍郞 심각沈㴶이 천주교를 박해하기 시작하면서(南京敎難) 베이징의 유력한 관리들과 함께 베이징에 거주하는 선교사들까지 압박하게 되었고, 결국 삼비아시는 베이징을 빠져나와 항저우杭州로 가게 되었다. 이때 자딩嘉定에 살던 손원화孫元化의 요청으로 그곳

6 천기철, 「『직방외기』의 저술 의도와 조선 지식인들의 반응」, 『역사와 경계』 47, 부산 경남사학회, 2003.
7 「수제치평송」은 파리 동방언어학교에 그 初本이 소장되어 있다고 한다.

에 잠시 머물며 전교하다가 다시 베이징으로 들어갔다. 당시 판토아와 우르시스는 억압의 대상으로 지목되어 광저우로 피신할 수밖에 없었다 (1617년 3월 18일).[8] 삼비아시와 롱고바르디Nicolas Longobardi(龍華民, 1559~1654)는 다행히 거명되지 않아 그대로 베이징에 머물 수 있었지만, 사람들의 이목을 피해 서광계의 처소에 은신해 있었다. 이때 만주 땅의 소요가 일어나자 그 세력을 분산시키기 위해 서광계가 조선에 사신을 파견할 것을 건의하였고, 사신행에 삼비아시도 동행해줄 것을 요청하였으나, 파견 자체가 무산되고 말았다.

1617년 심각이 관직에서 물러남으로써 교난은 주춤해졌지만, 다시 1621년에 예부상서禮部尙書가 된 심각이 천주교가 백련교白蓮教와 같은 것이라고 무고하며 교난을 일으켰다. 그러나 서광계와 양정균의 노력으로 크게 번지지는 않았다. 이해에 사제로 서품된 삼비아시는 교난으로 가장 큰 타격을 입은 난징으로 옮겨 전교 활동을 하였는데, 사대부들의 반응은 냉랭하였고 성당마저 크게 훼손된 채 중수되지 못하고 있었다. 그러나 당시 예부禮部의 명을 받고 일식과 월식을 관찰한 사실로 인해 사대부들 사이에 이름이 알려져 있던 삼비아시는 이를 계기로 잦은 왕래와 노력으로 그들의 마음을 열었다. 그 결과 상류층의 많은 사람들을 입교시켰는데, 이는 예수회의 선교 전략에 부합되는 방식이었다. 또한 그곳에서 신도들이 자발적으로 부담한 경비로 두 곳의 성당을 건립하게 되는데, 한 곳은 성 밖 위화타이雨花臺이고, 또 한 곳은 성안 서문에서 가까운 한서문漢西門 쪽에 세웠다. 이렇게 자신의 임무를 완수한 뒤 다시 강남의 8성을 돌며 전교하였고, 1622년에는 서광계의 요청으로 상하이에 머물며 교무 활동을 하였다.

1624년에는 그의 대표적 저술인 『영언여작』이 자딩에서 비로소 판각되

---

8 徐宗澤, 『中國天主教傳教史概論』, 上海書店, 1990.

어 그해에 간행되었지만, 원고가 완성된 것은 정확히 언제인지 알 수 없다. 삼비아시 자신이 구술한 것을 서광계가 기록하였다고 하는데, 그렇다면 그와 서광계가 함께 작업한 것이다. 서광계의 고향과 세거지世居地가 상하이이긴 하지만, 당시 서광계는 베이징에서 관직 생활에 임하고 있었으니, 설령 서광계가 휴가를 얻어 내려왔다고 하더라도 이들 두 사람이 만나 이러한 책을 저술할 만한 기간은 없었을 것이다. 그렇다면 삼비아시가 베이징에 머물러 있었던 기간이 유력한데, 그 기간으로 명확히 알려진 것은 교난을 피해 서광계의 베이징 처소에 기거했던 1617년 무렵뿐이다. 어쩌면 이때 『영언여작』의 초고가 완성되었을 것으로 볼 수 있다. 그런데 이 초각初刻한 판본의 책은 현재 전하지 않는다. 현전하는 본은 뒤에 항저우의 신수당愼修堂에서 『천학초함天學初函』을 간행할 때 중각重刻한 것이다.

1628년에는 쑹장松江에서 과로로 큰 병에 걸리는 위기를 맞기도 했지만 이겨내고 허난河南, 산시山西, 산둥山東을 돌아 다시 난징으로 들어가는 긴 전교 여행을 하며 600여 명을 세례하였다. 1629년에 서광계가 테렌즈Jean Terrenz(登玉函, 1576~1630)와 롱고바르디를 뽑아 역법을 정리할 때 그 역시 부름을 받고 베이징으로 들어갔다. 1634년 무렵에는 숭정제崇禎帝에게 주소奏疏를 올려 네 가지의 구국책을 건의하기도 하였다. 당시 위기에 처해 있던 명明은 안으로는 유적流賊의 소요가 잦았고 밖으로는 청淸의 침략이 더욱 노골화되고 있었다. 그러한 가운데 국비는 바닥나고 전세는 갈수록 불리해져갔다. 삼비아시가 생각하기에 이러한 명나라에 가장 필요한 것은 식량과 무기였다. 그래서 그는 첫째, 광산을 개발하여 군수를 여유 있게 마련할 것, 둘째, 통상을 통해 해상무역의 이익을 관리할 것, 셋째, 서양 총을 구매하여 전쟁에 대비할 것, 넷째, 역법을 연구해서 대통大統을 밝힐 것을 건의하였다. 선교사가 건의한 것으로 보기 어려울 정도로 아주 실리적인 문제를 거론하였고, 또한 서양 선교사 가운데서도 명나라의 정세에 가장 적극적으로 발언한 경우라고 할 수 있다.

1635년에서 1636년 사이에는 구식사瞿式耜의 초청으로 창서우常熟에서 전교 활동으로 300명을 입교시키기도 하였고, 1638년부터 다시 화이안淮安과 양저우揚州, 쑤저우蘇州, 닝보寧波, 저장浙江의 성시城市를 돌아다녔다. 다시 카이펑부開封府에 이르렀을 때, 그곳에서 복왕福王, 상순常洵과 만나 인연을 갖게 된다. 다시 난징으로 돌아온 그는 여러 명사들과 깊은 교류를 나누었는데, 특히 모양冒襄과 가깝게 지내기도 하였다(1642년).

1644년 명의 운세가 기울어 숭정제崇禎帝가 죽자 이내 청병淸兵들이 베이징을 점령하였고, 상순의 아들 유송由松은 난징에서 황제임을 자청하고, 삼비아시로 하여금 마카오로 가서 포르투갈 군대의 원조를 구하게 하였다. 이듬해 3월 삼비아시는 관리와 호위병을 이끌고 난징을 출발하여 마카오로 갔는데, 도중에 난징이 무너졌다는 소식을 접하게 되어 그냥 마카오에 머물렀다. 이때 마카오의 프랑스 대사로 임명되었다. 다시 당왕唐王 율건聿鍵이 푸저우福州에서 일어나 융무隆武라는 연호를 세웠다. 삼비아시와 율건은 창서우에서 전교할 당시 서로 알게 된 사이였다. 율건이 일찍이 죄를 얻어 폐위되었을 때 친족들은 모두 멀리하였지만, 삼비아시가 따뜻하게 대해주고 주위 대신들에게 탄원하여 마침내 9년 동안의 죄수 생활에서 풀려나도록 해주었던 것이다. 그리고 1639년에 별자리 병풍인 성병星屛과 곤여도坤輿圖 병풍인 여병輿屛을 하나씩 만들어 자명종, 망원경을 위시한 다른 물건과 함께 그에게 선물로 주기도 하였다. 1646년에 청병의 추격을 받아 쫓기던 와중에 자결한 융무제의 뒤를 이은 영력제永曆帝(永明王)도 삼비아시에게 많은 특권을 부여하였다. 그리하여 삼비아시는 환관이자 독실한 신도였던 방천수龐天壽의 도움을 받아 광저우廣州에 교당과 주택을 세웠다. 그러나 이곳마저 청병의 공격을 받아 삼비아시도 거의 잡혀 죽을 위기를 당했으나, 청병 가운데 스페인 무장이 있어 그의 도움으로 무사할 수 있었다.

그의 생애의 마지막 장면은 거의 알려지지 않고 있는데, 광저우에서 위기를 겪은 이후 구이린桂林에서 포르투갈 병사들과 함께 청나라에 항거했다고 전해지며, 결국 이곳저곳으로 쫓겨 다니다 과로와 질병으로 죽음을 맞이했을 것으로 보인다. 장소는 광저우, 때는 1649년이었다. 당시 선교사들은 죽으면 모두 마카오로 옮겨져 묻혔는데, 마테오 리치만 특별히 베이징에 묻혔을 뿐, 삼비아시 역시 마카오로 옮겨져 마주하고 있는 라파Lappa 섬의 은갱촌銀坑村에 묻혔다고 한다.[9]

삼비아시는 『영언여작』 외에 위생衛生과 생리生理 등의 상식에 철학적 의미를 담아 경세警世의 뜻을 피력한 「수답睡答」과 「화답畵答」이란 글도 남겼다. 이 두 편의 글은 서광계의 장서인 서가회장서루徐家滙藏書樓 소장본이 남아 전하는데, "서해 필방제 짓고(西海 畢方濟 著), 운간 손원화 교정(雲間 孫元化 訂)"으로 이지조李之藻의 서문을 받아 1629년에 판각한 것이다. 또 일찍이 지구는 본래 환체임(地本圓體)에 대한 해설과 작은 그림 3개를 부록으로 붙인 곤여전도坤輿全圖를 제작한 바도 있다.

삼비아시가 남긴 저술 가운데 가장 역작은 역시 『영언여작』이며, 당시 서학서 가운데서도 매우 중요한 저술임에 틀림없다. '영靈'은 영혼靈魂 또는 영성靈性이라고 번역할 수 있는 '아니마Anima'를 말하는데, '영언靈言'이란 '아니마에 관한 이야기'라는 의미이고, '여작蠡勺'은 조그마한 표주박으로 바닷물을 측량한다는 의미로 천박한 식견으로 감히 심오한 진리를 다루었다는 겸사의 말이다. 즉 이 책은 인간의 영혼에 관한 서양 중세 스콜라철학의 해설을 소개하고 있다. 인간의 영혼에 대한 논의는 고대 플라톤과 아리스토텔레스로부터 시작된 서양철학의 전통적인 주제인데, 중세에 들어서도 아우구스티누스와 토마스 아퀴나스를 위시한 교부들과 스콜라철학자들이 꾸준히 논의해왔다. 인간 영혼의 본질과 능력에 대한 문제는 곧 인간의 본성과 사물의 인식에 관한 것으로 인간학을 다루는 본

9 일설에는 廣州 大北門 바깥에 묘가 있다고도 한다. 陳援菴, 「從敎外典籍見明末淸初之天主敎」.

질적인 차원에서 성찰되었던 철학의 기본 주제였다. 그러므로 이 영혼론의 내용은 철학자들의 시각에 따라 다소 차이가 있었던 것이다. 중세 스콜라철학의 영혼론은 토마스 아퀴나스의 『신학대전』에 잘 집약되어 있는데, 영혼의 본질과 인간의 실존에 대한 당시 철학자들의 관심의 정도를 반영하고 있다.

스콜라철학의 영혼론을 중국에 처음 소개한 것은 역시 마테오 리치의 『천주실의』(1601)였다. 제3편에 「사람의 영혼은 불멸하며 동물과는 크게 다름을 논함」을 마련하여 혼삼품설魂三品說과 영혼불멸설, 영혼의 본질과 능력에 관한 내용을 개괄적으로 설명하고 있다. 이 책은 중국 선비와 서양 선비의 문답 형식으로 서술하면서 서구의 가톨릭 신학과 중세 스콜라철학의 내용을 설명하며 이해시키고 있기 때문에, 영혼론에 대한 소개도 체계적이거나 전문적으로 다루어지진 않았고 대체로 산만하게 기술되어 있다. 또한 『천주실의』는 다른 신학적 내용을 두루 소개하고 있으며, 영혼에 관한 내용도 그중의 일부로 다루고 있을 뿐이다. 이 영혼론은 당시 중국 지식인들에게는 전혀 새로운 것이었지만, 평소 인성人性에 관한 철학적 성찰에 뿌리 깊은 전통을 가지고 있던 동양사상의 측면에서 인성의 주체라고 할 영혼에 대한 서양철학의 사유에 관심을 가진 지식인들이 있었을 것이다. 이들의 관심은 스콜라철학의 영혼론에 대한 보다 체계적인 지식을 요구하게 되었고, 이러한 요구에 따라 삼비아시의 『영언여작』이 저술되었을 것으로 보인다. 『영언여작』보다 약간 뒤에 간행된 것이지만, 삼비아시와 같이 활동했던 롱고바르디도 『영혼도체설靈魂道體說』이란 책을 지어 영혼과 도체의 개념을 정의하면서 영혼과 도체의 같은 점과 차이점을 논증한 바 있다. 도체道體는 성리학에서 천리天理의 개념인데, '성즉리性則理'라는 명제에 따라 인성의 본질이 도체에 있다고 여기는 것이다. 그러나 롱고바르디는 인간의 주재자인 영혼은 천주로부터 부여받은 천주의 모상이지만, 도체는 형상도 없고 작용도 하지 않는 것이므로 궁극 영혼과

도체는 같은 것일 수 없다는 입장이었다. 이러한 저술들이 이루어진 것이 바로 당시 중국 지식인들 사이에 인간 영혼의 문제에 대한 관심이 증가하였음을 보여주는 증거 아니겠는가.

이처럼 스콜라철학의 영혼론을 중국인들에게 소개하려 했을 때 삼비아시가 무엇보다 고민했던 것은, 어떻게 하면 쉽고 합리적으로 설명할 수 있을까 하는 문제도 있었겠지만, 무엇보다 중국 지성인들의 새로운 지적 욕구에 신선함을 주면서 동시에 천주 신앙의 합리성을 설득력 있게 논증하는 문제였을 것이다. 결국 내용의 구성 문제이다. 그러한 고민의 결과 그는 네 단계의 장으로 나누어 설명하기로 결정하였고, 첫 번째 장 「아니마(영혼)의 실체를 논함」, 두 번째 장 「아니마의 능력을 논함」, 세 번째 장 「아니마의 존엄성이 천주와 비슷함을 논함」, 네 번째 장 「아니마가 최고선을 지향하는 본성에 관해 논함」으로 구성하였다. 첫 번째 장에서는 인간의 영혼이란 무엇인가에 대해 본질적인 설명을 하는데, 영혼은 어떤 방식으로 존재하고 어떻게 생겨났으며 그 역할은 무엇인지에 관한 내용을 스콜라철학의 개념을 통해 논증하고 있다. 전체적으로 각 장의 주제에 대한 결론부터 먼저 열거하고, 이어 열거한 결론의 내용을 조목조목 문답식으로 설명하는 방식을 취하고 있다. 성리학에서 설명하는 혼백魂魄의 존재와는 사뭇 다른 것이어서 첫 장부터 중국 지성인들의 이목을 끌기에 충분했을 것이며, 간결하고 체계적인 설명 방식은 산뜻하게 받아들여졌을 것으로 보인다. 두 번째 장에서는 영혼의 능력 가운데 비상한 부분은 곧 이성적 능력이라 하고, 이성적 능력인 기억(記含, memoria)과 지성(明悟, intellectus)과 욕구(愛欲, appetitus)에 대해 논증하고 있다. 이 장은 영혼론의 중심이 되는 내용으로, 가장 설명하기 복잡한 어려운 대목인데, 삼비아시는 적절한 비유와 단계적인 설명으로 설득력 있게 논증하고 있다. 이 장의 내용이 중국 지성인들의 상식에 신선함을 불어넣었을 것이다.

이어 세 번째 장에서는 천주의 존엄함을 들어 천주의 모상인 인간 영혼의 존엄성을 설명하고 있다. 일찍이 스콜라철학에서는 신과 인간의 관계를 통해 인간의 존재를 해명해보려는 전통을 갖고 있었는데, 삼비아시도 아니마가 곧 신의 모상이며 신과 유사성을 가진다는 논리에 근거하여, 신이 어떤 것보다 더없이 존엄하듯이 인간의 영혼도 만물이나 자신의 육체보다 더없이 존엄하다는 사실을 설명하고 있다. 인성人性과 물성物性의 관계에 관심을 가졌던 성리학의 사유체계에서 볼 때, 삼비아시의 설명도 물성에 비해 인성이 우월한 위치에 자리하고 있어 비상한 관심의 대상이 되었을 법하다. 네 번째 장은 영혼의 본성과 형상과 작용이 천주와 비슷하기 때문에 결국 영혼은 천주를 지향하게 된다는 것을 논증하고 있다. 그것은 곧 천주가 지닌 최고선을 지향하는 것인데, 그것이 바로 영혼의 본성이라고 주장한다. 삼비아시는 영혼론을 이렇게 마무리함으로써 유가사상에서 주장하는 성선설性善說의 주장을 뒷받침하는 동시에 천주신앙의 정당성을 주장하고 있다.

또한 『영언여작』은 『천주실의』의 전통을 충실하게 따르고 있다. 철학에서 중요한 문제 가운데 하나가 바로 개념인데, 하나의 개념어는 그것이 내포하고 있는 의미가 명확하게 정해져 있어 혼동해서 사용해서는 안 된다. 그러므로 영혼론을 한문으로 기록하여 소개할 때 가장 큰 문제는 역시 라틴어로 사용하던 개념어의 한역이었을 것이다. 실제 『영언여작』에는 많은 개념어들이 한역되어 있는데, 삼비아시는 먼저 『천주실의』의 한역어를 그대로 차용하면서 처음 사용되는 개념은 나름대로 한역하고 있다. 이과정에서 물론 구술 기록자인 서광계와의 오랜 토론을 거쳤을 것이다. 적절한 용어를 찾지 못한 경우에는 부득이 라틴어를 음차해서 기록하고 있지만, 가능한 적절한 단어로 한역하려고 노력하였다. 『영언여작』의 이러한 성과는 30년 뒤 선교사 불리오Ludovico Luigi Buglio(利類思, 1606~1682)가 토마스 아퀴나스의 『신학대전』을 『초성학요超性學要』로 번역할 때 적극 수용되기도 하였다.

Ⅲ.『영언여작』의 조선 수입과 서양 중세철학과의 조우

1603년 무렵부터 간간이 세계지도가 중국으로부터 수입된 적이 있었지만, 한문서학서漢文西學書가 우리나라에 들어오기 시작한 것은 대략 광해군 때부터였다. 1614년에 탈고된『지봉유설芝峰類說』에 따르면 이수광이 당시『천주실의』와『교우론交友論』을 읽었고, 1615년에는 천추사千秋使로 중국을 다녀온 허균이 4종의 서학서를 수입하여 바쳤다고 되어 있다. 중국에서 서학서가 한역되기 시작한 것이 1584년 루지에리Michele Ruggieri (羅明堅, 1543~1607)의『천학실록天學實錄(聖敎實錄)』에서 비롯되어 1615년까지 대략 25종가량이 간행되었던 것으로 보면, 조선의 서학서 수입은 제법 일찍부터 이루어졌다. 조선의 지식층들은 일찍이 선교사들이 만든 세계지도(곤여만국전도坤輿萬國全圖)를 위시한 천체도 등을 보고 감탄하여 서학에 깊은 관심을 갖게 되었던 것이다. 그러나 이른바 '서기西器'로 촉발된 서학에의 관심은 과학적 지식만이 아니라 서구의 종교와 철학이 담긴 '서도西道'에까지 뻗치게 되었다. 그것은 자연스러운 현상이다.

『영언여작』이 언제 우리나라에 수입되었는지 명확히 알 수는 없다. 단지『영언여작』을 비판한 신후담愼後聃(1702~1761)의「서학변」이 1724년에 지어졌고, 신후담은 이 책을 스승인 이익을 통해 소개받아 읽은 것으로 알려지고 있으니, 대략 그 이전에 수입된 사실만 확인할 수 있다. 조선 후기 우리나라의 지식인들이 널리 읽은 것으로 확인되는 서학서들을 보면, 『천주실의』,『교우론』,『직방외기職方外紀』,『주제군징主制群徵』,『기인십편畸人十篇』,『만물진원萬物眞源』,『삼산논학기三山論學記』,『기법記法』, 『성세추요盛世芻蕘』,『진도자증眞道自證』,『칠극七克』등 여러 종이 있는데,[10] 그중『영언여작』은 사실 신후담의『서학변』에서만 거론되고 있을 뿐

10 배현숙,「17・8세기에 전래된 천주교서적」,『교회사연구』제3집, 한국교회사연구

이다. 그러나 신후담이 1724년 이익을 만났을 때, 당시 이익은 서학의 이론에 심취해 있었던 것으로 전하는데,[11] 그중에서도 특히 '뇌낭腦囊'의 문제와 혼삼품설魂三品說에 흥미를 가지고 있었다.[12] 신후담의 기록에 따르면, 이익이 그에게 "아니마 관련 글을 보면 뇌낭은 두개골과 정수리 사이에 있는데, 기억을 주관하는 곳이다"라고 말했다는데,[13] 이익이 본 글의 내용이 『영언여작』의 내용[14]과 거의 합치하는 것으로 보아 그가 말한 "아니마 관련 글"이란 곧 『영언여작』을 말하는 것이라고 하겠다. 신후담도 이식李栻(1659~1729)을 찾아간 자리에서 "아니마 관련 글은 『천학정종天學正宗』이나 『영언여작』 등의 책에서 그 학문의 대략을 볼 수 있습니다만, 뇌낭설이나 삼혼설 같은 것은 안산(이익)께서 취하신 것입니다"[15]라고 전해 이익이 『영언여작』에 심취해 있었음을 증언하고 있다.

또한 이지조가 편찬한 『천학초함』을 들여온 이승훈과 이벽李檗도 그 안에 실린 『영언여작』을 보았을 것이 분명하고, 그 외 『천학초함』을 구해 읽은 사람들도 대체로 『영언여작』을 접했을 것으로 추정되니,[16] 결국 적지 않은 지식인들이 이 책을 읽었던 것으로 보인다. 또한 정약용의 경우, 그

소, 1981.

11 愼後聃, 『河濱全集』下, 「遯窩西學辨·紀聞編」, '甲辰春見李星湖紀聞編', "甲辰三月二十日, 余往拜李星湖丈于鵝峴寓舍, 李丈方與人論利西泰事."

12 이에 관해서는 姜秉樹, 「성호 이익과 하빈 신후담의 서학담론─뇌낭에 대한 인식을 중심으로」, 『한국실학연구』 제6호, 한국실학학회, 2003 참조.

13 신후담, 앞의 글, "安山云: '嚮見高城丈, 腎爲大本·心爲大用之說而卜其非也. 今見亞尼瑪文字, 謂有腦囊, 盧顬之際, 爲記含之主' 云云."

14 『영언여작』 상권, 「論亞尼瑪之靈能」, "司記含之所在者, 腦囊, 居盧顬之後."

15 신후담, 앞의 책, 「戊申春見李翊衛紀聞」, "余對曰, '亞尼瑪文字, 如天學正宗·靈言蠡勺等書, 可見其學之大略, 而如上項腦囊說及三魂說, 安山之所取也.'"

16 가령 黃胤錫은 1762년 李弼善에게 『천학초함』을 빌려달라는 내용의 서간을 보낸 적이 있고(盧大煥, 「正祖代의 西器 수용 논의」, 『한국학보』 25권 1호, 一志社, 1999), 홍대용도 10년 동안이나 『천함초함』을 구하기 위해 노력했다고 전한다.(배현숙, 앞의 글)

가 이 책을 접했다는 기록은 없지만 그가 이벽 등과 교류하면서 서학서를 접했을 것이 분명하며, 그중에는 『영언여작』도 포함되었을 것이다. 후술하겠지만 그의 독창적인 경학사상의 근본 발상을 생각해볼 때 그 연관성이 절로 떠오르기 때문이다.

신후담이 「서학변」에서 비판의 대상으로 정한 서학서는 『영언여작』, 『천주실의』, 『직방외기』 등 3종이다. 이 책들은 서학서 가운데서도 '서도'를 전하는 책들인데, 신후담은 『직방외기』를 천주교사상에 뿌리를 둔 인문지리서로 파악하여 그 모순점을 비판하였으며, 『천주실의』에 대해서는 서구 종교철학의 허구성을 비판하고 있다. 이 중 『영언여작』에 대한 비판이 가장 자세하고 상당히 심혈을 기울인 면이 역력한데, 그는 서언에서 각 장마다 해설을 붙여 열거하는 뜻은 이 책으로 인해 마음이 동요되지 않고 또한 사특한 학설이 일어나지 않게 하기 위한 것이라고 하였다. 신후담이 보기에 『영언여작』의 내용이 가장 근리近理한 면이 많아 자칫 이 이론에 빠질 우려가 있음을 염려했던 것이다. 사실 당시 수입된 서학서들에 비해 『영언여작』은 서양 중세 스콜라철학의 정수를 담고 있는데, 스콜라철학의 본질이 그렇듯이 이 책의 영혼론도 신학과 철학이 혼융된 것이지만, 그래도 신학의 색채만 지운다면 순수한 철학적인 논의로 이해될 수 있다. 바로 이 점이 신후담의 관심을 끌었을 것이며, 역시 다른 지식인들에게도 주목받았을 것으로 보인다.

그러면 이 시기 조선의 지식인들은 서양 중세철학사상과 조우했을 때 대체로 어떤 반응을 보였던가? 물론 비판적 입장을 보인 신후담 외에는 어떠한 발언도 없다. 그러나 신후담의 발언만을 두고 생각해보더라도, 적지 않은 충격을 동반했던 것 같다. 생소한 용어와 일찍이 들어보지 못한 새로운 학설은 진부한 사상으로 지적 갈증을 느끼던 이들에게 신선한 충격을 준 반면에 전통 철학사상을 지키는 보수적 입장에서는 그야말로 조선사상계를 위협할 만한 위험한 사상으로 각인되었을 것이다. 전자에 해당되는 지식인으로는 이익, 이벽, 정약용 등을 들 수 있고, 후자에 속하는 지식인으로는 이헌경, 안정복, 신후담 등이 해당된다.

　이익의 경우, 물론 항상 학문에서 자득自得을 중시했지만, 그의 사상 가운데는 학문적 맥락을 확인하기 애매한 독자적인 내용이 간혹 발견되는데, 앞서 신후담의 기록을 통해 보았듯이, 서양 중세철학의 탐구와 무관하지 않다는 것을 짐작할 수 있다. 가령 혼백의 기능에 대해, 혼은 운용運用을 주관하고 백은 지나간 기억을 담당하는 것으로 설명하거나,[17] 인간의 죄가 욕심에서 비롯되지만 욕심 자체는 악한 것이 아니라 영신靈神을 보좌하는 것으로 설명한 것[18]은 일찍이 다른 학자들의 주장에서는 볼 수 없었던 독자적인 발상인데, 이는 『영언여작』을 통해 조우한 서양 중세철학의 내용과 긴밀한 연관이 있다. 물론 이익은 서양철학의 이론을 자신의 학문적 입장에 따라 취사선택한 면이 강해 오히려 그 접맥이 자연스럽지 못한 느낌을 주기도 하지만, 그래도 그는 서양 중세철학의 내용을 신선하게 받아들인 것으로 보인다. 정약용의 경우는 동양 전통의 인성론과 수양론의 차원에서 보다 적극적으로 받아들였던 것 같고, 이벽은 천주교를 자신의 신앙으로 받아들임으로써 철저하게 신봉했던 것으로 보인다. 이벽처럼 천주교를 신봉한 지식인들의 서양 중세철학에 대한 반응은 정하상丁夏祥의 『상재상서上宰相書』를 통해서도 짐작해볼 수 있는데, 『상재상서』는 『천주실의』의 스콜라철학사상을 충실하게 따르고 있기 때문이다.

　반면 신후담의 『영언여작』 비판은 중세철학의 영혼론과 팽팽하게 맞서고 있는데, 그의 비판은 이들의 영혼론이 기본적으로 하늘의 복만을 구하는 사사로운 이익에 젖은 종교적 자세에서 비롯된 것이라는 시각에서 출발한다. 기복적 색채를 지닌 종교적 성향을 집어내어 그것이 비학문적 태

---

17 『星湖僿說』 권12, 「魄能藏往」조.
18 『星湖僿說』 권11, 「七克」조.

부록
246

도임을 비판한 것인데, 유학의 현실주의적 사고에서 신학과 철학이 결합된 스콜라철학의 특성을 용납할 수 없었던 것이다. 그는 대체로 성리학의 혼백론과 심학心學, 성명설性命說 등에 입각하여 반론을 전개하였는데, 스콜라철학의 개념을 이해하기 쉽지 않았을 것임에도 불구하고 그는 매우 꼼꼼히 내용을 파악하였고, 비판의 내용도 정통 성리학의 입장을 철저히 고수하고 있으며, 서양철학의 논리가 미칠 파장을 우려하는 긴장감을 느낄 수 있다. 이는 안정복安鼎福이나 이헌경李獻慶의 경우도 마찬가지며, 훗날 척사론자들의 이론적 논리를 제공하게 되었다.

이와 같이 긍정이든 부정이든『영언여작』을 읽은 당대의 지식인들은 이 책을 예사롭게 보지는 않았을 것이다. 서양의 과학적 지식을 담은 서학서들 못지않게 서양의 철학사상을 담은 책들도 조선 지식인들의 주목을 받았던 것인데, 무엇보다 동양의 철학사상과 서양의 철학사상이 바로 여기에서 접맥되었다는 사실이 흥미롭다.

IV. 근기실학사상과의 몇 가지 접점

서양의 신지식에 가장 큰 관심을 보였던 조선의 지식층은 근기실학파로 알려진 사람들이었다. 그들은『영언여작』에 대한 관심에서 보여주었듯이 서양 중세철학에 대해서도 깊은 관심을 갖고 있었다. 자신의 철학사상에 이러한 관심을 반영한 학자로 이익과 정약용이 이미 확인된 바 있다. 기존의 연구자들은 이들의 철학사상 가운데 일정한 부분이 서양철학의 영향을 받은 사실을 논증하면서, 주로『천주실의』의 영향을 받은 것으로 진단하였다. 물론 그들은『천주실의』를 충실하게 읽었고, 그 영향도 적지 않게 받은 것으로 보인다. 그러나『천주실의』에 나오지 않는 내용에까지 생각이 미친 부분이 더러 있는데, 그것은 일정 부분『영언여작』으로부터 착상

된 것으로 보인다. 이 장에서는 이익과 정약용을 대상으로 그들의 철학사
상 가운데 『영언여작』의 영혼론과 접맥되는 대목을 살펴보기로 한다.

1. 인간존재의 본질에 대한 새로운 성찰

『천주실의』에서 간략히 소개되었던 스콜라철학의 영혼론 또는 인성론이
『영언여작』을 통해 본격적으로 소개되었고, 이러한 새로운 지식은 조선
후기 실학자들로 하여금 동양 고유의 인성론에 대한 철학적 논의를 바탕
으로 인간존재의 본질에 대해 새롭게 성찰케 하는 계기를 촉발시켰을 것
으로 보인다. 정통 성리학자들은 '성즉리性則理'라는 명제를 설정해두고
천天의 본질이 리理이고, 이것이 인간과 사물에게 부여된 것이 성性이라고
하여, 인간과 사물이 모두 천리天理의 지배를 받는 것으로 인식하였다. 주
자는 "태극은 단지 일개의 '理'자이다"[19]라고 함으로써, 리理를 '우주자연
의 원리'이면서 '사물의 이치(自然法則)'이며 '변화하는 사물의 불변하는
본질'로 보았고, 또 '존재의 원리(所以然之故)'이자 '도덕적 당위(所當然之
則)'로 설명하였다. 즉 '태극＝천리＝리'로 설정함으로써, 우주의 존재원
리를 도덕적 당위규범으로 전환시켰던 것이다.[20] 이러한 사고는 인간을 천
리天理라고 하는 보편적인 자연질서에 편성된 존재로 인식하는 것이다.

　그러나 이익과 정약용의 경우는 성리학자들이 주장하는 태극太極(리理)
과 성性의 관계를 부정하며 새롭게 이해하고 있다. 먼저 성性과 리理의 개
념을 동일한 것으로 보지 않음으로써 성과 리를 동일 범주에 놓고 설명하
는 것을 부정하였다. 이익은 우주를 리理와 기氣의 이원론적 체계로 이해
하였고, 리를 '본체'로 기를 '현상'으로 보아 리선기후理先氣後의 관점을
지녔던 것은 성리학자들과 다름없다. 그러나 그는 성리학자들처럼 본질

---

19 『朱子語類』 1권, "太極只是一箇理字."
20 손홍철, 「다산 정약용의 성기호설과 그 논거분석」, 『다산학』 제4호, 다산학술문화
　재단, 2003.

(理)을 통해 현상(氣)을 바라보는 입장을 취하지 않고, 오히려 현상을 통해 본질을 파악하고자 하였다. 삼라만상의 보편자를 중심으로 세계를 파악하지 않고, 현상으로 나타난 특수성을 바탕으로 세계를 파악하려 했던 것이다. 그것은 그가 리를 보편자로 보지 않았기 때문이다. 즉 리는 기의 주재자이기는 하지만 기와 같은 특수성을 함께 갖고 있으며, 한 사물의 리는 다른 사물의 리와 서로 회통하지 못하는 것이라고 하였다. 또한 기가 국한된 현상적 존재인 까닭을 리 자체가 국한된 것이기 때문이라고 보았다.[21]

이익은 성리학자들이 통체태극統體太極과 만수태극萬殊太極의 관계를 각 사물들이 지니고 있는 하나의 태극(만수태극)이 모두 통체태극으로부터 분화된 것으로 파악했던 것에 대해서도 다른 생각을 갖고 있었다. 그는 통체태극과 만수태극이 본질과 그로부터 분화된 것의 관계에 있는 것이 아니라, 각자가 관계하고 있는 영역이 본래 다르다고 설명한다. 통체태극이 관계하는 세계와 만수태극이 관계하는 세계가 각각 독자적 '경계'를 가지고 존재한다고 생각한 것이다.[22] 이는 태극을 현상과 경험을 초월한 본질로서 상정한 것이 아니라, 각 현상에 직접 연관된 것으로 본 것이다. 그러면 현상도 전체적 현상이 있는가 하면 부분적 현상이 있으니, 전체적 현상에 관계하는 것이 통체태극이요, 부분적 현상에 관계하는 것이 만수태극이 된다. 이러한 생각은 현상과 본질(태극)을 분리하여 사고하지 않는 것에서 기인한다. 이는 현상의 관찰을 통해서 얻은 것으로 보이는데, 이익은 이 관찰을 통해 경험세계의 각 현상들이 제각기 나름의 원인을 갖고 있다고 보았던 것이다. 그리고 그는 이러한 각 현상의 이치들이 하나의 이치로 관통하고 있다는 것을 인정할 수 없었다.

---

21 강경원, 『이익: 인간 소외의 극복의 실학자』, 유학사상가총서시리즈, 성균관대학교 출판부, 2001.

22 김용걸, 「성호의 자연 인식과 이기론 체계 변화」, 『한국실학연구』 창간호, 한국실학연구회, 1999.

기에는 온몸에 혼륜하는 기가 있고, 심장을 운용하는 기가 있는데, 비록 동일한 기라 할지라도 대소의 구별이 있다. 심장만 그런 것이 아니다. 머리며 눈과 같은 것들도 모두 그렇다. 양으로는 펴져 나갔다고 음으로 모여드는데, 이때 머리의 기는 뇌로 수렴되고, 눈의 기는 눈동자로 수렴되지, 온몸의 혼륜하는 기와 함께 펴져 나갔다가 모여든다고 말할 수 없다.[23]

　　이익은 우리 몸의 기관들이 각기 그 기능이 다르고, 속성도 제각각인데, 그것은 각 기관들의 기가 개체별로 독립된 것이기 때문이라고 보았다. 또한 전체를 관장하는 기가 따로 있어 각 기관들의 기가 제멋대로 운용되어 혼란을 일으키는 것을 막는다고 보았다. 나아가 우주 통체의 리와 기와는 별도로 각 현상마다의 기와 리가 존재하며, 각 현상의 기는 리의 지배를 받는다고 보았던 것이다. 흔히 말하는 리理는 천리天理일 뿐이고, 성性은 곧 개별 사물에 존재하는 또 다른 리라고 보았다. 결국 태극(天理) = 리라는 관계를 부정하는 것이다.

　　그러나 정약용은 성리학의 리 개념을 더욱 철저히 부정한다. 리는 희로애락과 같은 감정도 없고 이름도 형체도 없는 것인데, 우리 사람이 이로부터 성을 받는다는 것이 이치에 닿지 않는 것이라고 하고,[24] 리란 곧 자연함인데 이 자연함이 어떻게 성이 될 수 있는가 반문하였다.[25] 곧 그는 리를 존재론적 개념으로 파악함으로써 성리학의 리 개념을 근원적으로 부정했다. 그래서 자연히 심心과 성과 천天이 모두 리라는 성리학의 인식을 모순된 것으로 단정했다.[26] 이러한 사유는 인간의 존재를 천리라는 중세의 보

23　이익, 『星湖先生文集』 권6, 「答李汝謙」, "氣者, 有一身混淪之氣, 有心臟運用之氣. 雖同一氣也, 而有大小之別, 不但心也, 凡頭目之類皆然. 其陽舒陰翕也, 自是頭斂於腦, 目斂於睛, 不成說與混淪者舒翕同歸也."

24　정약용, 『孟子要義』 2권, "夫理者, 何物? 理無愛憎無喜怒, 空空漠漠, 無名無體, 而謂吾人稟於此而受性, 亦難乎其爲道矣."

25　정약용, 『孟子要義』 1권, "此性非理也. 理之爲物, 歸于自然, 自然豈可以爲性乎? 萬物之生, 皆有所始, 夫豈有本然者乎?"

편적인 자연질서로부터 해방시키게 된다.

이익과 정약용이 이러한 인식을 하게 된 데에 스콜라철학의 사유가 크게 영향을 끼쳤다고 쉽게 단정할 수는 없다. 인성에 대한 조선철학계의 사색은 오랜 전통을 지니고 있었고, 중국의 새로운 사상계의 영향을 받으면서 인간에 대한 중세적 사유의 한계를 극복하려는 움직임도 있었다. 그러나 근기실학자들의 철학적 사유에는 서양의 새로운 지식에 근거한 인식들이 적지 않게 스며 있을 개연성을 갖고 있다. 그러한 의미에서 천리에 대해 인성의 자립성을 주장한 이러한 인식은 인간 영혼의 실체를 분석한 『영언여작』의 인식과 큰 부분에서 공유되는 점이 있음을 부정할 수 없다. 『영언여작』에서 아니마(영혼)의 실체를 논하는 대목에 다음과 같은 설명이 있다.

자립하는 실체라는 것은 아니마의 공통된 호칭이다. 자립하는 실체가 아니마뿐만은 아니지만, 아니마는 곧 자립하는 실체이다. 마치 살아 있는 사물이 사람뿐만은 아니지만, 사람은 바로 살아 있는 사물이라고 말하는 것과 같다. 〔사물의 존재방식에 대한 설명에서 사물의 범주에는 실체(自立者, substantia)도 있고 우유偶有(依賴者, 또는 속성, accidens)도 있다고 한다. 실체는 스스로 몸을 이루어 다른 사물들이 의존하는 바가 된다. 그러나 우유는 스스로 자립하지 못하고 자립적 실체에 의존하여 존립하기 때문에, 자립적 사물에 의존하지 않고는 스스로 한 사물이 되지 못한다.〕[27]

<hr>

26 정약용, 『孟子要義』 2권, "子思著中庸, 明云天命之謂性, 孟子曰盡其心者知其性. 今乃以心性天三字, 總謂之一理, 則毛氏所謂理命之謂理, 不是佛語. 而孟子亦當曰 盡其理者知其理, 知其理則知理矣."

27 『영언여작』 상권, 「아니마의 실체를 논함〔論亞尼瑪之體〕」, "自立之體者, 亞尼瑪之總稱也. 自立體, 不知亞尼瑪, 而亞尼瑪則是自立體, 如凡言有生之物, 不知是人, 而人則是有生之物.〔格物之說, 有自立有依賴. 自立者, 自爲體而爲他物所賴, 依賴者, 不能自立, 依自立之體而爲有, 不依賴於自立之物, 則不能自爲一物.〕"

왜 아니마를 나의 실체적 형상이라고 하는가? 대개 사물은 모두 두 가지 형상이 있다. 하나는 실체적 형상이요, 또 하나는 우유적 형상이다. 실체적 형상이란 내재된 실체적 형상으로서 사물은 이로 말미암아 만들어진다. 그러므로 이 형상이 아니면 이러한 사물이 만들어지지 못한다. 우유적 형상이란 외형적인 형상으로서 눈으로 볼 수 있는 사물의 형상이 그것이다. 이제 아니마를 사람의 실체적 형상이라고 말함으로써, 마치 도공이 찰흙을 이겨 그릇을 만들듯이, 뜨겁고 차고 마르고 축축한 네 가지 성질에 따라 배합해 만들었다가, 다시 이것을 모으기도 하고 흩어버리기도 할 수 있는 그런 것이 아님을 밝히려는 것이다.[28]

영혼이 자립하는 실체라고 한 것은 스콜라철학의 전통에 따라 영혼을 우유적 존재자가 아니라 실체적 존재자로 정의함으로써, 비록 인간의 영혼이 천주가 창조한 것이지만, 인간의 자아에 내재하여 지각과 사유라는 정신 행위의 주체자가 됨을 강조한 것이다. 또 사물은 내재된 실체적 형상으로 말미암아 만들어진다고 한 것은 인간이 인간이게 하는 본질적 근거가 실체적 형상, 곧 영혼에 달려 있다고 주장한 것이다. 그러므로 영혼은 실체를 실체이게 하고 실체의 본질을 규정하는 원리가 된다는 의미이다. 이는 『영언여작』에서 논증하려는 영혼의 실체에 대한 설명 중 핵심에 해당한다. 영혼은 천주가 창조한 것이라고도 하였으니, 영혼이 하늘로부터 나왔다는 의미로 이해될 수 있다. 그렇다고 영혼이 하늘이라는 실체에 대해 우유적으로 존재하는 것이 아니라, 그 자체가 실체적 존재라는 것이다. 이는 영혼은 신의 은총을 필요로 하지만, 그렇다고 신에게 종속된 존재가 아닌 독자적이고 주체적인 존재임을 주장한 것으로 이해된다.

신과 영혼의 관계, 인간에게 있어 영혼의 존재 등에 관한 이 같은 설명

---

28 앞의 책, "何謂爲我體模? 凡物皆有兩模, 一體模, 一依模. 體模者, 內體模, 物所由成. 非是模, 不成是物. 依模者, 外形模, 物之形像可見者, 是也. 今言亞尼瑪爲人之體模, 以明非由熱冷乾濕四情會合所成, 可聚可散, 如陶人埏埴也."

은 리와 성의 관계, 인간성의 본질 등의 문제에서 성리학적 해석에 의구심을 지녔던 실학자들에게 새로운 해석의 가능성을 비춰줄 수 있었을 것이다. 서양철학에서 말하는 영혼은 동양철학의 관점에서 보면 인성에 가깝다. '성즉리'라는 성리학의 절대 명제에 따르면, 인성은 리, 즉 천리를 본질로 여겼는데, 서양철학의 영혼론에서는 인간의 본질이 바로 인간의 영혼에 있다고 하였으니, 인간존재에 대한 사고가 근본적으로 다르다. 서양철학의 영혼론에 의하면, 영혼에는 하늘이 부여한 절대적인 관념이 없다. 인간은 오직 영혼이 주체가 되어 인지하고 행동하며, 영혼이 인지한 관념만이 인간의 존재를 결정한다고 한다.

실학자들이 『영언여작』의 내용을 얼마나 정확하게 이해하였는지 모르지만, 적어도 절대적 이념으로 인간의 자유로운 사고를 억압하는 '성즉리'의 부당성을 고심하던 그들에게 새로운 사고로의 전환을 기획하는 데 일정한 계기를 부여했을 것으로 본다. 서로의 논리에 유사한 면이 있고, 그들이 『영언여작』을 접했다는 사실이 사상의 접맥을 부인할 수 없기 때문이다.

2. 마음의 실체와 기능에 대한 새로운 해석

동양에서는 흔히 인간의 인식이나 감정 등 일체의 정신활동이 이루어지는 곳이 마음(心)이라고 여겼다. 그래서 마음의 실체와 그 기능을 성찰하는 일이 철학의 중요한 주제였다. 유가에서는 맹자로부터 본격적으로 마음을 철학적으로 성찰하기 시작하여 송대 성리학에 이르러서는 체계와 논리가 상당한 수준에 도달하게 되었다.

심心의 실체와 기능에 대한 성리학의 입장은 '심통성정心統性情'의 논리 안에 결집되어 있다. 심은 성性과 정情을 통괄하고 있다는 것인데, 즉 심은 성과 정 두 가지를 관장한다는 것이다. 이러한 주장은 심과 성을 이원적으로 분리하여 인식한 것인데, 그렇다고 심은 결코 성과 분리되어 존재할 수 없다는 것이 그들의 생각이다. 이렇게 심과 성·정이 불가분의 관계라고 하지만, 문제는 그 관계의 위상이다. 일찍이 호굉胡宏이 심과 성을 체體와 용用의 관계로 보았다면, 주희는 심 자체를 체용으로 나누어 심의 체가 성이고 심의 용이 정이라고 정의하였다. 그리고 심의 체로서 성은 심의 작용으로 인해 만들어지는 것이 아니라 불변하는 원리로서 하늘로부터 부여받은 이미 존재하는 것이라고 보았다. 그래서 성을 임금이 명령한 임무에 비유하였고, 심은 그 명을 수행하는 관리에 비유하였다.[29] 이러한 논리에서는 사실 심 자체는 중요한 성찰 대상이 아니다. 인간의 마음이 중요한 것이 아니라, 그 마음에 갖추어져 있는 성을 잘 살펴 보존하는 것이 중요하다. 심의 기능인 지각知覺도 오직 성으로 존재하는 리를 지각하는 것이다.

그러나 성리학에서는 다시 심을 기氣라고 규정하여, 심과 성의 관계에서 기가 이기理氣를 통괄하게 되는 논리적 모순을 드러냄으로써 여전히 석연치 않은 문제를 남겨두었다. 이에 이익은 심에 관해 과학적이고 체계적으로 성찰했다. 먼저 사람들이 초목지심草木之心이니 인물지심人物之心이니 천지지심天地之心이니 하며 심이라고 부르는 것들을 두고 심의 체계를 구분하여 생각한 그는 토석土石은 본래 무심無心한 것이지만, 초목에는 생장지심生長之心이 있어 생장하고 쇠락하는 것이 마치 마음이 있는 것과 흡사하다고 하였다. 그리고 금수에게는 초목의 생장지심에 다시 지각지심知覺之心이 있으며, 인간에게는 생장지심과 지각지심에 다시 의리지심義理之心이 있다는 독자적 견해를 제시하였다.[30] 이러한 구분은 각 사물들이 지닌 기능을 성찰한 결과인데, 그의 다른 설명에 따르면 토석의 마음은 공空하고, 초목의 마음은 활活하며, 금수의 마음은 각覺하지만, 사람의 마음은 영靈하기 때문에 각기 그 이름도 다르다고 보았다.[31] 초목이나

---

29 한국사상사연구회, 『조선유학의 개념들』, 한국철학총서 20, 예문서원, 2002.
30 이익, 『星湖先生文集』 권22, 「心說」.
31 이익, 『星湖僿說』, 「心」, "心譬於鑑, 鑑空而不活, 心譬於水, 水活而不覺, 心譬於猿, 猿

금수와는 달리 인간은 영적인 기능을 갖고 있기 때문에 그 마음을 의리지심이라고 부른다는 것이다. 이렇게 각 사물의 심의 체계를 정립하게 된 이익은 다시 인간의 심에 관해 성찰을 하였다.

그는 심이란 신체 장기의 하나라는 것을 분명히 하고, 심장 안에 이 지각 기능을 하는 심이 존재한다고 보았다. 초목은 심장이 없기 때문에 생장지심만 있을 뿐이고, 사람과 동물은 심장이 있기 때문에 지각지심이 있다고 하였다. 그러나 사람은 지각지심만 있는 것이 아니다. 앞서 말한 의리지심도 있는 것이다. 그래서 이익은 사람의 심을 이원적인 구조를 지니고 있는 것으로 파악하고 그것을 혈육지심血肉之心과 신명지심神明之心으로 명명하였다. "혈육지심은 오장의 하나이니 바로 신명이 머무는 집이다"라고 했으니, 여기서 혈육지심이란 기능으로 말하면 지각지심이다. "신명지심은 혈육지심 가운데 기가 정연한 것이니 이른바 출입존망出入存亡하는 것이다"라고 했으니, 신명지심이란 심의 작용으로서 곧 의리지심에 해당한다. 그러나 이익이 이처럼 심을 혈육지심과 신명지심으로 나누어 명명한 것은 오직 영적 기능을 하는 신명한 마음이 오장의 하나인 심장에 뿌리를 두고 있음을 설명하기 위한 논리였을 뿐이고, 심의 중점은 역시 신명지심에 있었다. 그래서 이익은 이 신명지심 안에 성이 있고, 그것이 발하여 정이 된다고 하여,[32] 성·정은 신명지심의 명령을 받을 뿐 혈육지심은 여기에 개입할 수 없다고 보았다.[33] 이익의 이러한 논지는 신명지심이 곧 성정을 통솔하는 것임을 전제로 하고 있다. 그는 장수가 병졸을 통솔하듯이 심이 성·정을 통솔한다고 하여,[34] 심의 기능과 작용에 주체성을 부여하였다.

覺而不靈. 然則心終不可喩乎? 空處喩鑑, 活處喩水, 覺處喩猿, 加之以靈則得矣."

32 이익, 『星湖先生文集』 권22, 「心統性情圖」.

33 이익, 『星湖先生文集』 권15, 「心統性情圖」.

34 이익, 『近思錄疾書』.

이익이 대체로 성리학의 개념과 논조를 수용하면서 그 안에서 자신의 독자적인 주장과 설명을 개진하였다면, 정약용은 좀더 과감하게 성리학의 논조로부터 탈피하였다. 먼저 그는 인간이란 존재는 정신과 형체가 오묘하게 결합되어 이루어졌다고 보았다.[35] 그래서 인간의 신체(身)와 마음(心)은 떼어놓고 말할 수 없고, 정심正心과 정신正身이 별개의 공부일 수 없는 것이 대학의 '수신修身' 공부라고 하였다.[36] 이러한 입장에서 그는 마음의 본질과 기능을 면밀히 성찰하였다.

정약용은 마음이란 본래 정해진 하나의 이름으로 부를 수 있는 것이 아니라고 했다. 그래서 사람들이 일컫는 '심心', '신神', '영靈' '혼魂'이나 '대체大體', '법신法身' 등의 다양한 이름이 모두 마음을 두고 이르는 것이라고 한다.[37] 마음이 형체가 없는 것이 신神과 흡사하기 때문에 '신神'이라고도 하고, 심장은 혈부血府로서 묘합하는 중추가 되기 때문에 '심'이라고도 하며, 사람이 죽으면 형체를 떠나기 때문에 '혼'이라고도 한다는 것이다.[38] 그렇지만 보편적으로 마음을 두고 '심'이라고 일컫는 것은 사람이 살아 있을 때 혈기를 주관하는 곳이 심장이고, 정신과 형체가 오묘하게 결합하여 발용發用하는 곳이 모두 혈기를 필요로 하기 때문이라고 하였다.[39] 그래서 그는 다시 이 심을 세 가지 유형으로 나누어 설명한다. 하나는 오장지심五臟之心이요, 또 하나는 영명지심靈明之心이요, 다른 하나는 심지

---

35 정약용, 『與猶堂全書』, 「心經密驗」, "神形妙合, 乃成爲人."
36 정약용, 『與猶堂全書』, 「大學公議」, "身心妙合, 不可分言, 正心卽所以正身, 無二層工夫也."
37 정약용, 『與猶堂全書』, 「心經密驗」, "所謂虛靈知覺者, 未有一字之專稱, 後世欲分而言之者, 或假借他字, 或連續數字. 曰心曰神曰靈曰魂, 皆假借之言也. 孟子以無形者爲大體, 有形者爲小體, 佛氏以無形者爲法身, 有形者爲色身, 皆連續之言也."
38 정약용, 『與猶堂全書』, 「孟子要義」, "神則無形, 亦尙無名, 以其無形, 故借名曰神. 心爲血府爲妙合之樞紐, 故借名曰心. 死而離形, 乃名曰魂."
39 정약용, 『與猶堂全書』, 「心經密驗」, "心也, 神形妙合, 其發用處, 皆與血氣相須. 於是假借血氣之所主, 以爲內衷之通稱."

소발지심心之所發之心이다.[40] 오장지심은 곧 심장으로 그냥 빌려 쓴 이름이고, 중요한 것은 바로 영명지심이다. 이 영명지심은 오직 인간만이 고유하게 지니고 있는 생명적 실체로 파악된다.[41] 그리고 심지소발지심은 영명지심의 작용으로 발현되어 나타나는 현상이다. 그러면 정작 인간의 심에서 핵심은 영명지심이 된다. 인간만이 지니고 있는 이 영명한 마음은 본래 형체가 없는 것이지만, 인간이 살아 있을 때는 육체 가운데서도 심장과 결합되어 작용하다가 죽으면 육체를 떠나 영혼이 된다[42]는 것이 정약용의 생각이다.

심에 대한 정약용의 사고는 이익의 생각에서 출발하고 있음을 알 수 있다. 이들이 기존 성리학적 사유의 한계를 넘어 참신하면서 독자적인 생각을 할 수 있었던 것은 심이라고 불리는 개념들의 총체적인 검토와 철학적 성찰을 통해 가능했다고 하겠지만, 그래도 이러한 성찰에 동인이 된 지적 체계가 있었다고 보는 것이 학계의 일반적 생각이었고, 그 지적 체계는 곧 서학일 것이라는 점에는 별다른 이견이 없었다. 그러나 그것은 심증만 있을 뿐이었다.

먼저 이익과 정약용이 인간의 심의 본질을 명명하기를 의리지심·신명지심·영명지심이라 하여 초목이나 동물의 심과는 달리 인심의 기능은 영명하다고 하였다. 또한 이익은 초목에게는 생장지심이 있고, 금수에게는 지각지심이 있지만, 사람에게는 의리지심, 즉 신명지심이 있다고 하여, 심의 위계를 셋으로 분류하고, 그중 사람의 심이 가장 영묘하다고 하였다. 이러한 생각은 정약용도 크게 다르지 않았다. 이미 『천주실의』에서 혼삼

---

40 정약용, 『與猶堂全書』 권19, 「答李汝弘」, "心之爲字, 其別有三. 一曰五臟之心 …… 二曰靈明之心 …… 三曰心之所發之心."
41 금장태, 『다산실학탐구』, 제3장 「다산 심성론의 체계와 쟁점」, 소학사, 2001.
42 정약용은 인간존재의 주체인 영명지심은 氣라고 할 수 없다고 하며 '心卽氣'를 부정하였다. 그러므로 죽어 사라지지 않는 것으로 인식하였다.

품설이 소개되었지만, 『영언여작』에서는 『천주실의』의 내용을 더욱 확대시켜 논의하고 있다. 먼저 혼삼품설이란 살아 있는 물질에 혼이 스며드는 방식에 따라 세 가지의 혼이 있다는 것이다. 첫째, 물질을 살아 성장하게 하는 것으로 '생혼生魂(성장혼)'이 있는데, 그것은 식물에게 있다. 둘째, 물질과 생혼이 결합되어 있는 것에 스며드는 것으로 '각혼覺魂(감각혼)'이 있는데, 그것은 동물에게 있다. 셋째, 물질과 생혼과 각혼이 결합되어 있는 것에 스며드는 것이 '영혼靈魂'인데, 이것이 있으면 인간이다. 『영언여작』에서는 더 나아가 이들 혼들이 가진 능력, 즉 그 기능을 설명하고 있다. 생혼은 '양육능력(育養之能)'과 '성장능력(長大之能)', '출산능력(傳生之能)'을 지니고 있다고 하고, 각혼은 생혼의 능력에 '운동능력(動能)'과 '감각능력(覺能)'을 지니고 있다고 한다. 이에 비해 영혼은 두 혼의 능력뿐만 아니라 '기억(記含)'과 '지성(明悟)'과 '욕구(愛欲)'의 능력이 있다고 한다.[43] 이들의 논증 사이에 심과 혼이라는 개념어의 차이가 있을 뿐이지, 매우 유사한 공통분모를 갖고 있다. 그래서 정약용은 심은 형체가 없기 때문에 '신'이라고도 하고, 죽어 형체를 떠나면 '혼'이라고도 한다고 했으니, 정약용에게서는 이미 혼의 의미로 심 개념을 사용하고 있음을 시사하고 있다. 『영언여작』에서도 영혼의 실체를 논하면서, "왜 아니마를 '정신(神)'의 일종이라고 하는가? 이는 '정신'의 일종이라고 함으로써 생혼이나 각혼과 같이 '정신'에 속하지 않는 부류와 구별하려는 것이다. 또한 혼을 기라고 여기는 것과 같은 여러 잘못된 학설을 바로잡고자 한다"[44]라고 하여 영혼을 신으로 여긴 것이나, 혼은 흩어져 사라지는 기가 아니라는 주장도 정약용의 견해와 크게 다를 바가 없다.

---

43 『영언여작』 상권, 「아니마의 능력을 논함〔論亞尼瑪之能〕」, '아니마의 생명능력과 감각능력을 논함〔論亞尼瑪之生能覺能〕.'
44 『영언여작』 상권, 「아니마의 실체를 논함」, "何謂神之類? 言神類, 以別於他不屬神之類 如生魂覺魂等. 又以正他諸妄說 如謂魂爲氣等也."

인간의 마음이 영靈하다는 것이 이익과 정약용의 공통된 견해였지만, 문제는 이 '영'의 의미이다. 『영언여작』에서 아니마를 영혼이라고 번역하는 것도 곧 아니마의 가장 큰 기능은 영적인 것임을 표현한 것이다. 그런데 여기서 영혼이란 스콜라철학에서는 '이성적 혼anima rationalis'으로 풀이되니, 영이란 곧 이성 또는 지성을 의미하는 말이다. 그렇다면 신명하다거나 영명하다는 것을 인간만이 지니는 주체적, 능력 즉 이성적 능력을 뜻하는 것으로 받아들여도 의미에는 별다른 무리가 없을 것이다.

심이 주체가 되어 성·정을 통솔한다는 견해는 『영언여작』전체의 종지宗旨이기도 하다. 앞에서 설명한 바와 같이 인간의 영혼은 신에 의해 창조되지만, 자신의 지성으로 판단하고 의지로 행동하는 자립적인 존재이다. 심을 혼으로 바꾸거나 혼을 심으로 바꾸기만 한다면, 서로의 의미가 대체로 상통하고 있음을 쉽게 알 수 있다. 다만 마음이 심장에 깃들어 있다는 주장에 대해서는 생각이 달랐는데, 『영언여작』에서는 사람의 심이 영혼이 머무는 장소라고 하는 견해에 대해 반대한다. 영혼은 온몸에 온전히 존재하는 것이기 때문이다.[45] 이러한 생각은 정약용이 신身과 심心이 묘합妙合한다고 한 것과 크게 어긋나지는 않는다고 보는데, 그런데도 그가 심이라고 표현한 것은 혈기가 묘합하는 곳이 심장이기 때문에 단지 그 이름을 빌려 쓴 것일 뿐이라고 하였다. 동양철학계의 보편적 명칭을 따른 것이다.

심에 대한 실학자들의 생각이 『영언여작』의 영혼에 대한 설명과 매우 흡사한 것을 우연으로 볼 수는 없다. 가령 이익이 주장한 심삼품론心三品論은 일찍이 순자가 처음으로 유사한 주장을 한 바 있었지만, 정통사상으로 받아들여졌던 것은 아니며, 더구나 우리 사상계에서는 그 유래를 찾아

---

45 앞의 글, "又從此推, 或言亞尼瑪是人之血, 或言在人之血分, 皆非也. 亞尼瑪神類, 全在全體, 全在諸分, 何得爲血? 何得在血? 但血爲生命之輿, 又具熱性而周行百脈. 一切喜怒哀樂愛惡羞懼諸情, 皆憑血運, 皆因血顯, 比之筋骨皮肉等, 殊覺逈然. 故亞尼瑪之功用, 於此特爲顯著耳."

볼 수 없는 독창적인 발상이었다. 학문이란 연원이 없을 수 없는 것일진 대, 서학에 관심을 가졌던 이익의 학문 성향으로 볼 때, 그의 심학心學이 서양 중세철학, 그중에서도 『영언여작』의 영혼론의 영향을 받았으리라는 개연성을 인정하지 않을 수 없다. 그러나 이익은 성리학의 학문 전통을 지 키는 가운데 부분적으로 서양철학의 장점을 수용코자 하였다. 반면 정약 용은 이익에 비해 제법 깊이 있게 서양사상을 수용했던 것으로 확인된다.

3. 정약용의 성기호설과 영혼의 욕구능력

정약용의 사상에서 그의 독창성이 가장 잘 드러나는 것 중의 하나가 '성기 호설性嗜好說'이다. 성이란 성리학의 주장(性則理)처럼 리와 같은 천리, 대체 大體의 형이상적 본원이 아니라 단지 마음이 기호하는 것이라는 주장이다.[46] 그는 "대개 사람이 잉태되어 육신이 형성되면 하늘은 형체가 없는 영명한 실체를 부여하는데, 그 실체의 작용은 선을 즐기고 악을 미워하며 덕을 좋 아하고 더러운 것을 부끄러워하니, 이 작용을 일러 성이라고 한다"[47]고 하였 다. 이렇게 즐기고 미워하며 좋아하고 부끄러워하는 것을 '기호嗜好'로 명 명하여, 성이란 마음이 기호하는 것임을 주장했던 것이다. 그는 이 기호에 대해 좀더 상세히 설명하였다. 기호에는 두 가지가 있는데, 하나는 눈앞의 탐락으로서 꿩이 산을 좋아하고 사슴이 들을 좋아하는 것과 같은 감각적인 기호이다. 또 하나는 자연적으로 생성된 것으로서 벼가 물을 좋아하고 기장 이 마른 것을 좋아하며 파나 마늘이 닭똥 거름을 좋아하는 것과 같은 자연 적인 기호이다.[48] 나아가 사람의 성의 경우는 이 두 기호를 근거로 하되, 선

---

46 정약용, 『論語古今註』 권9, "性也者, 非大體之全名, 乃就大體之中, 執其好惡之理而 別立一名."

47 정약용, 『中庸自箴』, "蓋人之胚胎旣成, 天則賦之以靈明無形之體, 而其爲物也, 樂善 而惡惡, 好德而恥汚, 斯之謂性也."

48 정약용, 『與猶堂全書』, 「心經密驗」, "嗜好有兩端, 一以目下之耽樂爲嗜好, 如云雉性 好山 …… 一以畢竟之生成爲嗜好, 如云稻性好水."

을 좋아하고 악을 미워하는 기호를 갖는다고 하고,[49] 그 증거로 '현재의 징험(見在之徵驗)'과 '자연적 효과(畢竟之功效)'를 제시하였다.[50] 현재의 징험이란 도둑도 칭찬을 들으면 좋아하고 욕을 들으면 부끄러워하는 현상이요, 자연적 효과란 사람이 나날이 선을 쌓아가면 마음이 넓어지고 호연지기가 자라 인격이 성취되지만, 부끄러운 일을 자꾸 하면 하늘에 부끄럽고 사람에게 수치스러워져 결국 눈이 흐려지고 정기正氣가 막히게 되는 현상으로 마치 초목이 번성하거나 시드는 것과 같다고 한다.

기호는 한편 욕구를 동반한다고 한다. 마음이 신체의 형질을 떠나 존재할 수 없기 때문에 마음에 욕구가 없을 수 없다고 강조하였다.[51] "우리 마음 안에 본래 욕구라는 것이 있는데, 만약 이 욕구하는 마음이 없다면 천하의 어떤 일도 이루어질 수 없다"고 하여, 욕구란 인간의 마음 안에 존재하며, 인간을 추동하는 원동력임을 시사하고 있다. 그러나 욕구는 이록利祿을 따르는 경우가 있는가 하면 도의道義를 따르는 경우가 있다. 물론 도의를 따르는 욕구를 적극 계발하고, 이록을 따르는 욕구는 통제할 것을 요구한다고 하였다. 이렇게 욕구하는 것이나 도의적 욕구를 계발하는 것 등의 일은 결국 마음이 주체가 되어 이루어갈 일이다. 정약용이 마음의 '자주지권自主之權'을 강조한 것도 이 때문이다. 선을 택할 것인지 악을 택할 것인지, 그리하여 상을 받을 것인지 벌을 받을 것인지 일체의 선택은 자신의 마음이 정한다는 것이다.

정약용은 성이 기호임을 증명하기 위해 경전의 내용을 재차 확인한다. 『상서尙書』「소고召誥」에서 "성을 절제하는 일에 오직 날마다 힘쓴다(節

---

49 정약용, 앞의 글, "今論人性, 人莫不樂善而恥惡, 故行一善, 則其心充然而悅, 行一惡, 則其心欲然而沮."

50 정약용, 『與猶堂全書』, 「答李汝弘」, "人性嗜善樂善, 厥證有二. 其一卽見在之徵驗, 其一卽畢竟之功效也."

51 금장태, 『다산실학탐구』, 소학사, 2001.

性惟日其邁)"라 했고, 『예기禮記』「왕제王制」에서 "육례를 닦아 백성의 성을 절제케 한다(修六禮以節民性)"는 것들이 모두 기호로서 성을 지칭한 것이라고 하였다.[52] 여기에서 우리는 정약용이 고경古經에 등장하는 성의 의미를 면밀히 고찰하여 그 결과로 성기호설을 주장한 것으로 보기는 어렵다. 그러면 그가 이러한 독창적인 사고를 하게 된 계기와 근원이 무엇인지 궁금하지 않을 수 없다.

　『영언여작』의 영혼론에서는 영혼의 이성적 능력에 기억과 지성과 욕구가 있다고 하였는데, 그 가운데 욕구능력이 가장 귀중하다고 한다.[53] 그런데 이 욕구에는 세 가지가 있는데, 첫째는 '본성적 욕구(性欲)'로 본성이 기우는 곳으로 향하는 것이지 인지하는 것이 아니라고 한다. 둘째는 '감각적 욕구(司欲)'로 육신이 즐거워하는 곳으로 향하는 욕구인데, 이는 자칫하면 사욕으로 기울 수 있는 하급의 욕구라고 한다. 셋째는 '이성적 욕구(靈欲)'로 본성을 지향하지만 의로운 것을 지향하는 상급의 욕구라고 한다. 본성적 욕구는 식물, 동물, 인간이 모두 지니고 있고, 감각적 욕구는 동물과 인간이 지니고 있으며, 이성적 욕구는 오직 인간만이 지니고 있는 것으로 이것이 바로 영혼의 욕구라고 한다. 앞에서 정약용이 말한 벼가 물을 좋아하고 기장이 마른 것을 좋아하는 자연적인 기호는 본성적 욕구에 상응하고, 꿩이 산을 좋아하고 사슴이 들을 좋아하는 감각적인 기호는 감각적 욕구에 상응한다. 인간이 선을 좋아하고 악을 미워하는 기호는 곧 이성적 욕구와 같은 것이다.

　또한 『영언여작』에서는 감각적 욕구가 구상력具想力이 이끄는 대로 따르기 때문에 구상력을 따르는 것은 오로지 즐거운 것만을 따르며 본능대로 하게 되는 것이라고 하였다. 반면 이성적 욕구는 이치와 의지가 이끄는

---

52 정약용, 『孟子要義』 권1.
53 『영언여작』 상권, 「아니마의 이성능력을 논함〔論亞尼瑪之靈能〕」, '욕구를 논함.'

대로 따르기 때문에 스스로 제어되는 것이라고 한다.[54] 정약용이 지적한 '현재의 징험'과 '자연적 효과'라는 것은 이성적인 욕구에 따라 이치와 의지를 따르는 결과라고 할 것이다.

정약용이 마음이 선을 기호하는 '자주지권自主之權'이라고 한 것과 『영언여작』의 영혼의 자유로운 선택(自專)에 대한 설명 사이에는 아주 동질적인 인식이 교류하고 있다.

> 하늘이 사람에게 自主之權을 부여해서, 그가 선을 하고 싶으면 선을 행하고 악을 하고 싶으면 악을 행하게 하였다. 정해진 것 없이 유동적이어서 그 권한이 자신에게 있으니, 정해진 마음이 있는 금수들과는 다르다. 그러므로 선을 행하면 실제로 자신의 공로가 되며, 악을 행하면 자신의 죄가 된다. 이것은 마음의 권한이요, 이른바 성은 아니다.[55]

> 어째서 욕구는 자유롭게 선택(自專)한다고 하는가? 자유롭게 선택한다는 것 역시 오직 이성적 욕구를 가리키는 것이다. 이성적 욕구는 사람에게 머물며 스스로 다스려나갈 수 있다. 대개 이성이 올려바치는 일체의 대상 중에는 좋아할 만한 것도 있고, 싫어할 만한 것도 있다. 그러나 좋아할 만한 것을 간혹 싫어할 수도 있고, 싫어할 만한 것을 역시 좋아할 수도 있다. 좋아하고 싫어할 만한 것들은 허공에 매달린 채 욕구가 버릴지 취할지를 기다리게 된다. …… 오직 이성적 욕구만이 사람에게 머물러 먼저 그것이 이치에 맞는지를 인식한 다음에 행위한다. 그래서 자주적인 행위이다. 자주적이지 못한 존재는 그 행동이 본능을 따르기 때문에 공로도 없고 죄도 없으며, 상을 받을 수도 없고 벌을 받

---

54 앞의 글, "司欲與靈欲, 其所以異者, 數端. 一者, 靈欲隨理義所引, 司欲隨思司所引. 隨思者, 不論義否, 惟所樂從也. 二者, 靈欲所行, 皆得自制, 司欲所行, 不由自制, 惟外物所使, 隨性不隨義. 其在禽獸, 絶不自制, 一見可欲, 無能不從. 故聖多瑪斯曰: '禽獸所行, 不可謂行, 可謂被行.' 不能自制之謂也."

55 정약용, 『孟子要義』, "天之於人, 予之以自主之權, 使其欲善則爲善, 欲惡則爲惡. 游移不定, 其權在己, 不似禽獸之有定心. 故爲善則實爲己功, 爲惡則實爲己罪. 此心之權也, 非所謂性也."

을 수도 없다. …… 그러나 자주적인 존재는 그 행위가 이치를 따르기 때문에
이치를 따르면 공로가 되고 이치를 어기면 죄가 된다.[56]

자주지권이란 스콜라철학에서 말하는 '자유의지liberum arbitrium'이
다. 자유의지의 선택은 인식과 욕구에 따라 이루어지니, 곧 이성적 욕구의
능력이다.[57] 『영언여작』의 내용은 이것을 설명하고 있는 것이다. 이성적
욕구의 능력은 궁극 선을 지향하는데, 그 선에는 '즐거운 선'과 '이로운
선', '의로운 선' 세 가지가 있다고 한다.[58] 그런데 사람은 즐겁고 이로운
감각적인 선보다는 의로운 선을 지각하고 욕구하도록 노력해야 한다. 이
는 정약용이 주장한 바대로 성이 기호하는 것이 감각적인 기호가 아닌
'도심道心'의 기호로서, 결국 성선性善을 지향하는 것과 같은 논리이다.

V. 맺음말

이상으로 예수회 선교사 삼비아시의 『영언여작』과 그 저술이 갖는 의미
그리고 그 사상이 우리나라 근기실학사상에 접맥된 지점들을 정리해보았
다. 특히 근기실학사상과의 접맥에 관심을 두고 살펴보았지만, 깊고 은밀

---

56 『영언여작』 상권, 「아니마의 이성능력을 논함」, '욕구를 논함.' "何謂得自專? 得自
專者, 亦獨指靈欲也. 靈欲在人, 自能主宰. 凡明悟所呈, 一切所向, 雖有可愛有可惡. 然
可愛者, 或能惡之, 可惡者, 亦能愛之. 或可愛可惡, 虛懸以待其去取. …… 惟靈欲在人,
先知其合理與否而後行之. 故自爲主之行. 不能自主者, 其行隨性, 故無功, 亦無罪, 不
可得賞, 亦不可得罰. …… 能自主者, 其行隨理, 故順理爲功, 逆理爲罪. 功可賞, 罪可
罰也."
57 G.달 사쏘, R.꼬지 편, 이재룡 외 옮김, 『신학대전요약』, 가톨릭대학교출판부,
1993, 103쪽.
58 『영언여작』, 앞의 글, "凡美好有三. 其一樂美好, 其一利美好, 其一義美好. 世間所有
萬物之美好."

하게 얽혀 있는 단서를 찾아 그 접점을 치밀하게 논증한 것은 아니다. 다만 근기실학을 대표하는 두 사상가, 이익과 정약용을 대상으로 익히 학계에 소개된 그들의 사상 가운데 『영언여작』의 내용과 뚜렷하게 관련되는 심성의 문제를 중점으로 살펴보았을 뿐이다. 물론 『영언여작』의 사상과 관련해서는 이 문제가 가장 비중 있는 것임은 사실이다. 그러나 『영언여작』에 소개된 서양 중세철학의 다양한 사고가 그들의 사유에 은근히 스며든 흔적이 여기저기 발견되고 있으니, 이에 관한 면밀한 고찰은 앞으로의 과제로 남겨둘 수밖에 없다.

이 글은 근기실학의 참신하고 독창적인 경학사상의 몇몇 발상이 서양철학사상에서 비롯된 것임을 밝힘으로써 그들의 참신한 사상이 결코 독창적인 것이 아님을 주장하려는 것이 아니다. 그들은 성리학의 사유체계가 어딘지 모르게 모순되고, 심지어 그 사상이 인간의 삶을 질곡에 빠뜨리는 이념으로 굳어져가는 현상을 우려하고 있었을 것이다. 이에 대한 사상적 대안을 모색하던 그들에게 서학사상은 중요한 동기를 제공하였던 것이 분명하다. 다른 사상가들은 자신들의 사상이나 체질과 다르다고 하여 무조건 비판하고 배척하였지만, 이들은 성리학사상의 허점이 서양철학에서는 어떻게 해결되고 있는지에 관심을 두었던 것 같고, 그 처방을 자신의 철학사상 안에 보충해 받아들였던 것이다. 당시의 지식인들은 역법이나 천문, 지리 등 서기西器의 내용은 인정하여 받아들였지만, 중세철학사상의 서도西道에 대해서는 혐오에 가까울 정도의 거부반응을 보였던 것은 그만큼 사상적 폐쇄성을 보여준 것이며, 이들에게서 성리학사상의 모순을 극복하기를 기대하기란 무리한 일이다. 비록 우리 것이 아니며 전통적인 사상과 다른 것이라 하더라도 그 안에 진정한 도道가 있다면 반성적이고 비판적으로 받아들이는 것이 참된 지식인의 자세라고 하겠다. 더구나 그 사상이 자신의 사상 안에 농익어 새로운 사상적 가능성을 열어주었을 때 그것은 또 다른 가치를 발하게 된다. 이것이 서양 중세철학과 우리 근기실학의 조우가 갖는 가장 큰 의미일 것이다.

참고문헌

강경원, 『이익: 인간 소외의 극복의 실학자』, 유학사상가총서시리즈, 성균관대학교
　　출판부, 2001.

금장태, 『다산실학탐구』, 소학사, 2001.

김용걸, 「성호의 자연인식과 이기론 체계 변화」, 『한국실학연구』 창간호, 한국실학
　　연구회, 1999.

노대환, 「正祖代의 西器수용 논의」, 『한국학보』 25권 1호, 一志社, 1999.

마테오 리치, 송영배 외 옮김, 『천주실의』, 서울대학교출판부, 1999.

方豪, 『中國天主教史人物傳』, 香港公教眞理學會, 1973.

배현숙, 「17·8세기에 전래된 천주교서적」, 『교회사연구』 제3집, 한국교회사연구
　　소, 1981.

손흥철, 「다산 정약용의 성기호설과 그 논거분석」, 『다산학』 제4호, 다산학술문화재
　　단, 2003.

愼後聃, 『河濱全集』, 영인본, 아세아문화사, 2006.

李瀷, 『星湖全書』, 영인본, 여강출판사, 1984.

丁若鏞, 『與猶堂全書』, 영인본, 여강출판사, 1989.

G.달 사쏘·R.꼬지 편, 이재룡 외 옮김, 『신학대전요약』, 가톨릭대학교출판부,
　　1993.

何其敏, 『中國明代宗教史』, 中國全史叢書, 人民出版社, 1994.

한국사상사연구회, 『조선유학의 개념들』, 한국철학총서 20, 예문서원, 2002.

영언여작

동양에 소개된 스콜라철학의 영혼론

1판 1쇄 펴낸날 2007년 11월 15일
1판 2쇄 펴낸날 2008년 8월 30일

지은이 | 프란체스코 삼비아시
옮긴이 | 김철범 · 신창석
펴낸이 | 김시연

펴낸곳 | (주)일조각
등록 | 1953년 9월 3일 제300-1953-1호(구 : 제1-298호)
주소 | 110-062 서울시 종로구 신문로 2가 1-335
전화 | 734-3545 / 733-8811(편집부)
         733-5430 / 733-5431(영업부)
팩스 | 735-9994(편집부) / 738-5857(영업부)
이메일 | ilchokak@hanmail.net
홈페이지 | www.ilchokak.co.kr

ISBN 978-89-337-0527-8 93230
값 18,000원

* 이 도서의 국립중앙도서관 출판시도서목록(CIP)은 e-CIP 홈페이지
  (http://www.nl.go.kr/cip.php)에서 이용하실 수 있습니다.
  (CIP제어번호 : CIP2007003238)